拉姆·查兰
管理经典

[美] 比尔·康纳狄（Bill Conaty） 拉姆·查兰（Ram Charan） 著

刘勇军 朱洁◎译

人才管理大师

卓越领导者先培养人再考虑业绩

The Talent Masters

Why Smart Leaders Put People Before Numbers

图书在版编目（CIP）数据

人才管理大师：卓越领导者先培养人再考虑业绩 /（美）比尔·康纳狄（Bill Conaty），（美）拉姆·查兰（Ram Charan）著；刘勇军，朱洁译．—北京：机械工业出版社，2016.8（2023.8 重印）
（拉姆·查兰管理经典）
书名原文：The Talent Masters：Why Smart Leaders Put People Before Numbers

ISBN 978-7-111-54400-5

I. 人…　II. ①比…　②拉…　③刘…　④朱…　III. 企业管理 - 人才管理　IV. F272.92

中国版本图书馆 CIP 数据核字（2016）第 166608 号

北京市版权局著作权合同登记　图字：01-2011-6852 号。

人才管理大师：卓越领导者先培养人再考虑业绩

出版发行：机械工业出版社（北京市西城区百万庄大街 22 号　邮政编码：100037）
责任编辑：程　琨　　白春玲
责任校对：殷　虹
印　　刷：三河市宏达印刷有限公司
版　　次：2023 年 8 月第 1 版第 13 次印刷
开　　本：147mm × 210mm　1/32
印　　张：10.25
书　　号：ISBN 978-7-111-54400-5
定　　价：49.00 元

客服电话：（010）88361066　68326294

感谢这么多年来影响我的商界领袖和人力资源领袖，感谢家人的支持，是因你们我才能在人力资源领域做出一点成绩。

——比尔·康纳狄

真诚感谢 50 年来同住一个屋檐下的 12 个兄弟姐妹，是你们所做的牺牲，才让我学有所成。

——拉姆·查兰

FOREWORD

推荐序

人才管理是21世纪企业管理的核心

2011年5月，在纽约机场书店偶然看到《人才管理大师》，尽管行李早已超重，也立刻买下这本书。8月，在上海，拉姆·查兰又当面向我推荐这本书。有人说，“如果在一段时间内两次碰到同一件事情，那就要注意了”。审校完《人才管理大师》，我深为两位作者对人才管理实践的深邃洞察和系统总结所折服，也为9家卓越企业的人才管理最佳实践所叹服。

人才管理是21世纪企业管理的核心。2015年，谷歌董事长施密特在《重新定义公司》中表达的核心观点是：未来企业的成功之道，是聚集一群聪明的创意精英（书中称为smart creative），营造合适的氛围和支持环境，充分发挥他们的创造力，快速感知客户的需求，愉快地创造相应的产品和服务。这意味着组织的逻辑必须发生变化。传统的公司管理理念不适用于这群人，甚至适得其反。

过去40年，企业对人的认识走过了人事管理、人力资源管理、人力资本管理和人才管理四个阶段。在21世纪的全球化竞争时代，人才管理是企业核心竞争力之一，人才管理的重要性日益凸显，但真正做好的企业却屈指可数。1997年，麦肯锡公司在《人才战争研究》中首次提出“人才管理”的概念，此后，大多数公司才开始探索人才管理。在2008年公司生产力协会（i4pc）全球调查反馈公司中，少于5%的公司回答它们的组织开展了10年及以上时间的人才管理工作。究其原因，企业领导人缺乏足够的远见、理念、耐心和方法无疑是最为关键的，而本书将为读者提供来自卓越企业的第一手人才管理成功实践，具有极强的借鉴价值。

本书两位作者都是人力资源和领导力领域的泰斗级人物，康纳狄在通用电气服役40余年，长期主管人力资源工作，与杰克·韦尔奇和伊梅尔特并肩战斗多年，建立和完善了通用电气的人力资源体系和领导梯队建设体系，是世界上最有实战经验的人力资源管理大师之一。查兰博士是世界知名的管理咨询大师，长期为杰克·韦尔奇等世界500强CEO提供咨询和教练服务，近距离观察和培养大量卓越企业的各级领导人才，积累了大量丰富的实践经验，他在《领导梯队》《高管路径》和《执行》[⊖]等著作中多次阐述了领导人才培养的系统方法，对企业界影响深远。

本书最大的特点是实践性，两位作者深入分析了9家世界级卓越企业人才管理的最佳实践，系统梳理了它们在人才管理方面的宝贵经验。通用电气、宝洁公司、印度斯坦联合利华、安捷伦科技、诺华制药、固特异、联合信贷银行、LG电子等9家卓越企业在人才管理方面走出了

⊖ 以上图书中文版已由机械工业出版社出版。

各自独特的道路，为企业战略目标的达成发挥了巨大的作用，9 个真实案例揭示了人才管理的“真经”。

所谓“人才管理大师”，既是指善于管理人才的企业 CEO，也是指善于管理人才的企业。“人才管理大师”的七项工作法则是：**强将手下无弱兵；明察秋毫，培养精英；确立正确的人才理念；建立信任和坦诚的文化；严格的人才评估制度；与人力资源部建立伙伴关系；不断学习，持续改进。**

“人才管理大师”能够把少数“伯乐”的“相人”经验进行总结提炼，形成一套行之有效的制度与流程去分析、了解、塑造和培养人才。他们在发掘、培养人才方面有自己独特的方法，通常采用集体专长(collective expertise)、群策群力的原则，且经过多年的不断改进而获得。他们会执行一套严格的程序，坚持不懈地对人的能力进行判断，从而让他们的主观判断变成具体的、经得起检验的客观判断，最终形成像企业的财务报表一样清晰明确的衡量指标。

通用电气公司的人才管理体系无疑是本书最受关注的内容之一。作者首先讲述了一个高管突然离职的真实案例，韦尔奇、伊梅尔特和康纳狄在一天之内为该岗位找到了最佳接班人，妥善处理了人才危机，充分展现了通用电气公司的人才管理智慧和雄厚实力。

通用电气的人才管理体系是硬件系统和软件系统的完美结合，要点包括：建立一套正式的人才评估机制和持续跟进流程；准确了解人才的优势和劣势；及时、建设性的口头和书面反馈；在每次评估过程中，将人与绩效结合考核，深入了解其完成业绩的真实原因；各级领导者肩负培养未来领导人才的职责；只有践行公司价值观的领导者才能得到晋升。

此外，宝洁公司培养全球化领导人才的成功经验、安捷伦公司帮助技术型人才转型为业务领导人、诺华制药通过强化领导者的自我认知提高领导力、CDR 私募股权基金的人才管理创新，以及 LG 电子全球招募优秀人才取得成功的最佳实践等都极富启发性。

在书中，作者还讲述了 20 多个领导人才成长的真实案例，极大地增添了全书的可读性和情景感，有助于我们更好地理解卓越企业人才管理的宏观体系和微观操作。

企业有两个关键资源，即资金和人才，资金可以精确到每分钱，但人才却只能精确到每个人，而人与人的价值差别非常大，难以衡量，尤其是创意型人才。

李开复先生说：我们进入了信息社会，这个社会跟工业社会不一样的就是，顶尖人才和普通人才的差异化不再是 20%、30% 了，而是 5 倍、10 倍甚至 100 倍的差距。

人工智能时代，是“人才为王”的时代！

徐中

领越 ® 领导力高级认证导师

学堂在线中国创业学院频道主任

北京创一教育科技有限公司总裁

CONTENTS

目 录

第1章

人才即优势：没有人才，业绩便无从谈起

如果企业的财务管理跟人才管理一样随意，那么大多数企业都将破产。

许多在财务管理方面做得出色的公司并没有一套相应的领导人才培养方法，它们甚至不知道该培养什么样的人才。不管这些企业在招聘、培训和评估方面下多大功夫，他们的人才管理总显得毫无目的：标准肤浅、观念过时，或者一心只想撞大运。还有一些公司突然发现自己需要一个新CEO，但并不知道去哪里找。更普遍的现象是，许多公司年复一年地将员工放在错误的工作岗位上，结果那些人并不能在工作中做出成绩，这既是对人力资本的浪费，也是对财务资本的浪费。

为什么会出现这样的情况？众所周知，绩效来自人的决策和行动，人是衡量企业未来前景的先行指标。人才是一家公司最重要的资源，想必大家都没什么异议。但解读人的性格远比分析财

务报表上的数字难得多。数字清晰可辨，产出亦是如此，但人却并非如此。领导者会觉得寻找人才的事最好交给人力资源部或猎头公司，尤其是每个季度还得完成绩效指标，没有时间浪费在这些“软件建设”上。更何况，每个季度公布财务报告是法律的硬性规定。

现在，你肯定也发现赚钱越来越难了，将来想必也不会有多大改观。在日新月异的全球市场，核心竞争力的“半衰期”也越来越短。你发现一些熟悉的竞争优势，诸如市场占有率、品牌、企业规模、成本结构、技术诀窍以及专利都越来越靠不住了。

人才将成为公司成功的决定性因素。只有那些领导组织适应变革，做出正确的战略决策，承担预期风险，构想并实践新的创造价值机会，不断建立竞争优势的人掌控的公司才能取得成功。

只有一种能力能够长久不衰，即源源不断地培养企业领导者的能力。资金只是一种商品，人才能为公司提供根本的竞争优势。安捷伦科技公司电子测试仪器部总经理罗恩·纳瑟希安（Ron Nersesian）说得好：“培养员工的才能是企业成功的关键。产品总有一天会过时，但组织学习和员工技能发展永不过时。”

对人才的管理显然难于对“数字”的管理，但一旦掌握其中的门道，人才管理也会变得简单。像通用电气（GE）、宝洁（P&G）、印度斯坦联合利华（HUL）等公司，就能通过一系列缜密规划的制式流程去分析、了解、塑造和培养人才。它们在发掘、培养人才技能方面有自己独特的方法，通常采用“集体专长”（collective expertise），这是经过多年不断地改进而获得的。

这些公司的经营者并不认为对人的潜力的判断只能依靠“软性”指标。他们会执行一套严格的程序，坚持不懈地对人的能力进行判断，从而让他们的主观判断变成具体的、可经检验的客观判断，最终会像分析财务报表一样有具体的指标可循。

他们会将这种“伯乐相马”的习惯植根于企业文化中，对人才做出判断，如何发挥他们的最大才能。将来他们可以套用以前的人才培养模式，发挥创造力让领导人才尽快成长。同时希望企业高管能够孜孜不倦地培养、调动并更新领导人才，这也是衡量他们工作绩效的一项指标。

这些公司志存高远。我们称他们为“人才管理大师”，本书将告诉大家，这些大师如何管理人才。

从细节入手

“凭感觉”发现人才的方法并不靠谱，那些脚踏实地的管理者不屑于这么做。人力资源部门通常会使用某种标准去评估领导能力，他们会将员工进行整体分类，给他们贴上诸如此类的标签：“战略能力”“创新能力”“良好的沟通能力”“非常聪明”“分析能力强”“具有敏锐的观察力”等。这种描述方式过于模糊，在实际的管理工作中毫无用处。它们甚至无法预测一个员工能否胜任某个职位，更不必说去挖掘其特殊才能，将他培养成一名优秀的领导人才了。

沃顿商学院高级管理课程中的一次课堂练习证明了这种模棱

两可的描述并没有什么作用。在一堂讨论课上，导师要求学员分析史蒂夫·乔布斯与众不同的才能，但暂时不考虑乔布斯颇具争议的性格和行为，只是探讨乔布斯重掌苹果公司时是如何力挽狂澜的。（2010年6月，苹果公司的市值超过微软，连乔布斯自己也认为苹果公司的发展“超乎现实”。）在他接管这家濒临破产的公司十几年中，乔布斯让苹果公司变得活力十足，获利颇丰，他不仅设计出全新产品，还改变了游戏规则。苹果公司旗下的iPod、iPhone、iPad和iTunes给产业生态带来了巨大的冲击力，让许多音乐和电信产业的公司也不得不改变它们的商业模式。

乔布斯的思想、行为、做决策的方式让许多人都觉得他是个真正的天才，我们甚至都能娓娓道来，尽管如此，但大多数人都不愿去效仿。

沃顿商学院的导师问学员乔布斯有哪些天赋，学员踊跃举手发言：他很有创造力，具有创新精神和企业家精神；他具有超强的沟通能力；他打破旧模式，开创新业务，并且改变了别人的经营模式。几分钟后，导师不再让学员们发言了。“你们不能只说些模棱两可的话，”他说，“要真正界定一个人的才能，就必须对此人有一个全面的了解，讲出和其他人的细微差别。这源于仔细观察此人的行动、决策以及行为方式，以获得充分的信息。”然后，为了让学员们了解这一方法，他试探性地问道：“他的创造力表现在哪里？”有人回答说：“他知道什么才是伟大的产品。”“那么，他又是怎么知道的？”“他知道如何跟顾客交流。”那好，可他又是怎样跟顾客交流的呢？有人说看过相关报道，乔布斯会跟年轻人打成一片，还有人发现，他总能够找到领先别人的技术，但这些并没能切中要害。

接下来，这位导师向这些高管透露了一些信息，让他们可以深入了解史蒂夫·乔布斯才能的真正本质。他告诉学员，苹果公司的一名董事讲述，乔布斯入主公司后，举行了一次特别的董事会议，会议室的墙边摆着当时苹果公司 20 多种产品，他将产品一个个拿下来，最后只剩下四种产品。他说，如果苹果能凭借这四种产品彰显自己的特点，公司便能起死回生。

这个故事可以证实乔布斯有两种显而易见的特质：首先，他知道顾客需要什么；其次，他行事果断。接下来，导师要求学员以苹果公司之前新推出的 iPod 展现乔布斯的那些才能。第一个回答者说乔布斯很懂技术，但也有人说，技术早已存在，其他人早就在制作 MP3 播放器了。经过讨论，他们得出了一个比较有意义的结论：**iPod 是伟大洞察力和卓越执行力共同作用的结果**。那时候，纳普斯特公司（Napster）因允许使用者可以交换下载的 MP3 文件共享服务，而在市场上引起轩然大波，纳普斯特公司的做法最终被法院裁定是非法的（实际上是一种盗版行为）。但乔布斯发现，这种技术也可以应用于合法市场，只要确保唱片公司获得稳定收益便可，而且市场巨大，此举可能引领潮流，因为这种模式能够给音乐爱好者充分的自由，让他们随时都可以购买他们想要的音乐，不仅数量不限，价格便宜，而且还是合法的。然后乔布斯就设计了一种既方便又时尚的产品，当时该产品定价昂贵，利润空间巨大。余下的故事我们也知道了：iPod 成为迄今为止卖得最火的MP3，它让苹果公司的品牌价值到达一个史无前例的高度，推动了苹果笔记本电脑的销售，苹果公司在创新领域的领导地位也得以重新恢复。

为了进一步探讨，导师又将一件众所周知的重要事实告诉学员。在苹果公司内部，乔布斯绝大部分时间都花在跟近100名软件、硬件、设计、金属、塑料、玻璃技术方面的专家泡在一起。每个星期一的上午，他都会召集他们回顾和改善产品设计。他就是用这种方法联络各专业人才，创造不同凡响的产品。十几年来，他几乎从不间断，一周4个小时，一年50周，12年的时间，他几乎花去2400个小时，他跟各领域的专家建立精神和感情的联系，了解他们最新的创意和想法。这种方法就跟某支运动队经过千锤百炼，最后成为伟大冠军队伍的过程一样。乔布斯会一丝不苟、持之以恒地做好每一件事，将所有“碎片”联结起来，这也是他区别于一般CEO的地方。

现在，学员们开始在课堂上踊跃讨论乔布斯这位天才具体的品质。有人说：“他能够通过自己的头脑和专长跟顾客建立起真正的连接。”有人举手说：“他能够不止一次地发现别人看不到的机会。”还有人说：“不仅如此，他还能自己创造机会，比如iPhone的推出。”

对了，说到乔布斯，我们不得不提到iPhone。他为什么能够让iPhone获得如此巨大的成功？“因为他打破了常规。”何以见得？“他创造了一种新的商业模式。”这时，学员们的眼睛都亮了。在iPhone面世前，手机制造商的利润和品牌都被电话运营商控制。

通过 iPhone，苹果公司不仅赢得了智能手机的最大市场份额，而且获得了其他手机制造商从没获得过的新利润。乔布斯设计出了迄今为止世界上功能最全、最漂亮的手机。乔布斯向来致力于保护公司的品牌价值和利润空间，他将 iPhone 独家授权给美国电话电报公司（AT&T）销售，作为交换，苹果公司可以自行定价——这是电信史上一个里程碑式的革命，电话运营商从手机用户处获得部分收益（iPhone 用户要支付较高费用），这在当时堪称破天荒之举。最后，苹果公司可以靠售卖无数的应用程序赚钱。这款智能手机每天都能吸金，iPhone 也成为苹果公司最大的摇钱树。乔布斯这些可经证实的行为不仅能够彰显其敏锐的商业头脑，而且还能够证明乔布斯无与伦比的勇气，胆敢颠覆当时卑微的手机制造商和巨无霸电话运营商的均势。

解读史蒂夫 · 乔布斯

解读乔布斯跟培养人才有什么关系？透过沃顿商学院的课堂讨论，我们已看到了人才管理大师是怎么做的：他们总是仔细观察、认真思考、准确表达。在导师的帮助下，学员们得出以下结论。

史蒂夫 · 乔布斯天赋禀异，他不仅知道顾客现在想要什么，而且能够预见顾客将来想要什么，甚至还有本事让顾客愿意花大价钱购买他的产品。他先是从外部视角找到突破口，找到新机会。然后，他能设计出与众不同的产品，该产品不仅利润不菲，而且有着很高的品牌知名度，更重要的是，他创立让他们获利最丰并有效执行的商业模式。

乔布斯将产品看成一种体验，而不仅仅是商品。他能够想象产品的外形，以及它对别人的感受，然后将它做得几近完美。他凭借非同寻常的才能将先进技术和用户体验完美结合。他的产品构思精巧、使用便捷、外观简单典雅，这是一种与生俱来的感觉。他会博采众议，设计出顾客最需要的产品。他清楚地知道自己需要解决的问题是什么，不管这些问题看起来有多复杂，他总能找到合适的人去解决它们，从不理会那些人的身份和地位如何。

乔布斯是一名沟通大师。他能用简单的信息同顾客“交流”，用创新的方法造势，在产品开发出来之前就能引起顾客的购买欲。他能有效地跟顾客、员工和合作伙伴沟通，让他们也成为其产品的狂热粉丝，他能让他们信任乔布斯、信任苹果公司，从而信任苹果品牌。

请记住，正是因为这些个人“特质”才铸就了独一无二的乔布斯。而更重要的是，如何将这些特质组合在一起。

人才管理大师不会通过一些含糊的陈腔滥调或者机械的测试方法去评估人才。他们会了解个人的行为、行动和决策，将这些指标跟企业业绩有效地联系起来。他们会用心观察员工的一举一动，久而久之，在其他领导人开诚布公地讨论这些人时，人才管理大师会将他的观察所得告诉大家，然后，他们会进一步了解这个人特质的集中体现。旨在真正了解这个人，全面了解此人的特点，了解他身上与众不同的地方。

简言之，人才管理大师会努力跟人建立亲近的关系，以便了解每个人的本质，这种判断人才的“软技能”就跟对具体数据的分析一样有实效。事实上，这就好比那些财务高手与财务数据的关系。他们对于自己和竞争对手的数据可谓了如指掌，因为他们对这些数据非常熟悉，以至于变成了一种潜意识行为，而数据正是他们赖以生存的一部分。

人才管理大师会在脑海里构建一个与此类似的数据库，他们会详细、准确地观察人才，并跟其他的观察对象做比较。每次会面都会留意，日积月累之后，他们会不自觉地在脑海里勾勒出这个人的整体印象。这种更深层次、更准确的数据是优秀的领导者做出准确决策的关键。

人尽其才

我们现在举例说明深入地了解一个人对当事人和公司有多重要。这是一个真实的故事，主人公是某全球化公司一个冉冉升起的明星（但我们在书中隐去了她的真实姓名）。

在 2006 年加入林德尔制药公司（Lindell Pharmaceuticals）的时候，苏凭借其过往的表现和经验证明她将前途无量。她的职业生涯是从明尼苏达矿务及制造业公司（3M）开始的，她在那里帮公司将一些技术性产品出售给药厂，而且一干就是三年。然后她去沃顿商学院攻读 MBA 学位，以全班前三名的成绩从学院毕业后加入了麦肯锡公司（McKinsey），在该公司的两年时间里，她主要提供营销及销售服务，她的客户包括药厂、医院和医疗保险公司。

林德尔制药公司在聘请苏后，让她做了区域销售经理，负责宾夕法尼亚和新泽西的产品销售，她手下有大约 100 名销售人员及 10 名销售主管，他们的客户包括医疗保险公司、医院和连锁药房。苏在林德尔制药公司的工作干得非常出色。两年后，她的业绩超过所有其他区域经理，并不断刷新销售收入和市场占有率纪录。

苏的创举之一便是安装了一套软件程序，以提升员工的生产力。这套软件是基于医生常开药物的记录，让业务人员从繁重的行政工作中解脱出来，从而让他们将时间更多地放在那些最具潜力的客户身上。后来，其他地区开始模仿苏的做法，这套工具也很快成为公司奉行的新标准。

苏的表现被人看在眼里，林德尔制药公司的 CEO 很重视培养未来的领导人才。而公司的高层也会及早地发现那些极富潜力的员工，给他们机会锻炼，充分挖掘他们的潜力。苏的上司，区域总裁劳拉每个季度都会跟林德尔制药公司负责销售的副总裁乔治（Jorge），北美的 CEO 比尔，北美的人事主管山姆见面，评估已准备好晋升或转岗的管理人才。他们不仅会讨论相关候选者，还会非正式地会见当事人，通常会跟他们共进早餐。在 2008 年的春季会议上，劳拉、比尔和乔治将苏作为重点考察对象。

但这一年环境大变。医疗改革的话题喧嚣尘上，大家都批评

“大药厂”在广告和向医生推销产品时一掷千金。决策权也从药厂转向保险公司、医院和药品福利管理公司，这导致药品价格始终上不去。药厂销售人员受此影响，不得不进行所谓的“价值销售”（value selling）——他们不能再简单地推销产品，而是必须告诉客户，他们的公司或产品能够为包括病人在内的利益相关者创造更多利益。

苏很快了解了自己的新处境。她很快掌握了一套新的销售方法：分析客户正在购买的产品，针对药物使用形态和病人资料，来借此了解药物的功效，想办法为客户降低成本，改善病人照护质量，并训练客户的员工使用这种技术。重要的是，她专门设计了一个系统，用以追踪病人是否在遵循指示用药。对医疗服务人员来说，病人不按医生的处方服药是他们面临的普遍问题，这些病人的病情通常也会因此恶化，需要更多照顾。她开始对手下的销售团队进行强化训练，考察他们，然后再让他们去销售产品。她还重新组建了自己的销售团队，将一部分人换成了不仅懂业务而且懂销售的人，她知道，知识是非常宝贵的销售工具。

苏负责的区域销售额猛增。劳拉、乔治、比尔和山姆在年底碰面，他们一致同意是时候好好观察这名冉冉升起的明星了。四人趁着到费城苏的办公室跟她开会的机会，邀请她共进晚餐。期间，他们详细地询问了她是如何取得这些瞩目的成绩的。他们还获悉，苏在第二天会去克里夫兰拜访公司的一位大客户，劳拉主动表示希望随行观察。这次会面非常成功，劳拉在飞往纽约的飞机上如实写下自己的观察，要点如下：

- 苏跟客户的采购主任、执行副总裁、首席财务官和首席医疗官会面，她在两个小时的报告里给他们留下了深刻的印象。他们发现苏非常了解客户的业务，包括他们在新环境下面临的挑战。她对一些财务问题非常了解，甚至对客户的资产负债表上一些关键项目都了如指掌，这在一般的销售人员身上很难看到。
- 苏很快跟客户建立了一种良好的人际关系。她非常擅长跟客户以对话的方式沟通。在她回答客户的问题时，我发现他们频频点头。她能够一针见血地指出问题，当她说明如何监督病人的用药情况时，客户听得非常入神；她通过财务分析说明我们公司会如何帮他们提高业绩，更是让他们赞叹不已。

第二天，劳拉打电话给销售执行副总裁乔治，将她的观察所得告诉他。“她还表现出了什么别的天赋？”他问。劳拉说苏很会看人，这从她将自己销售团队的 1/3 员工换掉的决定可以看出来。苏还在继续提升她的团队，劳拉补充说，她会提出一些创新的观点。此外，她具有超前意识，是一位成功的变革推动者。他们都认为苏重新定义了她的工作，而且所做出的成绩已经超出了公司的期望，他们想很快让她升职。乔治说，他会将她放入很快可以升职的名单中，他会在接下来同人事主管山姆、北美的 CEO 比尔一起举行的例会中商量此事。这种会议将开上一整天，比尔每次都会出席。

按照惯例，林德尔制药公司会让苏在接下来 12 个月的时间里做地区销售总裁。如果她表现出色，则将升为北美销售执行副总裁。所有人均认为她应该很快升职，但他们并没能达成一致意见。乔治认为苏的销售团队能干出一番大事，他希望一切依照标准程序来做。但是山姆反对，他说："我们应该给她一个更大的平台。"她具有良好的判断力和决策力，山姆还说："很明显，她对我们的业务了如指掌，具有亲和力，能够建立良好的人际关系，富有创意。我们应该首先让她做品牌经理，然后让她担任一个业务部门的总经理。"劳拉同意乔治的做法，她随即谈到了苏对于其手下销售团队的巨大作用，并质疑像苏这么年轻的人是否能够负起一个业务部门盈亏的责任。

然后比尔说话了："山姆，你再跟我说说，你为什么要让苏担任品牌经理。"这名人事主管不仅强调了她所取得的成绩，也谈到了她的抱负，认为苏在公司里有能力走得更远。"我觉得她将来能成为公司高层的领导者，让她做销售的工作只会让她浪费这么重要的机会。如果她能做品牌经理，不仅能获得管理全面业务的经验，而且能拓宽她的人际交往圈。她不仅可以跟总部互动，而且还能跟世界各地的品牌经理沟通，这对于她的个人成长有非常大的帮助。"

"还有，你们也知道，很少有区域总裁会去做品牌管理。因为在专业领域锻炼得越久，越难换岗。如果让她早点了解各部门的工作，也会更适应。报酬也是个问题，因为销售总裁赚得比品牌经理多，到时候再去调动的话，她还得减薪。"

其他人也开始明白比尔的观点了。经过几分钟的讨论后，比尔说："我们总结一下，为什么说她已经准备好去做管理工作了。一是她在过往取得了非常不错的成绩，提出过一些非常有价值的想法；二是提高了员工的素质，重新招募了一些新员工；三是她很快就能适应新环境，行事果断；四是对客户的业务了如指掌，这证明她有敏锐的商业头脑；五是无论是在公司内部还是公司外部，她都能建立良好的人际关系。"

"我们很久没看到区域销售经理具备如此才干。"他总结道。

"要是她干不好呢？"乔治问道。

"那我们就让她做区域销售总裁，"山姆说，"这肯定对她是个打击，但我并不认为会让她一蹶不振。她已经向我们证明了她能从经验中学习。到时候她再干销售的时候还会学到更多，经验也比以前丰富，会更胜任销售工作。"

劳拉觉得这样做并无不妥，于是她将自己最后的想法也说了出来："如果我们不给她这个机会，那么她就可能被我们的竞争对手挖走。"这下大家都不出声了。

比尔看了看四周说："这么说，我们就算同意了。"几个人赞同地点点头。"劳拉，你马上给苏打电话，跟她说她的工作干得很出色，应该继续保持下去，而且她在 90 天内将会升职。"

劳拉笑了。"我肯定她也会感到吃惊，"她说，"我知道她想做管理工作，但她肯定没想到公司这么快就让她升职。"

你可能会觉得这个故事是虚构的，因为你所在的公司并没有谁会在如此绞尽脑汁地挑选领导人才。你们的文化中甚至不会有这种坦率而轻松的谈话，如此配合也可能无法想象，但是本书会有许多这样的案例，而且这也是人才管理大师的工作方式。

从史蒂夫·乔布斯和苏的故事中，我们可以总结出一些重要经验。

- 人才管理大师能够理解人和人之间的细微差别。两个不同的人可能在某些方面有着相似的特征，但这些特征会有不同的组合方式，以致他们的领导能力也会不同（乔布斯就是个很好的例子）。人才管理大师评判一个人时，会了解这个人的实际特质，看是否符合他们内部既定的标准。他们会仔细观察这个人的行动、决策和行为。看这些特质是如何组合在一起形成独特个性。他们会深入、细致地表达自己经得起检验的观点，而不会笼统地说这个人对公司的战略发展很重要。苏是林德尔制药公司众多销售经理中的一员，但她的特质组合令其出类拔萃。她具有敏锐的商业头脑和一流的认知能力，擅长建立良好的人际关系，能很快适应环境。这些特质组合在一起让她能够做出重要的决策，从而能够超群绝伦。
- 林德尔高层之所以能够看到苏的这种技能和特质仅仅是因为他们观察到了苏跟客户之间的互动，他们跟苏交谈的时候也能做到开诚布公，而且，高层彼此之间的谈话从不遮掩。人才管理大师在可预测的、持续反复的过程中发现、发掘和培养像苏这样的人才，而这种过程也在有力的交谈中最终让人和人之间更加坦诚、信任。

- 这种通过观察人的行为和决策建立起来的制度可以深入了解某个人，将当事人的潜力充分挖掘出来。他们制订的计划并非着眼于苏的“生产力”(capacity)即完成更多同类工作的能力，更重要的是提升她的才能(capability)，即让她做更高层次的工作，取得更大的成就。才能的提升将增强当事人的认知能力，并让其领导能力进一步提升。担任品牌经理会让苏的宏观管理能力提高一个层次。
- 没人确定苏是否完全为升任新职做好了准备。但人才大师管理通常愿意押宝在那些极具潜力的领导人才身上，他们一般基于三个理由。第一，身处压力环境下的人一般不会骄傲自满，他们渴望学习他人。第二，这么做有助于留住那些渴望升职的人才，如果公司不能及时给他们提供机会，这些人可能另谋高就。第三，如果公司经常做出这种安排，未来也将吸引更多人才，因为那些有抱负的人才知道他们不必等太久就能获得发展良机。
- 了解一个人的核心价值观、行为、信念和才能似乎不能一蹴而就，但人才管理大师知道，在这上面花时间是值得的。就像分析商业问题或者潜在的商机，我们很想一探究竟，了解事情的前因后果，评估各种机会。同样，只有真正了解一个人才知道如何促进此人的成长和发展。这对那些依靠专门知识，希望快速培养专家领导人才的公司特别重要。像林德尔制药公司用这种方法培养苏的组织才能就值得推崇。深入了解员工的才能，预见领导人才的发展路径，就能颠覆传统的继任模式。这种公司强调的并非找人填补某个职位，而是为领导人才铺好路，充分发挥其领导才能，进一步增强他们的能力。最终顺利地找到继任人，人才管理出色的公司无须再从外面物色 CEO。

将良好的判断制度化

任何组织都会有一些看人很准的高手，但很少有组织会囤积这类高手，然后以他们为核心，建立一种人才制度。这些人必须充分了解当事人，甚至对他们了如指掌。他们还必须充分了解此人将要赴任的岗位，充分了解此人相对于其他候选者的优势，这也意味着他们还得对其他人的情况充分了解。

人才管理大师会比普通人更精准地判断一个人的才能，因为他们善于观察、倾听他人。他们会尽其所能全面了解员工，包括员工的技能、经验、判断力、性格，以及建立人际关系的能力，而不是那些模糊的特质。他们亦会了解此人的缺点，知道什么是妨碍其事业发展的致命缺陷，什么又是可以通过训练能够改进的弱点。

人才管理大师的“相人本领”是通过不断实践获得的。他们会不停地观察，其观察所得会跟过往的标准比较，他们还会比较各种不同的人，就像比较具体的数字一样。但矛盾的是，对人的比较往往比比较数字更难。说它难是因为我们必须不断练习，克服各种偏见和心理障碍，这样才能经常做出客观的判断；说它容易是因为需要考虑的数据和变量更少。

人才管理大师会让这种技能成为公司制度的一部分，各级领导都能在日常工作中通过练习、模仿、学习获得这种技能，他们能够运用这种技能让自己做出正确的判断。这些人才管理大师会对当事人做出判断：他们会通过大量的对话，收集各种信息，观察人的决策、行为和行动，以及通过集体讨论达到去芜存菁的目的。这些对话可能是非正式的，但并不缺少事实依据。领导者会全面、系统地对其他的领导人才做出判断，并让这种程序成为企业文化的一部分。这种企业会让人才和业务经营结合，将领导人才的优缺点跟业绩挂钩。领导人的判断力会通过不断练习，在日积月累中得以提升。

在人才管理工作中，最明显的莫过于许多公司都有一套正式考核制度和相关流程，大多改编自通用电气之前建立的模式（我们将在下一章中阐述相关制度）。但同样重要的是普通人看不到的流程，我们称之为社会化流程（social processes）。

两个或两个以上的人一起工作时就会产生社会化流程：他们会相互交换信息和想法，行使权力，通过自己的言行表达自己的价值观。这跟参与者有明确的角色和目标的业务流程（business processes）不同，社会化流程通常在幕后进行。比如，预算会议通常依赖于有效的资源配置达成目的，但实际结果往往是社会化流程的结果：当事人会发挥其个人影响力，行使各自权力以谋取资源。参与者和掌控这些流程的领导者可能知道，也可能不知道他们的言行能够影响结果。

社会化流程跟业务流程一样能够被控制并最终使结果得到改善。人才管理大师能通过对话内容、以语言或非语言方式传达的态度和价值观发掘优秀的领导人才，并帮助他们成长。人才管理大师绝不会对组织内社会化流程培养人才的方式敬而远之。

人才管理大师法则

我们曾跟许多人才管理大师和善于管理人才的公司合作，并从中学到很多，这才促使我们合撰此书，我们希望将这些人才管理法则归纳出来。这也是人才管理大师的运作模式，你也可以以此为标准，评判自己公司的人才培养能力。

强将手下无弱兵

平凡的 CEO 只会通过财务和战略目标为公司谋划未来，而开明的 CEO 的首要目标是培养、利用能够助其达成目标的人才。他会致力于创建一种适合人才管理大师成长的文化，并会身体力行。身为公司的楷模，他对于公司人才培养计划的建立起着至关重要的作用，他会动员公司上下积极参与、塑造这项计划。我们发现，这类领导至少会花 1/4 的时间发掘和培养其他领导人才。在通用电气和宝洁公司，该比率接近 40%。

明察秋毫，培养精英

这是充分调动员工潜能的关键。请记住：只有明察秋毫才能培养精英，一刀切则只能孕育平庸之辈。后者大多发生在那些将高绩效等同于机械式地完成或超额完成财务目标的公司。人才管理大师则会无一例外地深入分析影响绩效的各种因素，这样，他们才能辨识领导人才的才能、行为、价值观念，并给予奖励。

确立正确的人才理念

所有的公司都有价值观，有些是明文规定的，有些则并未明确说明；有些价值观意义重大，有些则是样板文件。我们非常重视能对绩效产生真正影响的价值观，因为它们能决定员工的工作和行为方式。这些都是人们赖以生存的价值观，因为上至领导，下至员工都会奉行这样的价值观。比如，我们发现，培养其他领导人才正是人才管理大师奉行的价值观之一。当然，价值观并非总会贴上此类标签。印度斯坦联合利华公司在分析领导力时会以“什么”（what）和“如何”（how）加以区分。“什么”是指具体完成具体任务的能力，“如何”则指价值观的问题。他们会看“领导人是否会以一种让人钦佩、以身作则的方式行事”。宝洁公司的 CEO 鲍勃·麦克唐纳（Bob MacDonald）说：“我们强调人的性格，我所指的性格则是指让组织需要凌驾于个人需要之上。”人才管理大师则会想方设法不断践行他们的价值观，并以认同和奖励员工的方式来强化这种价值观。

建立信任和坦诚的文化

公司必须对员工的优缺点了如指掌才能有的放矢，而员工只有坦诚相告，公司才能了解并获得准确的信息。唯有坦诚才能得到真相，才能让观察更敏锐、见解更深刻、描述更准确。也更加容易了解领导人才的优点，但要指出他们的缺点，希望他们接受并改进它们则更加困难。你在本书中也将看到，创建一种坦诚的文化是成为人才管理大师最难的一环。员工只有相信公司具有诚实守信的制度才会直言不讳。人才管理大师会努力确保公司所有的对话开诚布公的进行——不论是一对一、组织讨论还是跟绩效有关的对话。

严格的人才评估制度

深谙人才管理之道的公司，其人才管理和财务管理制度的目的相同。他们会建立以一套具有明确时间限制的人才培养制度，并讨论设定这些目标的原因和达成目标的方式。他们会定期并全面考核员工，如同他们考核业务流程、绩效、战略和预算一样。关键在于，他们会将人才考核同其他程序结合，收集并不断更新员工成长的相关资料。就像财务制度一样，人才制度也有自身的规律和一套严格的流程，并且也会因新的需要而不断变化。

与人力资源部建立伙伴关系

人才管理大师会跟人力资源部领导打得火热，在他们眼中，人力资源部领导者的地位绝不会低于首席财务官。人力资源部能够发挥多大的作用完全取决于公司的 CEO，如果 CEO 没有对人力资源部抱以太高期望，那该部门肯定也唱不了主角。就像公司的财务管理有赖于CFO，首席人力资源官对于人才制度的建立也起着至关重要的作用。

不断学习，持续改进

人才管理大师认识到领导才能和领导标准必须随着经营环境的快速变化而不断改进。他们会有针对性地安排领导人才培训，并根据未来可能发生变化的外部环境调整人才培养计划。

谁能称之为人才管理大师

本书中，我们将对公司不同的发展阶段进行重点研究。有些公司几十年前就是世界上的行业龙头了，而有的公司仍处于发展阶段。不管是老牌公司还是后起之秀，它们都会坚持不懈、一丝不苟地履行上述法则。在此，我们并非要你效仿他们，而是让你们有机会对那些业已证明的方法学以致用。

所有公司都有正式的人才管理系统，且有好有坏，甚至还有堪称大师级的人才管理系统。但这些制度较容易看到，当然也不是最重要的。真正的“秘籍”是指公司的“社会化体系”（social systems）。我们将在书中向你揭露这些。

本书并非统计研究的结果，统计研究能够表明不同事物之间的相互关系，但它对了解因果关系的帮助甚微。我们从事的是观察研究，通常都是听他们亲述自己所经历的事。我们选择这些公司是因为我们对当事人非常了解——我们曾在一些公司工作过，或者跟他们合作过几十年——我们了解他们的社会化系统。我们知道他们的秘籍是什么，也了解他们的工作和工作方式。现在我们就告诉你那些人才管理大师是如何做的，不仅将他们使用的工具和技术倾囊相授，还会将他们问的问题、相互之间的对话和真实的决策过程告诉你。

本书分为四篇。第一篇深入探讨通用电气广受赞誉的人才管理系统，这部分篇幅较长，因为我们在许多方面都要做出解释。你可以从中了解这套制度是如何运作的，它为什么会有效果。

我们之所以先从通用电气说起，基于两个原因：第一，我们长期在这家公司工作，对其独特的人才培养机制十分了解。在连续 40 年的时间里，拉姆 · 查兰跟通用电气各层次的领导都共过事，他观察并指导过他们；比尔 · 康纳狄同样也在通用电气工作了 40 多年，帮助通用电气改变相应制度体系，以适应外部环境的变化。第二，通用电气是一家值得信赖的公司，他们可以从中学习该公司的人才管理系统，而且这套制度也备受推崇，被众多公司效仿，对于我们在书中列举的法则，通用电气还是先行者。不仅如此，它还为其他公司培养领导者，这在业内早已不是新闻。世界顶尖的猎头公司对其赞誉有加。“因其独特的领导人才培养机制，许多企业的领导人都来自通用电气。”斯宾塞 – 斯图亚特咨询公司（Spencer Stuart）的董事长汤姆 · 内夫（Tom Neff）如是说。而海德思哲国际咨询公司（Heidrick & Struggles）的老董事长格利 · 罗切（Gerry Roche）则补充道：“通用电气以人才培养为长远目标，它在上面花费的时间、精力、金钱比我所知道的任何公司都要多。

如果哪家公司要找下一任 CEO，参考通用电气的标准依然不失为明智之举。”

当然，并非只有通用电气一家公司可以称为人才管理大师，我们在第二篇所列的四家公司，同样有许多出色的人才管理模式。当你读到第 5 章的时候，一定会惊叹印度斯坦联合利华公司（HUL）的做法。在亚洲，该公司同样也是 CEO 和优秀营销人员的“黄埔军校”，它已经发展了一套独特的人才培养制度。印度斯坦联合利华公司的高层会亲自到大学招募员工，还会跟见习管理人员在印度的小镇共度黄昏。我们知道没有哪家公司的高层在领导人才培养方面做得比这家公司更用心。

在培养全球领导人才方面，宝洁公司（第 6 章）鲜有对手。该公司发现，经验是无可替代的，特别是在不同国家、不同文化背景下，领导人才在高压的工作环境中完成任务获得的经验。宝洁公司在建立人才管理数据库方面也走在前面，现在又多了社会化媒体这个利器，公司上下更加协作，对全球市场也有了更深的洞察力。

有些行业必须依赖于专业知识，比如高科技、生物技术、制药公司，他们普遍面临一个难题：公司的领导必须既会做业务又要懂技术。安捷伦科技公司的 CEO 比尔·苏利文（Bill Sullivan）（第 7 章）也面临这样的难题。因为这种人才奇缺，苏利文遂决定建立自己“超群绝伦”（best-in-class）的管理团队。他摸索出了一套方法——公司可以自己培养既会做业务又懂技术的人才，苏利文的做法无疑为面临同样困境的公司竖了一个标杆。

你对自己到底了解多少？这并非是一个无聊的问题。新兴的行为经济学（behavioral economics）告诉我们，无意识行为对企业领导影响巨大。诺华公司（第 8 章）就是这方面的先驱。该公司的人才管理系统包括利用许多工具和程序，帮助领导人了解自己无意识的行为。这种方法独一无二，甚至让人惊叹，它能挖掘内在的领导能力并提升公司的人才实力，这对于任何公司和领导都大有裨益。

第三篇（第 9、10 和 11 章）着重介绍那些新涌现的人才管理大师。一些公司如通用电气、宝洁、印度斯坦利华曾不遗余力地改善公司的制度和流程，但在现今瞬息万变的社会，很少有公司会在人才培养上花费大量时间。不久前，固特异（Goodyear）还被人诟病为没落公司的代表，但如今，该公司很快重生，他们使用的新战略就是退出大宗商品业务，致力于在世界各地销售与众不同的产品。固特异的 CEO 鲍勃 · 基根（Bob Keegan）明白，截然不同的战略需要新人来完成。他开始谨慎地从外面挑选一些人才，然后在公司内部创建新的社会化流程和社会化系统，以建立全新的领导力文化。

联合信贷银行（UniCredit）的 CEO 亚历山德 · 普罗富莫（Alessandro Profumo）也想使用一种需要新领导团队来执行的新战略，但跟基根不同，他不能大量从公司外面引进人才。为了将这家意大利银行改造成一家泛欧金融机构，他必须同许多不同国家、不同文化的领导者共事，以新思想将他们统一起来，而且这项工作必须很快完成。于是，他找到一位资深的人事主管作为工作伙伴，此人非常了解新公司的实际困难和企业文化，并帮他建立了一系列必要的制度和社会化流程，从而让他的改造计划得以实施。

克杜瑞公司（CDR）和德州太平洋集团（TPG）两家顶级的私募基金亦堪称人才管理高手。这两家公司绝非所谓的“门口的野蛮人”（barbarians at the gates），靠倒买倒卖发财——先是收购企业，然后大量裁员，最后转手卖掉，赚得盆满钵满。不管以前怎样，现在，私募基金在世界经济所起的作用日益重要。克杜瑞公司积极地将财务管理和人才管理结合起来，鲜有公司能与之匹敌。该公司聘请了许多退休的商界领袖帮助他们提升竞争力，改善投资公司的人才管理系统，最著名的当属通用电气的杰克·韦尔奇（Jack Welch）、宝洁的艾伦·雷富礼（A. G. Lafley）、好事达保险公司（Allstate）的埃德·利迪（Ed Liddy）、盖普（Gap）的保罗·普雷斯勒（Paul Pressler）、印度斯坦利华（也称印度斯坦联合利华，HUL）的文迪·邦加（Vindi Banga）。其他的私募巨头，如科尔博格 - 克拉维斯 - 罗伯茨（KKR）、瑟伯罗斯资本管理公司（Cerberus）则致力于提升人才资源团队的实力，以培养公司内部人才。

韩国 LG 电子以低成本、高质量的消费电子产品成为业务遍布全球的大公司。时任 CEO 南镛（Yong Nam）想让公司上一个台阶，希望公司的品牌立足于本地市场，成为创新领域的先锋。要做到这点，公司就必须打破高管全是清一色韩国人的局面，引进能帮助公司做好本地市场的领导者。他当时面临巨大的挑战，必须成功地进行改革，但又不能破坏有效的既有做法。他的独特方法为面临类似难题的公司提供了借鉴。

在本书的第四篇中，我们将告诉你一套实用指南。将人才管理大师的具体方法倾囊相授，告诉你该做什么，如何做，这些建议让你可以即时派上用场。其中包括人才评估指南，能提升经营绩效的持续学习项目，如何跟人力资源部合作，以及如何确保各层级顺利继任。我们还会提供一份检查表，帮你评估公司人才管理水平。

当然，即使是高明的人才管理也并非灵丹妙药。本书付印之际，LG 电子的南镛也因公司在智能手机市场的平庸表现而引咎辞职。联合信贷银行的亚历山德·普罗富莫据称也在和董事会争权夺利。但将这两人称为人才管理大师却是不争的事实，尽管在业务判断的问题上出现差池，特别是当环境特别凶险之时。事实上，每个公司都曾不止一次地遇到过难题，也无法保证他们将来就会一帆风顺。想象下，宝洁和印度斯坦利华这两家人才管理大师——他们要在同一市场一决雌雄，届时他们中的一家势必会独占鳌头，而另一家也会成为配角。

有些职业球队之所以能够取得成功，不外乎球队教练和球员的卓越才能。某些公司之所以称之为人才管理大师，也因为公司卓越的领导人才，即使犯错，他们也能及时纠正，之后还会变得更加强大。我们通过观察断言：人才是公司长盛不衰最关键的因素。企业的领导者越强，该企业也能越快重整旗鼓。

第一篇

通用电气的人才管理体系

THE TALENT MASTERS

人们研究人才管理的科学与艺术，几乎无一例外地从通用电气开始。1981 ~ 2001 年，通用电气在传奇式 CEO 杰克 · 韦尔奇的领导下，公司一直在人才管理模式上不断创新，甚至被人称为“革命的摇篮”（hotbed of revolution）。本书第 1 章列出的法则其实都源于其所倡导的人才管理体系，而且，这些法则至今仍在指导该公司。我们在第 1 章中已经提到，通用电气的人才培养制度很可能已经成为业界标准，并被其他公司争相模仿。

虽然贵为业界标准，也被其他公司当成楷模，但那些公司也不一定能够理解通用电气人才管理的门道。尽管那些高管在学习通用电气的人才管理方面时不可谓不用心，但鲜有人真正理解其中精髓。他们对一些熟悉的方法也非常认可，比如，通用电气广泛使用的价值观和业务流程。有人可能会说：“没错，我们公司也有类似的东西。”但他们通常不能领会促使这个体系运作的微妙因素。在通用电气文化中，这些因素是一种本能，是再平常不过的元素：领导者开诚布公、能够直面实质问题的谈话；业务流程和人才管理流程的结合；将看似毫不相关的会议整合成一个连续整体的社会化系统——简言之，这些元素正是人才管理大师与众不同的地方。

大多数公司都将管理系统分割开来：“今天我们谈论人才，明天我们谈论战略，下周我们谈论经营和预算。”但在通用电气，所有讨论都是连贯的。比如在战略规划和运营评估会议中，他们都会周密评估负责相关方案的人；人才评估会议则是从讨论公司的业务概况开始，因为业绩的好坏直接由参与者决定；业务评估总是从评估领导团队开始。每次见面都是领导者提供指导、观察人才的机会，久而久之，公司的人才储备也将越来越丰富。

这套系统之所以有效，正是因为要求严谨，能够不断督促员工证明自己。通用电气在评估领导人才时，不仅仅看他们的业绩，更注重他们对员工的领导，除了关心业绩盈亏之外，通用电气的领导者会坚持不懈地关注以下问题：

- 哪些领导人才具有潜力？
- 他们适合什么岗位？他们怎样才能做得更好？
- 如何帮助他们更快地意识到自己的潜力？
- 公司在培养自己需要的人才时做得有多好？

在通用电气内部，人和人之间的对话非常坦诚，可谓毫不遮掩。除了讨论业绩和人才培养的会议之外，无论是正式的场合还是非正式的场合，通用电气的社会化流程总能让对话日复一日地进行下去。除了定期会议和讨论之外，日常交往和社交场合的交流使得领导者和员工之间非常熟悉。特别是公司高层，他们彼此之间更熟悉。公司的 CEO 和主管人力资源的高级副总裁对公司 600 位高级管理人员都非常了解，包括他们的家庭状况、兴趣、好恶、技能、优势、心理倾向和发展需求，这 600 位高级主管几乎就像一家人一样。

那些以通用电气为标准的公司并不完全了解这些，因为他们无法看到具体情况，这也是充分了解这套人才管理体系的唯一方法——你也能做到。接下来三章，我们将帮助你深入了解通用电气与众不同的人才管理体系。我们将向你清楚、全面地解释这套体系，期间还会以真实的事例说明该公司是如何运作的。

第 2 章会向你介绍一个案例：一位高管突然辞职，通用电气的领导是如何快速、果断处理这一突发事件的，而这种事情在其他公司可能会引起骚乱。第 3 章将向你全面介绍通用电气的人才管理系统和具体操作指南，解释这些细节与众不同的地方，并告诉你各部分是如何成为一个整体的。第 4 章则会重新以个人为出发点，讲述两个不同寻常的故事，以此说明通用电气是如何用心培养领导人才的。

第2章

通用电气在高管离职当天找到继任人

2000年某星期五的傍晚，比尔·康纳狄接到家用电器业务部首席执行官拉里·约翰斯顿（Larry Johnston）的电话，起初他并没有发现任何异常之处。约翰斯顿负责的业务年营业额达60亿美元，其办公地点在肯塔基州路易斯维尔市。他说他星期一可能回到通用电气位于康涅狄格州费尔菲尔德的总部，届时顺道来看看康纳狄。

“那太好了，”康纳狄说，“要么你现在跟我谈谈也行。”约翰斯顿说：“不，现在不用，星期一吧。”

康纳狄对约翰斯顿很了解，感觉他说话的时候有点儿怪怪的，想到这儿，他打电话到路易斯维尔，希望找约翰斯顿再谈谈，但已经找不到他人了；周末的时候他又打了几个电话，但还是联系不上他。平常，约翰斯顿总会及时回他电话，想必一定出什么事了。

约翰斯顿终于在星期一清晨给他回了电话，声称自己在公司的宾馆里，想过来见他。现在，康纳狄确定出事了，尽管如此，接下来发生的事还是完全出乎他的意料。

不到一个小时，约翰斯顿便来到康纳狄的办公室里，看起来很不好意思。他要康纳狄关上门，然后说："我要辞职了。"

康纳狄吃惊地说："拉里，你不能走！你为什么要走？"

约翰斯顿解释说，他答应到连锁超市艾伯森（Albertson）去做CEO。他说："这种机会千载难逢，他们提供的薪酬福利让人无法拒绝，况且这家公司并不是通用电气的竞争对手。"他先告诉康纳狄，他周末没有回他电话是他的新老板吩咐的，但他又掏心窝地说："我不想被你说服，最后放弃这次机会。"

"我很想让他回心转意。"康纳狄说，"但是即使我使出浑身解数也无法说服他，拉里去意已决。"最后，他陪约翰斯顿走过大厅，来到刚刚任命即将接替杰克·韦尔奇担任通用电气CEO的杰夫·伊梅尔特（Jeff Immelt）的办公室。三个人不自在地坐在那里。约翰斯顿曾是伊梅尔特的手下，两人曾在家电部、医疗系统部共事多年，彼此非常熟悉。"拉里是一个出色的销售人员，而杰夫则可称得上为销售大师。"康纳狄说，"我当时觉得'也许杰夫能说服他留下来'，于是，我回到自己的办公室，等着看到底会是什么样的结局。"

公司高管突然辞职，大多数公司都会乱成一团，惠普在马克·赫德突然离去时就是这样。公司手忙脚乱地请猎头公司帮忙挑选候选者。在此期间，他们会选出一位临时领导接替，整个公司也找不到正确的方向，这种混乱局面可能持续数周甚至数月。员工也会因为这种不确定性和喧嚣尘上的流言弄得士气低落，效率下降；有望接替职位者也会争得头破血流，有些人则明哲保身，以免犯错，有的人则会放手一搏，希望一鸣惊人；竞争对手则会利用这一空挡抢占市场先机。等公司找到合适的接任者后，公司可能元气大伤，一时半会儿也难以恢复。

但在通用电气和其他人才管理出色的公司并没有发生这样的事。比如麦当劳，当现任 CEO 在半夜突发心脏病去世的时候，他们在几个小时内就任命了新的 CEO。再看看通用电气这边的情况，许多人都记得公司内部有三位能力很强的人可以接替韦尔奇，而且他们都已经通过严格的考核。但跟大多数公司不同，通用电气在公司每个级别都有类似人选。他们对每一位领导都了如指掌，能够很快将最能应对挑战的人安排到最适合的岗位，将公司的损失降至最低。

许多公司都因制订了相应的继任计划，每个重要职位都已指定了继任人而自视高枕无忧，但这并不是什么好事。预先确定继任者会让公司在选择高管的时候缩手缩脚。在此瞬息万变的社会，即使现在能够胜任某个工作，在一年甚至半年后或许就不适合了。而安排多位候选者也更有机会找到应对新问题的人。

在通用电气的 600 名高级主管中，他们的主动离职率不到 5%，因为他们非常满意公司唯才是举的文化，能够在这里获得各种各样的宝贵经验。但是别的公司总会来挖通用电气的墙角，人们很难拒绝别的公司提供的 CEO 职位。当身处要职的人离开通用电气时，尽管在当时来看，离任者似乎不可或缺，但通用电气的高层总有应对办法。他们懂业务，了解候选者的优缺点，所以他们总能很快找到接任者，有时候甚至只需几个小时。他们的目标很明确：公司的业务不能停滞不前，没时间让人心生悲悯，不能拖拖拉拉地做决策，不让竞争对手有机可乘。

拉里·约翰斯顿辞职时，通用电气刷新了一项纪录，不到半天就任命了新的接任者，并在下班前就宣布了这项人事变动。公司的这种做法也成为企业界的标杆。通用电气不允许高层领导出现职位空缺，一天也不行。

康纳狄等待的时候忍不住想起了约翰斯顿。在他 40 年的职业生涯中，很少有人离职会让他如此措手不及。他又想起了星期五的电话，责怪自己没能及时掌控局势。他当时感觉约翰斯顿差点就会对他说出实情，如果他让拉里继续跟他聊下去，也许情况就完全不同了。

现在情势相当糟糕，因为由约翰斯顿挂帅的家电业务部表现非常好。两年前，也正是康纳狄的大胆提携，才让他第一次获得了这个需要全面负责的要职。当家电业务部的 CEO 退休时，约翰斯顿还是家电业务部的销售部门负责人，他希望自己能够当 CEO。“那时，杰克·韦尔奇和我都认为拉里是顶级的销售和市场人才，他当时还不能在通用电气独当一面。”康纳狄说。最后这一职位由当时负责通用电气有机硅（GE Silicones）的大卫·科特（Dave Cote）接任（现在，科特则成了霍尼韦尔国际（Honeywell International）的董事长和 CEO）。

康纳狄继续说："科特掌管家电部半年后，我们决定在一次 C 会议上给拉里机会，让他去收拾欧洲医疗业务的烂摊子。" C 会议是通用电气高层的年度领导者评估会。"拉里也多次向我表示，希望自己能够独当一面，负起盈亏责任，这是我们对他的奖励，因为他之前留在家电部的时候也是尽力帮助科特，而不是抱怨，给领导的工作设置障碍。"

"记得我当时打电话给他，试探他对接管欧洲医疗部是否有兴趣时他的反应。当时他正在参加一个大型销售会议，后来他在会议中心的投币式公用电话给我回了电。我说，'我有个好消息告诉你。我们终于找到一个部门让你负责'。拉里说，'你没开玩笑吧'！我说，'没有，但那个部门现在非常糟糕'。他说，'我就喜欢这样'！然后我说，'情况真的不怎么乐观，已经有好几个人在那里栽了跟头，而且这个工作在巴黎'。约翰斯顿兴奋地说，'太好了！我什么时候上任'。"

约翰斯顿很快全情投入，解决了他的前任没有解决的问题。他不仅证明自己是一个出色的业务领导者，更是赢得了众人好评。当科特辞职担任天合汽车集团（TRW）的 CEO 后，韦尔奇和康纳狄很乐意让约翰斯顿当上家电部的老大。

可现在他要走了。"我一直希望杰夫 · 伊梅尔特能够拿出他推销员的本事，凭他的三寸不烂之舌说服约翰斯顿，"康纳狄说，"但是当他叫我进去的时候，我看到他们沮丧地坐在那里。两人个子都很高，伊梅尔特身高 1.95 米，约翰斯顿比他还要高些，但当时两人看起来至少矮了一大截。两人垂头丧气，手肘撑在膝盖上。

‘他要走了’，杰夫郁闷地看着我说，‘我说服不了他’。”

康纳狄想以他的幽默感最后挽留约翰斯顿，“‘算了吧，’我说，‘你在巴黎待过，现在竟然要去爱达荷州的博伊西（艾伯森总部所在地）？’拉里笑了笑说，‘我知道有些事没法尽善尽美，但为了我和我的家人，我必须这么做’。杰夫看起来很沮丧，勉强地笑了笑。”康纳狄和伊梅尔特在那儿坐了几分钟，只是难以置信地摇着头。

当时，杰夫·伊梅尔特正准备接任通用电气的董事长和CEO的职位。而杰克·韦尔奇还没离任，康纳狄和伊梅尔特对约翰斯顿说：“你先留在办公室里，拉里，如果你想打电话就尽管打，但先不要跟外面的人说你要辞职，等我们跟杰克商量，决定该怎么做之后再说。”

重要的C会议

康纳狄和伊梅尔特沮丧地走到韦尔奇的办公室，韦尔奇也觉得非常意外。康纳狄回忆道：“杰克当时给人的感觉是想骂人，‘现在让谁来接替他的工作，怎样保护公司的利益？’然后他又说，‘我希望我们今天就能任命他的继任者’。康纳狄建议说应该再花一天时间来决定此事。’杰克回答道，‘我们今天就得宣布’。然后，他们很快拟订方案，先是将约翰斯顿叫到韦尔奇的办公室，他骂了一句脏话，但并没有试图说服他留下来。既然覆水难收，韦尔奇已经在计划下一步行动了。”

他们开始讨论先前选定的四位可能人选。约翰斯顿也参与了讨论，但是感觉很不自在。他想离开办公室返回路易斯维尔，但他们不能让他回去后再宣布他离职的消息。“这会让大家陷入恐慌，”康纳狄说，“因为拉里是当地人心目中的英雄，是当地社区和商业界响当当的大人物。”韦尔奇告诉约翰斯顿：“拉里，你就在办公室待着，等我们拟订方案。对了，杰夫和比尔会陪你回路易斯维尔，宣布离任和接任者的事。”

为什么韦尔奇能马上找出四位潜在的候选人？这正是通用电气人才管理系统的高明之处，而这套系统的核心就是他们的 C 会议。这项会议以及相关流程会持续一年，在此过程中，CEO 和人力资源高级副总裁会对公司的高级主管进行评估，而这种不拘形式的日常讨论也会让这种评估不再死板。频繁的对话以及来自各方的即时资料会丰富他们脑海中的“人才库”，让他们无须临时抱佛脚。

韦尔奇、伊梅尔特和康纳狄很快评估了一下家电部本身的情况。这一行业利润低，竞争激烈，每一分钱都赚得很辛苦。虽然这个部门只占通用电气业务的一小部分，但因为通用电气的品牌已经深入人心，公司非常看重这个行业，通用电气必须打造强大领导班子保护自己的品牌。（而且，当时通用电气并没有计划出售家电部，因此他们还可以借此打消外界的疑虑，让他们不再胡乱猜测。）更重要的是，通用电气不希望失去家得宝（Home Depot）、劳氏（Lowe’s）、百思买（Best Buy）这样的客户，将生意拱手让给惠尔普（Whirlpool）等主要竞争对手。

通用电气培养人才的方法是让他们在不同的部门历练。四位候选者仅有销售市场部的副总裁吉姆·坎贝尔（Jim Campbell）在家电部工作，而其他三人则供职于其他部门。他们都曾负责业务部门的全面工作，在一般情况下，他们获得该职位的机会都很大。但现在是非常时期。通用电气的高层希望找到一个最适合的人，他能够解决现在该部门面临的困境——保护品牌，搞好客户关系。不过，当时商业环境不会有多大改观，而真正的难题是要考虑连续性的问题。约翰斯顿是一名出色的业务领导者，更重要的是他有很强的销售能力，善于跟客户建立良好的关系，这也是家电部取得成功的关键。此外，他还特别善于处理客户问题和投诉，通用电气的家电部需要更多这类人才。

坎贝尔也基本上具有约翰斯顿的这种素质，这让他在竞争中占据有利位置，但决策者还有许多风险需要考虑。坎贝尔从来没有执掌某个部门，负责该部门盈亏的经验，他能独挑大梁吗？如果他工作没有做出成绩而被人取代，那将是家电部四年来第三次更换掌门人，这种不确定性会让通用电气的品牌受损，让公司内部员工士气受到影响。另外，选择坎贝尔会带来什么影响？选择内部人士是否会难以服众？通用电气其他部门的领导人会不会有想法？如果他们已经在一些较小的部门有非常出色的表现，那他们现在可能正在等待接管像家电部这样更大的部门一展拳脚。

这也是人才管理大师必须具备超强领导能力的原因，而不仅仅做好人力资源部的工作就行。人力资源部可以帮助收集信息，比如，进行“360 度评估”（360-degree assessment）提出难题。但重大人事安排需要领导者非常熟悉具体业务，了解该业务具体需要哪类领导人才，公司高层绝不能将这种事委托他人来完成。

但是，维系客户关系似乎是他们首先要考虑的，其中的风险也是最大的。而且，让家电部的员工知道，公司从他们部门内部挖掘人才，觉得此人足以胜任 CEO 的做法对公司也有好处。而这两个因素也成为公司寻找接任者不二的标准。杰克 · 韦尔奇脑袋转得飞快："我们应该把握机会，主动出击，提拔家电部的人才。"他们这么做将会一举两得，既可以给家电部那些极具潜力的人才带来动力，又可以抚平约翰斯顿离去带来的创伤。

但是他们还必须相信吉姆 · 坎贝尔具备管理才能，胜任这份工作。他能做得跟约翰斯顿一样出色吗？还是更加出色呢？公司内部都对坎贝尔非常了解。韦尔奇、伊梅尔特和康纳狄手头上就有大量 C 会议和业务评估会议收集来的资料，其中就包括对坎贝尔的技能、性格、特质、判断力、人际关系及持续学习能力的考察。但他们还得吃下一颗定心丸才行，想知道家电部上下是否支持坎贝尔担任 CEO 一职。他们必须尽快向愿意坦诚相告的人打听。

如果公司人力资源部和领导人能够互相信任，这种作用就体现出来了，而这种互信的关系也是厚积薄发的结果，提供可靠消息的人也可借此表明对公司的忠诚。正如本书其他案例中讲的那样，人力资源部必须成为公司社会化系统的支柱，这样他们之间的对话才有价值，才能结出成果。

康纳狄很快联系路易斯维尔的重要领导，询问他们对吉姆·坎贝尔的看法。跟他们私下谈过后，他又做了三件事：如果坎贝尔接任这一新职位，他和家电部的高层能否默契配合；解释选择坎贝尔的好处是什么；还得了解其他人是否担心坎贝尔在技术方面的欠缺，比如，坎贝尔缺少生产经验，这会不会成为他事业的障碍。

康纳狄收到很多积极的评价："你说吉姆啊？他人真的不错！""我想象不出还有谁比他更合适。"从他们的语气和措辞中，康纳狄发现路易斯维尔当地人深谙通用电气坦诚的公司文化，负责生产营运的副总裁迪克·西格里尼（Dick Segalini）的话让他们吃下最后一颗定心丸："我喜欢吉姆·坎贝尔，他不必担心生产方面的事，我保证他能做好这份工作。"家电部有能力很强、经验丰富的CFO史蒂芬·塞迪塔（Steve Sedita），所以不必担心财务问题。约翰斯顿本人也非常支持坎贝尔，因为他知道坎贝尔会跟进由他发起的客户服务方案。

他们的疑虑很快被打消了，接下来，决策小组就是要全力处理任命坎贝尔产生的连锁反应。他们了解家电部其他各级领导的技能、性格和天赋，到底谁来顶坎贝尔的职？他们很快决定由林恩·彭德格拉斯（Lynn Pendergrass）接任此位，她是坎贝尔的下属，也是冷藏部的总经理。但是谁来接任她的工作呢？销售经理莱恩·科萨（Len Kosar）可担此任。这样，路易斯维尔有三个人将获得晋升，连带着其他人也会升职。

"家电部最吃惊的是吉姆·坎贝尔，"康纳狄说，"因为他正埋头工作，希望成为公司最优秀的销售领导之一。在提交给通用电气总部的个人年度评估中，他说自己正在目前的岗位上成长和进步，完全没有提及他想成为家电部的一把手。因为在通用电气，参与竞选有可能得不偿失，坎贝尔完全相信通用电气会照顾好自己的职业生涯。”

辞职风波竟成皆大欢喜的结局

下午一点，伊梅尔特、约翰斯顿和康纳狄同机飞往肯塔基。飞行中，他们的谈话非常诚恳，因为他们已经解决了家电部的人事安排。伊梅尔特擅长以敏锐的问题引人说出实情，他问约翰斯顿：“如果现在让你继续执掌家电部，你会担心什么？”约翰斯顿显然很乐意帮忙，随即列举了这个行业面临的困难和挑战。

下午早些时候，坎贝尔知道约翰斯顿想见他，于是他走进办公室，心想这应该是老板每周敦促他提升销售业绩的例会。但约翰斯顿的办公室里还坐着康纳狄和伊梅尔特。

“拉里要走了，由你接任 CEO。”伊梅尔特告诉他。

坎贝尔完全惊呆了，“不是吧？”他说，“你是说让我掌管整个家电部？”

很快，伊梅尔特、康纳狄和约翰斯顿召集家电部的主管，宣布了这项任命。比尔 · 康纳狄描述了当时的情形：“我和伊梅尔特尽量将这事说得很乐观。‘拉里要走了，’伊梅尔特说，‘他这么做真不厚道！’这话引来众人一片笑声。‘吉姆 · 坎贝尔将取代他。’现场一片掌声。‘林恩将取代吉姆。’这下掌声更多了。‘莱恩则将取代林恩的职位’。掌声雷动，笑声不断：哇，三个人被升职，而且全部来自咱们内部！这被看成是路易斯维尔的重大胜利。三个本地人获得了晋升，媒体也都说这是个好消息，而大多数客户都说通用电气选择坎贝尔算选对人了。我们来理清楚整件事情：约翰斯顿的离职让人遗憾，但我们祝他顺利。我们找到了吉姆这位继任人，没人对这事持悲观态度了，反觉得是个皆大欢喜的结局。”

纽约电器连锁店 P. C. Richards 的 CEO 加里·理查兹（Gary Richards）对这项任命也很满意，该公司每年向通用电气采购金额高达 1 亿美元的产品，坎贝尔刚加入通用电气时，这家电器连锁店并不确定他能不能做好他们的销售代表。而最近，该公司在百年庆典之际出版了一部年鉴，其中有关坎贝尔的篇幅就有一整页，书中提到了他和公司一直都有着非同寻常的关系。坎贝尔针对这段描述的首句评语便是：“ P. C. Richards 是唯一让我差点被炒鱿鱼的公司。”

坎贝尔承认，他升任家电部 CEO 时也很忐忑。“但这就是通用电气制度的美妙之处，”他说，“我管理过销售市场部，也在克罗顿维尔（Crotonville）接受过高级经理培训课程，学到不少技能，建立了一定的人际关系。我们随时都会准备接受挑战，顺应变化。比如，谁会想到，约翰斯顿会被派去法国掌管医疗部？我也有不足，但公司里有很强的团队帮助我。”

最后证明坎贝尔的确为该部门带来了活力，甚至令其重新定位。2002 年，通用电气合并家电部和照明部，坎贝尔成为了这个新部门的总裁和 CEO，他管理的业务每年的营业收入达到 80 亿美元，手下一共 2.7 万名员工，仅业务就多达 100 个。2007 年，通用电气再度面临投资人要求出售家电部的压力，伊梅尔特也试图寻找买家，但并没有成功。几家有意购买的公司研究后坦诚："我们觉得根本做不到你们那么出色。"伊梅尔特也说，"虽然这一行业竞争激烈，对手很强大，但吉姆·坎贝尔做得非常出色。没有哪个买家能出得起我们认为合理的价位。"

总结

拉里·约翰斯顿突然辞职，通用电气在这件事上处理得非常出色，其中关键原因就是信任和坦诚。五年后，该公司面临风险比这大得多的类似处境时，他们的处理方式同样发挥了更大的作用。47 岁的副董事长大卫·卡尔霍恩（Dave Calhoun）是公司迅速升起的明星，掌管公司最大、获利最丰的基建部，该业务年营业额达 700 亿美元，此人甚至有可能在将来接任通用电气的 CEO 一职。在 8 月某个星期一的早上，康纳狄又接到一个他终生难忘的电话。卡尔霍恩打电话说他将从通用电气离任，出任尼尔森控股公司（A. C. Neilsen holding）的 CEO，当时尼尔森公司由几家私募基金大佬如 KKR、凯雷集团、黑石集团和汤姆斯·李投资集团控制。他的离职将是通用电气的巨大损失，而那些投资人势必也会看到这点。

杰夫·伊梅尔特和比尔·康纳狄从坎贝尔接替约翰斯顿的事件中学到很多经验，现在很快想起了当初"当天继任"的人事安排。通用电气已经有了人选，此人是主管工业业务的副董事长约翰·赖斯（John Rice）。当然，公司也有接替赖斯的现成人选。当时的最佳人选应该是主管销售和工业业务（隶属于工业部）的高级副总裁劳埃德·特罗特（Lloyd Trotter）。但是有个问题：特罗特想退休了。他们必须想方设法说服他留下来，最后费了不少工夫，特罗特终于答应留下来。

通用电气随即宣布了卡尔霍恩的离任以及赖斯和特罗特两位副董事长的人事任命。金融界对这件事情的安排十分佩服。尽管公司内部对卡尔霍恩跳槽去私募基金感到唏嘘，但他们同样将掌声送给了约翰·赖斯和劳埃德·特罗特，公司在任何情况下都能迅速完成人事交接，这让他们十分满意。

通用电气之所以能够将事情做得圆满，正是因为公司拥有无与伦比的人才管理系统。该系统由什么构成，它又是怎样运作的？我们将在下一章中详述。

第3章

通用电气将人与绩效完美结合

流程、关系和互动，这些是上一章中提到的内容，均是独特的领导力提升系统中的组成部分。本章将向大家展示的是，在业务和社会化系统中，这些部分如何形成一个连续的循环并发挥各自的作用。做到这一点的基础在于进行坦诚的对话，积累多视角多对象观察的结果，以及探讨在整个年度当中如何将某一部分的工作成果形成对其他各部分工作的有效支持。

大多数公司都会通过阶段性的回顾来管理组织运营的节奏。七天为一周期是普遍的做法，人才状况以及战略和运营计划的执行情况都在考察之列，同时还需要对照季度业绩目标进行评估。许多公司还会再加入其他内容，如创新、风险和技术方面的总结。这些回顾和总结，集合在一起就是我们所说的运营体系。就许多公司而言，问题在于这些回顾和总结往往都是独立存在的，这次的战略执行总结只是与下一次的总结有关系，这次的人才状况分析也只是与下一次的分析相挂钩，它们之间并没有什么横向联系。因此，各个单项总结的成果就没有得到有效整合，更谈不上对它们进行强化了。

我们所提倡的通用电气的做法，即通过某一流程取得的成果作为另一流程开始时就引入考量的因素。通用电气的领导们只要是在公司的管理协调会议上，总会这样说，从战略高度而言，所有的事情，无论是摆在眼前的还是需要总结的，都与人才相关联，凡此种种，概莫能外。这种信息和观点都会铭记在领导层的脑海里，并贯彻到与员工的不间断对话交流过程之中。通过这样的交流，领导层会持续地、继而自觉地将业务与人紧密联系在一起。

杰克·韦尔奇将通用电气的运营体系提升到了一个新的高度，并创造出一种直截了当和开诚布公的企业文化，杰夫·伊梅尔特理所当然地将其继续发展了下去。但是，公司的核心价值观和流程依然源自百年之前，它们由托马斯 A. 爱迪生的继任者查尔斯·科芬（Charles Coffin）所创立。科芬建立起了一套以业绩测算为基础的精准管理准则，这套方法采用的时候，大多数商人的行事依据还只是粗略的判断和个人的想法。通用电气每一代成功的领导者都会将这一准则发扬光大。

通用电气运营体系的核心内容

下图对通用电气运营体系进行了高度提炼。图中显示几项主要类型的总结在一年当中发生的时间以及它们之间的相互关系。

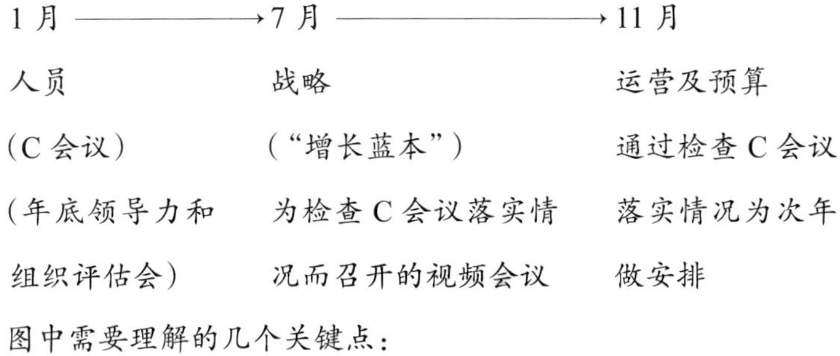

图中需要理解的几个关键点：

- 领导层承诺在人才问题上投入大量时间和精力，他们将人放在绩效之前。
- 各种回顾总结是缜密而有效的，它们之间相互关联。
- 教练辅导和反馈是持续、直接和具有实际意义的。
- 连续多对象的观察结果得到了积累，并会进行相互比较。
- 对话交流得以落实并贯穿全年始终。

韦尔奇的前任雷吉·琼斯（Reg Jones）精通财务，也是近代最伟大的商业政治家之一。他把大部分精力都用在改进企业的混乱状态上，那是由于通用电气的频频收购所造成的。他对企业进行重组，建立严格的战略规划流程。不过，琼斯对人才发展做出了重大的贡献，这体现在他对继任者的选拔上。琼斯认识到，在日益艰难的商业环境中，公司需要一位与自己风格迥异的领导者。他最终选择的人不仅符合要求，而且远不止于此。韦尔奇在通用电气一路摸爬滚打，成为塑料事业部的负责人。他的身上兼具改革家的热忱和拳击手的个性，他以不可阻挡的驱动力使公司业绩得到显著提高，他以不同凡响的洞察力推动公司在人才管理方面领导力的提升。

大多数人都会记得韦尔奇在任早期对企业进行的大刀阔斧的重组，这为他博得了一个不太中听的绰号——“中子弹杰克”（就像中子弹一样，大厦还立在那里，但已人去楼空）。他宣布，任何事业部要想存在下去，必须在各自的领域保持“数一数二”的地位，否则就要被整顿、关闭或出售。好几个事业部都因难以为继而关门大吉，公司裁减的岗位多达数千个。韦尔奇还用股票期权的方式来奖励人才，将薪资与绩效更加紧密地联系在一起。

对于韦尔奇来说，与重组同样重要的是改善公司的人才管理系统。他要的是领导者，而不是管理者。这个人如何与人打交道和培养他人？他有自信找到并培养比自己优秀的人吗？他善于发现外部人才并与之打交道吗？最后，韦尔奇希望领导者能够为了公司的利益，将眼前的一己私利暂时搁置。为了使这样的领导者脱颖而出，他必须在通用电气创造一种新的企业文化。他完成的不啻一场变革，因为他将公司的价值观与企业文化清晰而明确地变成了严格的运营机制和社会化系统。

韦尔奇的举措包括“群策群力研讨会”和变革加速流程（CAP），这是他和其他领导者在克罗顿维尔中心想出来的。群策群力颠覆了企业的层级制，从基层员工到公司CEO，人人都可以畅所欲言，经常性开诚布公地对话。从最高决策者到机床操作员和流水线工人的各级领导和员工组成50 ~ 100人的小组，大家一起碰面开会。通用电气还邀请商学院的教授和顾问等外部人员来充当“引导师”（facilitator）。这些会议最初是在厂区外，如当地的旅馆或会议中心召开的，后来随着坦诚与互信的建立，会议就直接在各个事业部内部召开了。这一做法一直延续至今，只是大家不再把它当作什么特别的活动，而更像是出于本能，也更随意。重要的是，群策群力是韦尔奇向推翻传统沟通障碍战斗打响的第一炮——摒弃“孤岛思维”（silo mentalities），即领导者往往不展开公开辩论，而是滥用职权；意见分歧者之间的讨论讲求的是一团和气而非实事求是。因此，“群策群力”无疑是一场大规模的正面进攻。

比尔·康纳狄在回忆这些别开生面的会议时说：“以前从未开过这样的会。现在召开的基本上都是员工大会，大家养成了畅所欲言的习惯，会进行激烈辩论。你会看到车间来的一群工人拿来多幅活动挂图，向大家演示如何提高生产率，比如，在机器没有处于满负荷生产状态时把它换成第三挡，一个车间就可以节省多少成本。而车间主任听罢就得当场做出反应，表示同意还是反对，或者说‘这是个好主意，但我必须去调查一下，下周就都知道了’。”

“会议的气氛会变得相当热烈。如果领导同意某个提议，下面会爆发阵阵欢呼；如果不同意，下面又会嘘声一片。这时那些引导师可能就会介入，说‘好了，各位，让他说完吧’。然后，这位领导必须对他的决定做出解释。所有问题都能当场得到解决，不存在悬而未决的事情。”

“对话的形式在不同国家的不同地区是不尽相同的。那时我在马萨诸塞州林恩的飞机发动机部门工作，那里的员工堪称全公司最强硬的员工——他们经常把其他工会全都通过的工会合同否决掉。凡是涉及该部门员工的事宜，管理层的任何人都得深思熟虑一番。比如我在做演示，在没有收到 6 个人提出的质疑之前，我是不能把第一页挂图翻过去的，这就像是波士顿倾茶事件（Boston Tea Party）重又上演了。这是美国东北地区的一种文化复古。如果你在中西部地区，比如辛辛那提做同样的演示，你可以自己定个调，人们会毕恭毕敬地洗耳恭听。尽管这个场面令人愉悦，但从另一个角度看也颇为麻烦，因为他们从来不会提出任何问题。你没办法让人们开口说话，直到茶歇的时候，他们才会一个个过来私下问你问题。所以，从小受波士顿文化熏陶的韦尔奇把自下而上集思广益的做法带到了通用电气的员工大会上。”

“这是韦尔奇力求自下而上进行改革的开始，这场改革志在大刀阔斧地清除官僚作风，精简组织机构，赋予员工发言权。改革还消除了企业的层级制度。我们觉得在一线工人与 CEO 之间无须设置 12 个层级。从理论上说，如果你把层级减至四五个，各级之间就可以实现无障碍沟通，员工也会具有更加强烈的主人翁责任感。这一切我们都做到了。所以，这对于许多人来说是非常可怕的时刻，因为一直以来，他们都在培养自己在等级组织中的管理能力而非领导能力。那些无法实现转变的人便会沦入守旧落伍之列。”

让 C 会议充满活力

韦尔奇的下一个重大举措是彻底改革 C 会议。C 会议是通用电气人才管理流程的核心，它对各个事业部的领导成员进行深入全面的评估。在这类会议上将做出有关人才培养、使用和保留的各项决策并加以实施。与会人员包括通用电气的 CEO、人力资源部和事业部的总经理及事业部的人力资源总监。开会的时候，他们提供大量有关各级领导的信息（这些信息原先都被编纂在一本大“书”里——带有数据和照片的活页夹——现在这些信息都在网上了）。

然而，前任们留给韦尔奇的这些评估与那些流于形式、刻板僵硬、礼貌文雅的练习题并无二致。韦尔奇仔细阅读这本包含着对所有人才进行总结的大书，领导们会说这样的话，“乔·布洛的工作干得很好，应该让他晋升一级”。其他人闻言很少提出反对意见，也不会要求更为详细的解释，于是高管们便开始讨论下一个人才了。

韦尔奇让 C 会议充满活力。“他给这个体系带来了焦虑，”康纳狄说，“他会说，‘把你对乔·布洛的了解全都告诉我’。然后他会对你的回答提出质疑：‘你为什么那么认为？我看不是这样。上季度他不就没有完成任务吗？而且，我听说他是一个无能之徒，专门欺负手下人。’宛如霹雳炸响，那些令人愉快、条理井然、带有活页的大书突然之间变脸了。”

“韦尔奇经常鼓动大家辩论，以检验某个人的立场是否坚定。如果他们退缩了，他便认为他们没有真正了解他们自己所说的事情。但是，如果他们的论据足够充分，他也很乐意说：‘嗨，听着，或许是我错了。’他将 C 会议从一项例行活动变成了展现和加强通用电气核心价值观与企业文化的制度化流程。没有什么人可以一手遮天。随着越来越多的证据提交上来，各种意见或观点迟早都会得到证实或遭到否决。这场激烈的意见交换促使领导者进一步提高自己的观察敏锐度。”

在他严厉的措辞背后，韦尔奇教会人们如何深入挖掘一个人的核心品质。他的探索性提问将业务绩效的“硬”事实与对他人的“软”观察结合起来，这些观察都是通过他的仔细聆听一点一滴地搜集得来的。他力争将员工的真正才能与他们的背景环境区分开来，以便进一步加强和发挥他们的才能。比如，有一次，他给公司某事业部未完成指标的负责人发放了一笔最高额的奖金，并将这个消息传递给每位员工。为什么？因为这位负责人战胜了极其可怕的商业环境变化，他做得比同行业其他人都要好。“韦尔奇最喜欢的是我们所称的‘火线提拔’（battlefield promotion），这一做法我们在C会议上经常采用，从那本大活页夹里抽出一个未来之星，当场给予提拔。”康纳狄说。

韦尔奇还将C会议分散召开，从总部转移到各个事业部。他是想让评估者有机会在事业部看到更多的人，而事业部的负责人也有更多机会参与这个过程。他知道，让越多的人看到他在管理人才的培养与继任问题上的投入与热情，就可以越快地使它被接纳并在公司内部形成制度化。韦尔奇会就各个事业部负责人对公司人才的观点与看法追根究底、盘问质疑、提出异议，这给大家留下了深刻印象。“你会看到一位非常狂热的高层领导充满激情地说，‘不管你想不想去，我都要带你去爬山’，”康纳狄说，“他是在以身作则，要营造一种新的企业文化，使人才管理系统化”。

强化“软技能”

通用电气的 C 会议之所以如此特别，正是因为韦尔奇使其形成了一种风格。毕竟，这种会议的议程本身并不特别，都是大多数公司评估人才时讨论的议题：

- 业务问题及所处的外部环境。
- 所有关键员工的总体表现和价值观评分。
- 每个业务部门的 CEO 及人力总监事先准备好的继任计划（关键职位人才库）。
- 辨识最具潜力的领导人才。
- 评估每个事业部的差异性。
- 选拔员工参加克罗顿维尔的高级经理人培训课程。
- 分析 CEO 意见调查结果，包括员工对雇主的整体满意度。

他们在讨论会议议程的时候非常专注、认真，气氛热烈。所有 C 会议都会从业务表现和未来展望开始，然后再讨论跟领导力有关的议题。正如比尔 · 康纳狄解释的那样：“我们到那些处境艰难的部门召开 C 会议时，通常不会说‘我们今天来这里只是谈论人的问题’，而是说‘嘿，这里最近发生什么事了，产业动态怎么样？竞争情况如何？利润和营业收入情况怎么样？’然后我们会花时间了解关键性问题，先在某些问题上达成共识，因为无论问题出在哪里——不管是组织观念的问题，还是产业结构的问题，抑或是未来的业务需求发生了重大的变化——通常直接跟人有关。”

正是因为这种关系，通用电气往往会在战略会议之前举行C会议。但大多数公司都会采取相反的做法，他们认为战略决定组织结构，因此必须先行讨论。可通用电气并不这么认为，他们认为战略来自人的思想和认知，比如分辨事情孰轻孰重的能力，对外部环境趋势的理解，承担风险的能力和面对变化时适时改变战略的能力。战略必须由合适的人构思并执行方可成功。C会议的领导人通常都会检讨他们过去用人时犯的错误。所有人都会犯错，他们不怕面对这个现实，最严重的错误莫过于无法弥补之前犯的错。然后，这些领导人会彻查错误原因，再制定适合当事人和公司的方法。他们会不停地观察人，不断地了解业务，久而久之，他们对人的观察也会越来越准。比如是否应该将某人撤职；是否应该给予某人发展所需的帮助；是否应该调整工作，将当事人最大的潜力挖掘出来；是否应该要求某人永远离开公司，因其价值观和技能已不再适合公司。

通用电气现任CEO杰夫·伊梅尔特在C会议中加入一种新元素：评估每个事业部的CEO、CFO和人力总监的匹配度和团结合作。他希望领导人的思想和特质具有多样性，而且愿意团结合作。伊梅尔特不希望某个部门的领导者太过保守，不愿意冒险，当然他也不希望他们全是冒险分子。而且，他也不希望所有的领导人都是铁面无私者。正如比尔·康纳狄解释的那样：“伊梅尔特希望做到‘软硬兼施’，关键问题是人事总监是否足够优秀，能够挺直腰板为员工呼吁，敢于对抗强硬的 CEO 和 CFO。”康纳狄刚开始认为没有必要强调这点，因为通用电气已在职能方面进行评估。但伊梅尔特说：“比尔，只管放手去干。”而康纳狄也正是这么做的。“让我吃惊的是，我们的确发现一些问题。有时候某大部门的三个领导人都是强硬派，员工没什么机会。于是我们会做出调整，以求平衡。”

开诚布公和追根究底的文化确保讨论和谈话能够激发创造力，提高公司高层对其他领导人才的判断力。这位领导有什么成就？他的优缺点是什么，具有什么潜力？公司如何充分发挥他的潜力？这些讨论奠定了通用电气所有有关领导力讨论的基础。比如，约翰斯顿和卡尔霍恩的辞职后召开的会议就是临时举行的非正式 C 会议。

每年大概有六次的会议和流程驱动通用电气系统运行，而 C 会议及其跟进流程则是其核心。在培养领导人方面发挥重要作用的另外两个流程，一个是夏天举行的战略评估流程 S1（现称为“增长蓝本”），另一个则是 11 月举行的运营计划评估流程 S2，该流程跟一个称为 C2 的 C 会议跟进流程结合而成。

领导者在战略评估会议上讨论业务时，会激烈讨论评估负责制定和执行战略规划的人。此外，评估运营状况和季度绩效时，领导者也会讨论相关责任人。

跟进和调整

C 会议跟进的流程很多。如比尔 · 康纳狄说的那样：“我们每年会进行三次调整，而且全是行动导向。事情总会不断发生，我们每次都会问：‘上次见面后有什么新进展？’也许，引擎部查理的表现跟我们所想的并不一样。也许竞争对手突然想挖飞机制造部的人才，所以我们必须用特殊方式挽留多位关键员工。在 4 月的时候这事根本就不算什么，但在 10 月就是大事了。大家会这样讨论，‘好吧，我们需要采取特殊方式挽留这些关键人才，就这么办’。然后计划立即执行，那些人才也知道自己被公司器重，知道公司希望留下他们为公司长期效力。”

C 会议实地评估（field reviews）跟进流程，是从 CEO、高级人力资源副总裁和高管发展副总裁开完会乘飞机回总部时开始的。高管发展副总裁会做会议笔记，总结要点。三人会在这些要点的基础上集中讨论哪些人值得特别关注，哪些人可能需要改正缺点，比如，有些领导人应该更加严格地要求手下，有时候则不必单凭自己一个人决定某些事情。他们或许可能让某人开拓中国市场，以累积经验，因为将来中国市场需要更多的领导人才。他们会注重比较员工在不同阶段的表现。第二天，C 会议的重要总结会发给各业务部门的 CEO 和人事主管，以让他们评估和跟进。

这些总结是更新评估的基础，跟进流程始于 5 月末的“公司综合评估”，CEO、高级人力资源副总裁和高管发展副总裁会收集所有 C 会议实地评估资料，并决定公司是否进行跨部门人事调动。他们还会进行“公司组织活力评估”，这种评估方式会将高级领导人分为三类：“顶级人才”“高价值人才”和“低效人才”，并决定派哪些人参加克罗顿维尔的高级经理人培训课程。7 月举行的 C 会议跟进流程是所有部门都要参加的视频会议。实地评估会议中的文件将作为讨论和行动的基础。“针对这些问题和行动方案，你做了什么？”领导人会问 4 月以来发生的事，包括商业环境、重要人才、继任计划以及关键人才挽留措施。

C 会议产生的任何行动项目，比如人事调动、解聘、改变组织结构、招聘，都会在战略会议前评估。11 月，各大部门领导及其团队会在总部召开一整天的 S2 经营评估会。会议的头 90 分钟称为“ C2 会议”，主要讨论人的问题，比如绩效、人才挽留和升职。

通用电气致力于辨识、培养和使用人才，坚持“以人为主”。韦尔奇以前经常跟他的手下说：“我在 C 会议上做的关键营运决策，比我在实际营运评估时做的决策还多。”

继任计划表现出的亲密关系

通用电气跟其领导人才建立的亲密关系会延伸至董事会，这让公司对未来领导人才的判断格外准确。他们会收到公司整体领导人才和个别领导人才的报告。在通用电气典型的模式中，他们最准确的见解来自公司内部非正式的对话，他们经常会根据实际工作讨论领导人才。通用电气的 CEO 和高级人力资源副总裁会向董事会报告其直接下属手下某些主管取得的进步，并会尽力安排董事会跟当事人单独接触的机会。除了在董事会听取他们的业务报告外，他们还会花大量时间跟当事人接触，比如，在召开董事会的前夜跟他们共进晚餐。公司还会要求董事实地考察领导人才，观察他们在实际工作中的表现。这些第一手观察会加深董事对相关人才的了解。

在深入和广泛地了解公司的领导人才之后，董事会在继任问题上就不会临时抱佛脚了。尽管韦尔奇的继任安排已被放在聚光灯下，董事会在宣布这项人事变动前还有其他选择。随着继任日期的临近，三个候选者成为最有力的竞争者——鲍勃·纳德利（Bob Nardelli）、吉姆·麦克纳尼（Jim McNerney）和杰夫·伊梅尔特。公司希望他们继续执掌各自管理的业务板块，而不是让继任的过程变成一场“赛马”：在公司内外斗个你死我活。同时，董事会也会进行实地考察，再结合其他董事的评估，以进一步了解三位候选人。

在决策时，董事会必须对公司未来业务的需要做出最好的判断。2000 年 11 月，董事会和韦尔奇——董事会非常看重他的意见——考虑到了当时外部环境对公司业务带来的挑战：

- 公司越来越国际化，在美国以外的营业收入和员工所占的比例越来越大。
- 通用电气的工业部门和金融服务必须达到良好的平衡。
- 社会和环境领域的利益相关人的话语权越来越重。
- 股东行动主义（Shareholder activism）的势力呈上升趋势，对公司薪酬和公司治理意见颇大。

- 危机领导力非常重要（当时“9·11”事件还未发生，事情发生在伊梅尔特担任通用电气 CEO 的第二天）。
- 劳动力状况变化日趋增加，公司必须处理双职工问题、弹性工作时间、远程办公等很多问题。
- 通用电气本来就是个大公司，如何将公司进一步做大做强的任务尤其艰巨。

这种评估对董事会的最终决策具有重要作用。另一个有用的工具是由韦尔奇、康纳狄和高管发展副总裁查克·奥克斯基（Chuck Okosky）五年前拟定的“理想 CEO”特质表。当然，大家都知道没有谁能同时满足所有标准，但表格中列出了一些必备的特质，并提供了比较模板。你可以在后文的人才管理大师工具箱中看到完整表格。

韦尔奇和董事会知道，当公司宣布继任者后，其他两人的离职就会变得势在必行。毕竟，他们也是“抢手货”，也立志做 CEO。因此，韦尔奇在六个月前就清楚地告知三位候选人——当时其他两位还没有离职，韦尔奇说他们三人都必须开始各自的交接流程。这样，继任者会有充足的时间让他们的候选人做好准备，公司也能观察 CEO 竞争者在甄选他们的继任者时的表现。这种大胆的方法效果很好。在公司宣布由伊梅尔特执掌通用电气的当天，纳德利就接受家得宝公司 CEO 一职，麦克纳尼则成了 3M 的 CEO。通用电气也对他们表示了祝福，并跟他们保持良好的关系。与此同时，两人之前掌管的部门也找到了得力的继任人，公司一切顺利。

文化的交汇：克罗顿维尔

跟通用电气整体人才管理系统一样，克罗顿维尔被人广泛赞誉，不断被企业立为标杆。许多观察者认为此处只不过是一个管理教育机构。没错，克罗顿维尔的正式名称叫作“约翰·F·韦尔奇领导力发展中心”，该中心为公司冉冉升起的希望之星提供基础和高级管理课程，但这只是它的其中一个功能而已。中心还是管理创新、变革和适应的驱动者，也是人才和业务有机结合的熔炉，是通用电气文化和价值观的“枢纽”。

克罗顿维尔位于纽约州的奥思宁，距通用电气总部约一个小时的车距，这是公司举行一系列活动的场所，包括每个季度历时两天的高级主管会议以及年度主管会议。公司的一些重要举措如“群策群力”也是在此完成。这里也是将公司的战略转化为短期行动的地方，他们会通过以执行理念改善绩效的练习方法达成目标。一些重要的客户团队也会跟通用电气的团队在此一起努力解决业务中的实际问题，加强合作关系。

通用电气收购一家公司时，会安排自己公司的新领导团队和被收购公司的领导人来到“交接地带”克罗顿维尔，讨论两家公司的文化差异以及在通用电气文化下，总公司对该公司的期望。有时候，通用电气也会从外面聘用高级管理人才，将他们派去克罗顿维尔培训，这也是让他们更快融入公司的良策。

通用电气在教育和培训上的预算高达每年 10 亿美元，大部分都投入到克罗顿维尔。这笔费用不低，但通用电气觉得每一分钱都值得。(参见第四篇“人才管理大师的工具箱”，有些公司能以较低的成本获得相同的价值。)

克罗顿维尔的学习课程并非大多数人眼中的高级经理人培训项目。当然，这里有各级经理人培训课程，对象既包括刚担任经理职务的一线管理者，也包括资深领导人，课程从领导力的培养到一般管理技能都有。这些课程是为通用电气量身打造的，同时还会结合实践经验，让学员能够学到公司第一手资料。受训的学员都是精英，公司有30多万名员工，每年仅有1000人能通过审核参加培训。公司会通过C会议流程选出学员，认为他们的职业值得公司为其“重金投入”。

这些课程能产生实效。20世纪90年代末，通用电气针对公司在中国、俄罗斯、墨西哥和印度等新兴国家的角色问题得出重要结论。在一次企业管理课程中，通用电气的高级管理团队前往这些国家考察、学习，并分析公司在当地的前景。人力资源部的学员鲍勃·柯克兰（Bob Corcoran）强烈要求韦尔奇和公司执委会委员大力拓展墨西哥市场。韦尔奇不仅采纳了柯克兰的建议，还对他说：“既然你如此看好墨西哥，你可以帮我们开发这个市场。”柯克兰努力学习了西班牙语，然后带着他的妻子和两个孩子前往墨西哥城，在那里工作了三年，成绩斐然。后来，公司将克罗顿维尔也交由他掌管了。

克罗顿维尔80%的导师都是来自通用电气高级管理人员（通用电气也会从外面寻找顶尖人才，包括战略、市场、创新方面的专家)。教授高级主管课程的人包括公司的CFO、总法律顾问、首席信息官（CIO）、人力主管、业务发展主管、各大业务部门的总裁、CEO、副董事长以及公司的 CEO。他们并非在这里走过场，这些领导人每个月都至少要去授一次课，每次上课的时间为两三个小时。他们会在课堂上跟学员互动，之后还有一段坦诚的问答时间，在此过程中，导师会评估教授内容和学员的能力。与此相反的是，大多数公司的高管都不会花费太多时间在这种事上，公司的 CEO 通常会发表约 20 分钟的演讲，然后再进行简短的问答，最后草草了事。

还有一些“隐形课程”：公司高管会亲力亲为，领导人会将他们所知道的情况倾囊相授，他们就是活生生的榜样，学员们也希望有一天能够像他们一样。而且，公司的领导人也会根据学员的情况了解公司的状况：克罗顿维尔每年都会培训 1000 名左右的学员，他们有可能成为通用电气未来的领导人。

导师也得做好充分准备，因为学员会对他们的表现进行评估，而且反馈非常直接。在人力资源课程中，CEO、人事主管和部门领导有机会跟学员们畅谈，以了解他们的职业规划。他们非常注重公司自下而上坦率的反馈信息。

每位资深主管会讨论自己所负责的业务。CEO 会谈论公司的愿景，讨论战略和未来领导力的方向。比如，他可能会问：“如果你是通用电气的 CEO，会采取怎样的不同战略？”这种做法对学员价值巨大，对他们的成长也非常有利，能帮助他们拓展视野，增长见识。同时，CEO 也能通过这种讨论评估学员的思考能力和对某个议题的观察能力。

因为这些课程会持续一整天，大多数公司高管都会留下来参加下午的鸡尾酒，他们会在酒会上同学员无拘无束地交谈，借此了解公司的情况，他们会自由地在学员中穿梭，获得进一步反馈，从而增进了解。学员们也会对公司高管更有好感，并能了解其想法。领导人也会对基层组织更加了解。这种公司高管和底层员工之间的互动具有很高的价值。

比尔 · 康纳狄负责人力资源方面的课程，也会深入探讨和辩论相关议题。他的其中一个任务就是清楚地阐明 C 会议流程，向学员解释如何甄选、培养和提升领导人，并会提醒学员注意职业生涯潜在的陷阱。“在每年的第一季度结束后，你们在 C 会议上的个人参与只是暂告段落，”他说，“但我想告诉你们的是，C 会议的流程会持续一整年，不是一次性的，而要每天参与。”

“我会将一整年的流程都告诉他们，”康纳狄说，“每年 5 月的 C 会议综合评估会议，7 月的电话会议，11 月先于业务评估会议举行 C2 流程会议，还有我们跟董事贯穿全年的密切接触。他们也会了解到：这一流程对通用电气起着多大的作用，他们每年年初在填写的个人简历有多重要。这一流程全是实际操作，绝非纸上谈兵。”

管理发展课程的活力

要了解通用电气的精髓，莫过于参加该公司的经理发展课程（MDC），这是通用电气的高级经理人课程，也是公司核心的培训课程。该课程的内容固然重要，但其中的讨论和互动同样重要。通过这些基础课程，员工完全沉浸在通用电气文化中。教室则设在一个叫作“深坑”的宽敞剧场中，附近有许多独立的会议室。学员宿舍像一个顶级酒店，可容纳200人，里面提供一流的餐饮服务，还配有一流的健身中心。附近还有被称为“白宫”的休闲设施，一个供学员交流的开放式酒吧。

通用电气每年会安排10次管理发展课程，每堂课有80 ~ 90人参加。参加MDC的标准是：参与者要么已经晋升为高管，要么近期内有晋升高管的潜力。学员平均年龄在35 ~ 40岁，工龄8 ~ 10年，约40%的学员来自美国以外的地区。公司会从每个部门选择三四个人，但是像金融服务这样的部门，因其规模庞大，会有更多人参加。参加这种课程对通用电气的员工来说是一种荣誉，被选中的少数人被认为是具有领导潜能的人。学员们会扎实地学习金融、营销等课程，但课程主要是让学员了解通用电气的价值观、领导力和文化。比如，康纳狄说：“参与者对发言人的坦率感到惊讶，也对领导层的意见并非总能达成一致感到吃惊。当然，我们的大方向还是一致的，但我们不会人云亦云。我们可能在意见上有分歧，这正是通用电气所看重的。学员们发现这种形式特别新颖，通常能够激励他们。”

学员们会在一起待上三个星期，他们会在课堂上、健身房和酒吧交流，就像一个大家庭。随着课程的深入，他们在各自业务上以及公司的问题上越来越敢直言。通用电气鼓励他们畅所欲言，大胆挑战老师。最终，他们不仅习惯了这种做法，而且很喜欢这样做。学员大多都因这段经历受益匪浅。

“参与者获益最大的是可以迅速扩大他们在通用电气内部的交际圈。他们刚来上课时，人际圈相对很小。开始的时候，他们喜欢跟自己部门的人一起相处，但在案例分组讨论或在“白宫”喝酒时，他们会逐渐扩大自己交往的圈子。到课程结束的时候，他们已经打成一片了，就像一家人，毕业后他们彼此还会保持联系。比如，我是在 1980 年去上的课，现在我仍然记得我的同学和室友。事实上，我上课那会儿，学员宿舍就像大学宿舍，三四个人住在一起。当时劳埃德 · 特罗特（Lloyd Trotter）跟我住在同一间宿舍，我们至今仍然保持着亲密的朋友关系，他刚从通用电气副董事长的位置退休，是公司五大高层之一。我想，他应该比我聪明吧。”

“最后一个星期，”康纳狄继续说，“CEO 和人力资源部的高级副总裁会来给学员们上课，到那个时候，学员们已经学习三个星期了，公司的高管也都来过，现在他们感觉自己充满能量，信心满满。我会跟高管发展副总裁一起给他们上课——过去 15 年中，我就跟三位非常出色的副总裁一起共事过：查克 · 奥克斯基（Chuck Okosky）、鲍勃 · 缪尔（Bob Muir）和苏珊 · 彼得斯（Susan Peters）。我们会花两个小时讲解课堂内容，再用一个小时跟学员们互相问答。我总希望我的课被安排到下午进行，这样我们在上完课后就可以跟他们到外面，花一个半小时跟他们喝杯鸡尾酒什么的。到那时，他们也知道我们想听真心话了，我希望他们不要遮遮掩掩。”在上课的时候我就说过：“等会儿我们要给你们来点

‘吐真剂’，如果你们现在还不明白，等我们出去喝一杯的时候我肯定你们会明白的。他们会大笑，希望把握机会，在我们身上找到答案。”

“我经常带人力资源部的初级主管去给他们上课，这样，他们也能参与到课后交流了。这些主管跟学员年龄相仿，他们聊天的时候有共同话题。在‘深坑’的授课结束后，我们会上楼，这时大伙都会聚在一起，喝喝酒什么的，一下就有二三十个人围着你。我们还会到处走动，希望能跟所有学员交流。在这些对话中，他们讲的话大多从个人的角度出发，通常是一些提升他们部门及公司整体业绩的话题。”

“我们希望他们能够说出心声，比如，常有学员抱怨公司提升主管的制度不透明。有人说，‘比尔，你说各部门都有权决定有多少人可以晋升主管，但我们的部门领导说是由你决定的’。还有人插话说，‘我们部门也一样’。然后，他们开始畅所欲言。我说，‘听着，很多人都喜欢怪罪总部，但事实并非如此。你们回去后可以告诉大伙，事情不是这样的。如果我们犯下错误，让员工变得消极而不鼓励他们，那我们就应该知错就改’。”

“有些人则可能告诉我们，他们觉得有些领导很出色，理应得到总部的认可，但也有人说某位领导是脓包。他们也非常感谢有机会表达自己的想法，这种讨论会丰富通用电气的人才数据库。我们会更加关注那些受员工爱戴的领导，而对于那些有所非议的领导，我们也会密切注意。”

康纳狄回忆道：“韦尔奇上台后，他总能活跃气氛。他非常善于利用身体语言，不管学员们知不知道，他会将课堂里的每个人都看在眼里。如果有人翻白眼，他会说，‘你似乎不大相信我说的’。这时大家都会转头看着那名学员。那人可能会说，‘我听见你说的了，杰克，但你们在克罗顿维尔讲的这些不适合我们部门。我们老板是老古板，他才不会买账，其实他根本不相信这些’。”

“韦尔奇则会直言不讳地告诉这名学员，‘我不希望你觉得自己是个受害者。你可以选择改变游戏规则，因为体系运转不灵时，你有责任反对’。我记得那人还在不停抱怨，杰克最后说，‘如果我是你的话，你知道我会怎么做吗’？听到这番说话，课堂上的人顿时紧张起来，然后他说，‘我就不干了，我无法在你描述的那种环境下工作’。那人以为韦尔奇会尴尬地站在那里，然后说，‘你是哪个部门的？老板是谁？我要跟他谈谈’，但他没有这么做。如果学员们不吃这一套，不能用我们说的方法去影响或说服他人，那他就该走人。”

“但其他学员喜欢这样的气氛，因为总有些人会在问答环节唱主角，他们总感觉自己比导师知道得更多。我们在头三天总能找到这样的人，对于他们说的大部分话都不予理会，但我不得不说，当年我在通用电气的时候，课堂上很少有这样人。”

对通用电气高层来说，跟公司的明日之星互动要花大量时间，但回报也相当大。证据显而易见：高层在培养人才的时候投入大量时间会让他们的关系更加紧密，也会因此提升公司业绩。“在二个星期的授课中，我们很好地观察了公司的人才，而他们也很好地理解了公司高层。”康纳狄说，“我们可能在课堂上或酒会上发现一些真正的人才，然后我们会记在心里，这样在开 C 会议的时候，我们的选择面也就宽了。去克罗顿维尔授课之前，我在总部吃午饭时会跟别的资深领导商谈，让他们知道下午我要去那里上 MDC 课。我会问学员中有谁去上过课了，问这些领导对学员的看法，我上课的时候该从哪方面入手，该讲哪些有价值的东西，这种讨论在历经多年后会变得越来越有成效。比如，我们经常称赞‘这堂课不同凡响’‘很有活力’‘这是我见过的最出色的课堂’。我们也会经常说，‘我也不知道怎样才能上好这节课’，结果发现后面的课甚至更出色。”

2007 年，伊梅尔特创办了“领导力 – 创新 – 增长”（LIG）的课程，让各大部门的高级领导团队集体到克罗顿维尔上课，让他们将学到的课程应用到当前的业务中，应对各种挑战，比如，平衡短期业绩和长期增长之间的矛盾。课程结束的时候，每个部门都被要求写一封“承诺书”给伊梅尔特，将他们的学习成果和改善计划详细记录下来。这种做法可以让学员们在课堂上迸发出来的热情不至于回到公司后就消失殆尽。“让同一部门许多领导人停止工作一齐去上课显然花费巨大，”康纳狄说，“但这么做是值得的，可以让他们通过完整的团队将课堂上学到的东西学以致用。比如，来自航空、医疗和能源部的高层领导可能一起到克罗顿维尔，向某位商学院的资深教授和通用电气医疗系统的 CEO 奥马尔 · 伊什拉克（Omar Ishrak）学习，了解有关市场动态和分析的话题。他们会采用集体和分组讨论的形式，将所学到的知识应用至各自部门，提高生产力和竞争力。”

在克罗顿维尔授课本身也是很好的学习经历，比尔·康纳狄就证明：“这样的经历肯定能提高我的技能。我第一次去讲授 MDC 还是在 1993 年，当时学员们就直接指出了我上课时的优缺点。起初我还有点生气，后来我想了想，觉得他们说得对，我在回答问题的时候太谨慎。之后，我迫不及待地想跟他们打成一片，也很享受这个过程。我会问他们，‘你们在想什么？观察到了什么？听到什么谣传？有什么问题吗？还有什么想说的吗？什么话题都可以说。这是你们跟我唇枪舌剑的大好机会’。”

克罗顿维尔还能帮助挽留人才。被选为参加高管级别课程的人都被公司视为精英，他们在相当长的一段时间内都不会离开公司。

日常价值观

每个公司都有一套成文的价值观。通用电气也不例外，这套工作价值观会影响员工创造业绩的方式，已融入员工的日常工作中。“他具有通用电气的价值观”跟“他表现出色”的说法是一样的。如果员工不能践行这些价值观就不能获得晋升，所有领导的薪酬也会多多少少受其影响。绩效，也就是所达成的业绩——通常被看成敲门砖，做出成绩当然是公司所期望的，但某人是否获得晋升，取决于是否奉行公司的价值观。

当然情况并非总是如此。比尔·康纳狄回忆道：“我在 1967

年加入公司时，甚至都不记得有人跟我说过，‘这是我们对你的期望’。当然，公司还有一套道德规范，告诉员工该做什么，不该做什么，但这些既不能激励人，也不能给人启发。后来我知道，如果公司想拥有某种绩效文化，就必须拥有一套员工完全理解的价值观，以免他们的观念和行为跟公司倡导的价值观格格不入。”

1993 年，韦尔奇委任公司的一个小组拟定一套切实可行的价值观。通用电气将定下来的价值观印在卡片上，分发给每位员工，里面清楚地表明公司可以接受哪些行为，不接受哪些行为；而且还清楚地告诉所有员工，公司希望他们做什么，员工又能希望公司做什么。首要问题则是诚信。韦尔奇清楚地告诉大家，如果有人胆敢在诚信的问题上出错，就得卷铺盖走人。他还提出了一项更为特殊的价值观：“无边界。”外人可能难以明白，但通用电气的员工都清楚其中含义。韦尔奇的意思是，各部门、各组织和各级别之间——从高层到基层员工——都不能出现妨碍信息交流和合作的边界。他强调说，“无边界”是公司快速做出最佳决策的关键，这种观念要求员工不能“各扫门前雪”，公司也能更加受益。也正是因为实施了“无边界”价值观，通用电气的领导才能在各大部门之间调动，对于领导人来说这是积累各种经验的绝佳途径。现在，你在通用电气可能不会经常听到这个词了，因为已无必要，“无边界”已经成为公司文化的一部分。

“为了确保公司的价值观被认真对待，”康纳狄说，“韦尔奇在汇集公司 500 位高管的全球领导年会上着重提到了这个观点。而且，他做了一次调查，以了解具体执行情况。”韦尔奇将这项调查称为“CEO调查”，为了强调其重要性，他特地让员工参与其中。另一种提醒员工认同价值观跟绩效一样重要的方法，是将CEO调查的结果纳入C会议议程，每个部门都会重点说明他们的优缺点，并解释他们应对缺点的办法。

通用电气还会将价值观纳入分析工具中，这种简单的方块矩阵分析工具是管理评估流程的一部分，横轴标明绩效，纵轴标明价值观。上面的信息一目了然：如果你不能奉行公司的价值观，绩效又很糟糕，那你就得走人；如果你的价值观和绩效都很好，肯定会受公司器重；如果你奉行价值观，但绩效一般，公司将努力改善你在方块矩阵上的绩效，可能会通过额外培训，提供更多资源，或通过调整职位的方式帮助你。

康纳狄说：“最难面对的是价值观偏离的问题。有人认为，只要我业绩出色，就让价值观见鬼去吧，只要我业绩好，就永远不会被炒鱿鱼！这就是韦尔奇所称的‘第四类经理人’，我们一般把这种人称为‘媚上欺下者’。公司通常会通过C会议和360度绩效评估找出这些人，然后客气地警告他们改变工作方式。在20世纪90年代中期我们还是开除了六七个主管，他们当时还不相信这一事实。韦尔奇在一次大型评估会上特意解释了开除这些人的原因，有人可能觉得这有点‘杀鸡儆猴’的意思，但如果你在开会前还不相信价值观的重要性，开完会后你肯定就清楚了。”

现在，这些观念已经深入通用电气的企业文化中，也很少有领导人会因没能奉行公司的价值观被解职。事实上，在杰夫·伊梅尔特担任CEO后不久，他就开始重塑并简化通用电气的价值观，以适应公司现时的挑战。新的价值观可以用四个词概括：梦想（imagine）、行动（solve）、创造（build）和领导（lead）。

总结

通用电气人才管理系统是软件和硬件的复杂结合。但是，当我们分析其中的关键元素时，结果相对简单。最重要的是这些价值观切实可行，并能切合公司的实际情况。你也可以学以致用。

- 一套正式的评估机制（C会议）以及跟进流程（C2会议）。这是构建公司人才的关键。世界各地的公司已在模仿通用电气的做法，并根据自身情况适当调整。
- 追求对人才的准确了解。不仅通过正式的会议和评估流程达成目标，而且必须持续进行。领导人必须通过全面观察了解员工的天赋，不断修正对他们的看法。
- 及时、有建设性的口头和书面反馈，而且要贯穿整年。这也是通用电气打破典型绩效评估魔咒的方法。许多公司的绩效评估没能收到成效，甚至毫无成果，但通用电气的绩效评估效果惊人。
- 在每次评估会上将人和绩效结合，还需了解其中的前因后果。
- 自我评估。每年，每位领导者必须指出一两个人存在的问题，并拟定行动方案帮他们改进。

- 领导者有责任培养领导人才。如何培养领导人才将直接影响他们的晋升和薪酬。
- 践行通用电气价值观。只有践行公司价值观的领导人才能获得升职。

如果我说通用电气的系统颇具“人性化”，不知情者肯定会瞪大眼睛看着我。但你最终会了解“人性化”恰是这家公司的优点，没有什么比用心关照员工职业生涯的事更人性化了。下一章我们会让你完全明白。

第4章

人才培养使通用电气收获颇丰

因为对员工非常了解，通用电气的高层不仅熟悉公司的员工，还跟他们建立了亲密的关系。本章要讲述的两个事例，清楚地说明了这种亲密关系如何在通用电气的人才管理系统中发挥作用。

第一个故事中的主人公，发现自己突然无法胜任目前的工作。大多数公司都会以一种简单的方法处理这种问题：将这位领导者开除了事。但这么做往往会导致人才资源的巨大浪费。成功不可能一帆风顺，事实上，那些最杰出的人才也往往会走过许多弯路。一时的挫折是对人的考验，如何应对挫折往往能反映这个人的性格。如果能从中吸取教训，这段经历会磨炼你的意志，让你更有能力面对未知事件和逆境。所以，人才管理大师在发现人才遭遇挫折时，会分析他失败的原因，判断他的反应，调整他的方向，这样才能培养他的领导能力。有时候，他们发现问题并不出在领导者身上，而是因为业务环境变了，他们的能力不足以应对新的挑战。

职业生涯中途复活

“这是我这一辈子发生的最糟糕的事，”现任通用电气全球研究中心领导人马克·利特尔（Mark Little）沙哑地说，“即使现在谈起当时的事，我还抑制不住自己的情绪。”1995 年，41 岁的利特尔已在通用电气担任要职——电力系统工程部副总裁，该部门负责通用电气所有的电力业务，年营业额高达 50 亿美元。利特尔是技术专家，而且还曾经独当一面，负责部门的全面工作，这样的工作经验也证明他的确能够掌管某个部门。他还是通用电气 125 位高管之一，升职似乎是迟早的事。

但电力系统的业绩连续三年未能完成目标，任何公司都不允许这种严重的错误，更何况杰克·韦尔奇执掌的通用电气。利特尔能力倒是出众，可他并不具备电力部门所要求的领导能力。他的上司将部门工作进行了分析，让一名更具经验的主管介入该部门并解决问题，让利特尔负责占该部门业务比重不大的技术工作。“你也想象得到我当时是怎么想的，”利特尔回忆道，“我很受伤，当时我并不同意他们最后得出的结论，我简直气坏了。”最糟糕的是，利特尔甚至怀疑自己在通用电气的职业生涯结束了。

但事实并非如此。现在，他是公司研发中心的副总裁，也是通用电气 25 位高管之一。该事件的圆满解决正好说明人才管理大师既能帮助企业解决困难，又能留住人才。

1979 年，通用电气聘任利特尔为研发工程师，当时他即将获得美国东北大学的硕士学位。他们跟他谈话的时候发现，即将踏入职场的利特尔并没有意识到自己的才能。事实上，他自己也承认："我也不知道该怎么办，只是觉得数学方面的东西适合我，我是拿到硕士学位后才弄清楚。"

他在通用电气位于麻省林恩市的涡轮机部工作了大约一年时间，然后在上司的鼎力支持下，他停薪留职到伦斯勒理工学院（Rensselaer Polytechnic Institute）攻读博士学位。等他回到通用电气时，他发现涡轮机部并不能向他提供先进的研发工作，至少不是他想象的那样。于是，他要求担任工业设计工程师，认为自己在那里更有用武之地。通用电气再次答应了他的要求，因为他们觉得他是个不可多得的人才，值得公司挽留。

利特尔继续从事他的研究工作。在他获得博士学位后不久，他的上司要他去克罗顿维尔上 MDC，参加这样的课程被视为一种荣誉，公司认为他具有很高的领导潜力。四个星期（现为三个星期）的课程结束后，让他感到意外的是，他被同学选为"最有可能当总经理的人"。在工程部经过一系列升职后，他发现自己对管理的工作越来越感兴趣。"我告诉他们我对管理的工作很有兴趣，"他说，"在我领导 10 位工程师，获得第一份管理工作后，我觉得这能很好地锻炼我的跨职能能力，此工作正中下怀。"

1989 年，在管理工作岗位上干得兴起的利特尔提出，希望自己能有机会主持全面工作。电力系统的管理层很快就给他找到了一个他能够应付，但又颇具挑战的工作。该部门的人事总监丹尼斯 · 多诺万（Dennis Donovan）打电话给他，让他去纽约州的斯克内克塔迪（Schenectady）管理发电机部门，负责生产线。"于是我走马上任，从一名纯技术人员摇身一变，第一次负起某项业务的盈亏责任，当时真的很兴奋。我对公司的运作系统已经相当熟悉，一心只想干一番大事业。”

1994 年，多诺万再次打来电话，利特尔完全没有料到。“丹尼斯告诉我，电力系统工程部领导层需要改变，公司希望我担任工程部的副总裁。他们觉得我能够带领团队，让他们拧成一股绳。”但是在电力系统担任工程副总裁意味着他要离开需要自负盈亏的部门，重新回到管理的位置。利特尔回忆说，这是一次“有意思的转折点”，他当时也很兴奋。当时公用事业公司正大举投资新的发电厂，通用电气的电力系统红极一时，营业收入和获利成长都领先于通用电气的其他部门。

杰克 · 韦尔奇亲自致电利特尔，此举意味着他在通用电气前途无量。在此之前，利特尔已从通用电气的主管（这一职位当时在通用电气有 5000 人），升为高级主管（通用电气在这样阶层的主管约 500 人）。韦尔奇和康纳狄非常重视这 500 位领导人才的职业生涯，他们会通过 C 会议和营运评估密切关注他们。两人不谋而合，同意各个部门推荐利特尔为高级主管的建议。转职之后，利特尔一举成为公司精英领导团队（当时约有 125 人）之一，在公司召开跟电力系统有关的会议时，他将成为焦点人物。

“差点葬送职业生涯”

“接下来就开始掉链子了。”他说。电力系统的主打产品 F 涡轮是 2 亿瓦特的大机器，单个售价高达 4000 万美元，还能通过服务费赚取丰厚的回报。在利特尔入主该职位六个月后，该部门售卖给客户的机器转子频频发生故障。

这是严重的技术故障，也是通用电气遭遇的最大危机。“这件事让我们在市场上颜面扫尽，也让我们在财务上损失巨大。我们要给世界各地的客户更换转子，还得用俄罗斯的飞机，因为他们的飞机够大，只有那些飞机才能装得下我们的大机器。当时有些客户不得不停产一个月，情况相当糟糕。《华尔街日报》也不断报道我们的丑事。那段时期我记得我正在克罗顿维尔参加高级主管会议，所有人都说，‘天啊，你们部门再也别想卖出这种涡轮了’。”

差不多在同一时期，电力系统部门陷入周期性衰退，再次未能完成财务目标。当时通用电气决定让鲍勃·纳德利掌管该部门，他之前让轨道运输部起死回生，工作干得非常出色。纳德利后来也是接替韦尔奇出任通用电气 CEO 的三位候选者之一，后来又在家得宝和克莱斯勒担任 CEO。如今，他是私募基金公司赛伯乐（Cerberus）的高级主管。

纳德利对重塑电力系统的辉煌很乐观，同时也很兴奋。但是该部门的业绩一直都不理想。“我们成了通用电气的累赘，同时，公司最糟糕的产品问题也没解决。我们很快又两次未完成公司的财务目标，而且离目标相去甚远。”

“我们去总部见了韦尔奇。那天的情形仍历历在目——他刚动完心脏手术——我们告诉他无法完成财务目标，他冲我们一阵大骂。我们离开的时候想，‘好吧，连这种糟糕的事也经历过了，应该是我们经历过的最糟糕的情况了’。然后我们回到斯克内克塔迪说，‘现在我们得重新振作起来’。”

“大约过了三个月，我再次经历了毕生难忘的一天。那天好像是星期三晚上七点半左右，我跟运营部的副总裁史蒂文·布兰斯菲尔德（Steve Bransfield）一起待在我的办公室里，发电部的副总裁罗·普利斯曼面色苍白地走了进来，说我们再次没能完成财务目标，而且这次差了1亿美元，在当时这可是个大数目。我说，‘不可能吧’。但的确如此，然后我们必须通知鲍勃·纳德利。他也对我们部门所有员工都失去了信心，情况实在糟糕透顶，我恨不得找个地缝钻进去。”

虽然没人怪罪于利特尔，现实的环境已经让他不可能完成这项任务了。纳德利理智地分析，涡轮出现的问题应该找最厉害的技术专家来解决，韦尔奇和康纳狄也同意这种做法。1996年春天，纳德利找来了燃气涡轮专家乔恩·埃巴彻（Jon Ebacher），让他来掌管电力系统工程部较大、较重要的业务。在超过20年的时间里，埃巴彻一直在通用电气航空部掌管最先进的燃气涡轮技术，在此之前他掌管着先进的飞机技术业务，是公司公认的技术骨干，擅长解决各种技术难题。他还曾在通用电气的家电部解决了一个严重的冰箱压缩机问题，还被派去电动机部解决设计和生产力的问题。

纳德利让利特尔留下来，掌管较小的蒸汽涡轮工程。“我先是掌管整个工程部，现在却只管理其中的一个小部门。理性上我非常理解公司的做法，”利特尔说，“但在情感上我实难接受，即使现在想起来我都感到难过。”

现在，业务问题变成了人事问题。康纳狄回忆道，“我们刚提升利特尔做高级主管，但又不得不降他的级。如果他要走，完全合情合理。自己到手的东西就这样白白失去，确实让人难堪，这通常意味着你飞黄腾达的职业生涯已经结束。而且，你还不能置当事人的心理创伤于不顾，比如自信心大受影响，从而破坏他的领导能力”。

“但是我们喜欢利特尔，”康纳狄继续说，“他是个出色的技术专家，而且很懂业务。更重要的是，我们相信他的道德感和价值观，所以我们想方设法要让他知道公司想留他。”

来自 CEO 的鼓励

纳德利向利特尔保证说，他在通用电气仍有前途，韦尔奇和康纳狄想在总部见见他。他们知道由他们两人直接鼓励他会更令人信服。康纳狄说：“除非你觉得公司真的看重你，否则通用电气的大多数主管并不会买账。在通用电气内部，公司的 600 位主管都是自己人，是公司的‘资产’。你当前的绩效、荣誉和职业都由你所掌管的事业驱动，你真正的职业生涯和前途都掌握在公司的 CEO 手里。”

利特尔到费尔菲尔德总部后，终于明白公司想留住他的想法，但他还不能完全接受。“我了解公司的制度，知道他们是真心留我，”利特尔解释说，“这对我来说很重要，但我一开始仍然感觉非常尴尬，我讨厌这样的人事安排，所以我觉得自己还是不愿干下去。”

但他还是坚持留了下来。“我想留下来，至少做做看吧。”他说。还有个原因是，按照通用电气长期激励计划，他在第二年还能拿到一笔延后三年发放的额外奖金。“拿到钱后，我想做什么都行。”

利特尔内心非常纠结，但除了家人之外他并没有告诉其他人。“当时我真的感觉很糟糕，但我还是把全部心思集中在我所领导的团队上（其实那个团队人也不少）我感觉我们一定能做出出色的成绩。”

“我努力做好自己的工作，确保乔恩·埃巴彻顺利完成交接。我在这一行有许多朋友，我希望确保他们不会把埃巴切当成那个背后使坏的人。我和他之间没有任何问题，我必须让所有团队都知道这一点。”

利特尔在蒸汽涡轮部的工作品质和在面对挫折时表现出的成熟感，给纳德利和通用电气总部留下了深刻印象。做出成绩后，利特尔逐渐恢复信心，又能独当一面了。发电部出现领导职位空缺时，利特尔鼓起勇气找到纳德利说：“我想要这个重要的工作。”我的职业在死亡边缘挣扎过，当时去找他时我非常激动。这个部门涉及所有跟燃气涡轮、蒸汽涡轮和水力涡轮机有关的所有产品，公司在世界各地都建有发电厂。

纳德利觉得利特尔适合这个既要技术背景，又要管理经验的工作——他得到了公司最厉害的运营主管的认同。韦尔奇和康纳狄也一直在关注利特尔，他们很快就同意了。这真是激动人心的胜利：一位领导者的职业几乎走到了尽头，但他又重整旗鼓，再次掌管一个独立的重要部门。康纳狄说，“这件事给人留下的最深刻的印象是利特尔在处理挫折时所表现出来的领导特质和价值观”。

“我永远也无法忘记这种快乐的感觉，”利特尔说，“简直就像重生。”

埃巴切则承认，跟电力系统工程部的前任领导共同管理这个部门，起初让他感觉有点儿尴尬。他走马上任的时候说：“利特尔是真心欢迎我，让我感觉我们一定会合作得很好。”在利特尔管理发电部后，整个工程部都由埃巴切接管了。“我们的努力都得到了回报，”他说，“我们继续保持着良好的合作关系，这让我们的技能都能发挥到极致，获得业务成长带来的新机会”。

但当时发电部的工作也不轻松。

“我们亏损了好几亿美元，”利特尔说，“售后服务部很赚钱，是公司的宠儿，但我们的日子捉襟见肘。于是我们给自己定了个目标，到 2000 年要实现盈利，当时没人知道如何完成这个目标。”

“当时 F 涡轮的问题就要解决了。我记得我掌管工程部时，还会去通用电气位于费尔菲尔德的总部，向杰克 · 韦尔奇解释为什么这些漂亮的涡轮总是出问题。不只是一个地方出问题，而是一系列难以解决的问题。他跟我说，‘我要你尽力找到各种资料，不惜一切代价，确保解决这些问题，这样顾客就会说，天啊，这真是个大问题，但幸好碰上了通用电气，因为他们帮我们解决了难题’。”

“我们正是这样做的。我们想方设法为客户着想，支持他们。

虽然也遇到很多困难，但最后总算达到了效果。在此期间，我们在全球的收购也干得非常漂亮，比如，我们成功地整合了在法国收购的主要业务。我们在市场真正恢复前把这些事情都办好了，因此我们有能力，有大量的人才来帮助我们执行。后来，我们创建了风力涡轮部，当时这个部门的表现非常糟糕，但现在已经是通用电气的明星部门。”

“市场回暖时，特别是美国市场恢复的时候，我们的市场占有率上去了，价格提升了，成本也下降了。我们又回到了正确的轨道，而且我们充分利用了这一点。2000 年，我们开始盈利；2002 年，我们的营业利润高达 40 亿美元，成为公司最赚钱的部门之一。我们建立了良好的基础，通用电气能源业务的核心利润也来自我们部门。”

意想不到的升职

利特尔在主管的能源部逐渐干得风生水起。2005 年，通用电气出人意料地提升他为全球研发中心（GRC）总监，该公司的大多数博士、科学家都在此工作。这让利特尔有点儿担心：要让他培养员工吗？但通用电气在任命高管时从来不会草率行事，找到最适合这个工作岗位的人是他们首先要考虑的问题，现在没人比他更适合这个职位。通用电气职能部门和业务部门的领导并不像大多数公司那样清楚。杰夫・伊梅尔特将培训部门的主管当成业务伙伴，他们在公司中享有跟业务部门领导一样的地位。现在，利特尔将成为通用电气领导核心中的一员，成为十几位直接向伊梅尔特报告的高级主管之一。这个工作会让他成为伊梅尔特展示通用电气未来愿景的核心领导人。

当时，通用电气的研发中心在斯科特·唐纳利（Scott Donnelly）的带领下正经历重大转型。过去，该部门的职能就跟其他组织一样，各部门都想来这里获得有用的理念和产品。但伊梅尔特在 2001 年接任通用电气的 CEO 后，感觉通用电气的未来在于技术创新，这种创新必须满足世界最渴望的需求，比如，提供没有污染的能源、充裕的淡水和更好的医疗保健。他认为，通用电气的使命将会是“重新定义什么是可能的”。他承诺拿出 1 亿美元改善纽约州斯克内克塔迪和印度班加罗尔的研发设施，他还在中国的上海和德国的慕尼黑设立新的研发中心（通用电气还考虑在中东建立一座研发中心）。

这场变革全是由唐纳利带来的，他还颠覆了过去的运营模式。研发中心以客户为核心，强调各部门的实际需求。其中让业务和技术紧密结合的一项举措，是在斯克内克塔迪附近建立一个研发实验室，该实验室可俯瞰哈德逊河，类似克罗顿维尔的新宾馆。各部门的领导可以带员工来这里，同技术专家讨论与各自业务相关的问题；有时候客户也会在管理团队的陪同下前来参观，他们可以了解研发中心的工作。康纳狄说：“这些设施给通用电气的科学家和技术专家带来新的自豪感——他们可以使出浑身解数，将他们的工作成果展示出来。看到通用电气的各部门领导带领整个团队前来探讨新技术的可能，让他们备受鼓舞。他们说，‘天啊，今天公司的人要来我们这儿了。我们一定要露两手，让他们看到那些真能提升他们业务的技术’。”

唐纳利在研发中心干得非常出色，但通用电气希望让他掌管飞机部门——这项需要独立运营的业务，通用电气想充分挖掘他的潜能。但是，如果只是简单了解调动高管职位的背景资料，很难知道其中的决定性因素，而唐纳利背后的故事则向我们表明，通用电气的领导可能必须考虑很多因素。唐纳利是通用电气研发中心唯一一位没有博士头衔的总监，他之前对管理研发中心并无兴趣，一心只想负责某个部门。但是康纳狄和伊梅尔特觉得他是领导研发中心的合适人选，他们还告诉他，如果他在这里做得出色，他们将让他干一番大事业。

这次，唐纳利的机会来了，但他又犹豫了。康纳狄说：“他还年轻，现在我们让他掌管飞机引擎部这个需要自负盈亏的大部门，他竟然不想去了！‘是的，我之前的确想掌管一个部门’，他说，‘但是，我觉得我在研发中心对公司的价值更大’。我都不知道找他谈了多少次，但最后我们还是说服了他，他的调职对他本人和公司都有利。结果的确如此。”在飞机引擎部成功后，唐纳利担任了德事隆集团（Textron）首席运营官（COO），后来又成了该公司的主席兼 CEO。

这其实正是通用电气人才培养流程的一部分，其高管在别的公司担当一把手后他们从来不会久久不能释怀。

通常情况下，唐纳利在 GRC 的继任人一般出自该中心的管理人员，利特尔则会去管理某个更大的部门。但是伊梅尔特认为研发中心已有的改革需要另一位想法不一样的人来主导，希望通用电气研发中心的使命能够解决世界上最重要、最难的技术问题，比如能源、水资源供应和环境问题。他还希望该部门能够设计出一些具有前瞻性的产品，为公司拓展新的业务。为此，研发中心甚至必须更密切地同各部门合作。要求研发中心总监必须轻松地同技术专家和各部门领导沟通，他还必须开拓思路，让通用电气的技术能够成为伊梅尔特制定的增长战略的基础。那年春天，通用电气在评估几位候选者之后，认为只有利特尔完全满足所有标准。他技术出众，而且管理过通用电气盈利能力最强的工业部，在公司享有很高的信誉度。

在利特尔的领导下，GRC 正努力实现当初伊梅尔特定下的目标：成为公司创新和成长的强大驱动力。“这无疑是最刺激的工作，”利特尔说，“因为你要用高端技术解决商业难题。我们的技术团队都在尝试新的事物，公司的每个团队莫不如此。我们给公司带来了技术和知识深度，这样的工作非常有趣。”

“在这种企业文化中，如果你是一名技术专家，通常都会接受业务领导的指示，并向他们报告。在我们的文化中，保持商业心态很重要，所以我不会以敬畏的心态看待商业领袖。我了解他们面对的各种问题，而且在来到这里之前，我也是做这行的，跟他们的关系非常不错。

所以，当我去 GRC 时，从来不觉得自己跟各商业部门失去了联系。而是觉得自己又多了十几项业务要处理。”

如果你也遇到了跟利特尔同样的事，被公司的 CEO 和人力资源部总监断定已无力改变部门的现状，他们会向你伸出援手吗？我们表示怀疑。在许多公司，甚至连老板也害怕感染失败这种“传染病”。可为什么马克・利特尔遭遇挫折后，杰克・韦尔奇和比尔・康纳狄会竭尽全力鼓励他，助其恢复信心？

首先，通用电气意识到伟大的领导者经挫折洗礼后往往会变得更加坚强。其次，通用电气真正了解公司的顶级人才。公司有一套严谨的运作系统，他们关注自己的顶级人才，全年会多次评估他们的才能。除了上司和人力资源总监外，公司中许多人都了解马克・利特尔，也知道他的工作表现，他们是通过贯穿一年的 C 会议，运营、预算、长期战略评估会，以及在克罗顿维尔和通用电气全球领导人会议上亲自了解到这些情况的。

康纳狄说：“利特尔并非只是我们名单上的一个普通名字，我们非常了解这个人。我们知道他经历的挫折，我们试着设身处地地为他着想：如果这事发生在我们身上又会做何感想？因为我们认为他是个人才，能够奉行通用电气的价值观，我们想跟他面对面交谈，告诉他公司有多希望他留下继续发展，我们也会非常支持他。如果他得不到总部的支持，他当时肯定会拍屁股走人。”

从外引进人才，融入公司文化

即使最擅长培养人才的组织有时候也不能完全满足内部人才需要，改变这种情况的诀窍就是全力以赴帮助新进人员成功。许多从外招聘新领导的组织，也只是将其安排在某个职位上了事。

如果该领导人表现出色那还好，如果他表现得不出色，将他解雇就行了。相比之下，通用电气的高层明白，公司有着高度制度化、领导间关系紧密的文化，他们愿意让外来者给他们挑刺。当初，他们是因奥马尔·伊什拉克（Omar Jshrak）在超音波方面的专长而聘用了他，接着，通用电气全力以赴帮他融入公司文化，将通用电气制度和文化教给他，总之，就是全力帮他体验通用电气的工作方式，包括尽快建立起亲近和信任关系。

填补领导人才缺口

20 世纪 90 年代中期，通用电气的医疗系统事业出了问题。该部门整体表现尚可，旗下的 X 光、核磁共振和电脑断层扫描领先于业界，也符合杰克·韦尔奇当初的期望，即业务必须为行业的前两名，否则就会被整顿、停业或者出售。但通用电气的超音波业务严重落后同行，跟行业领先者更是相距甚远。大部分试图将这项业务扭转过来的领导者来自通用电气的审计部门，他们接受过严格财务和领导人训练，潜力巨大，有望快速升职。这些人在完成培训课程后，公司通常会很快给他们派遣一系列颇具挑战的管理任务。但超音波业务无疑让他们束手无策，尽管他们才能出众，接受过系统培训，但这项业务仍然超出他们的能力范围。失败多次以后，通用电气认为该部门需要一位深谙超音波技术的专家来管理，此人必须了解这一行业。是时候从外面物色人才了。

当时，奥马尔·伊什拉克在旧金山湾区一个名为戴索尼克斯的超音波机器小厂工作，对这个行业了如指掌，他既懂技术又懂业务——他还能以非技术术语将超音波技术讲得头头是道——而且他具有迷人的性格。最重要的是，他具有雄心壮志，希望建立全球一流的超音波企业。

伊什拉克的激情让他成为一名不同寻常的候选者。外来人才大多关心如何能快速晋升，如何接任上司的工作，但他不同，他关心这项业务本身。“通用电气有多希望让超音波业务成为行业龙头？”他问，“如果我们真有此雄心，那我们要做的事情还有很多，我需要你们的大力支持。”

但他对加入大公司持谨慎态度。他以前曾供职过一家大公司，发现里面官僚主义作风盛行，并没有想着大力发展超音波业务。他发现通用电气雄心勃勃，而且他知道通用电气可以让他放手一搏。伊什拉克说：“杰克 · 韦尔奇和管理团队清楚地对我说，我可以放开手脚大干一场。”

业务回到正轨

甚至在上任之前，伊什拉克就知道通用电气超音波业务的症结所在，他毫不客气地指出，产品太贵，一些不必要的功能太多，而且医疗系统的销售团队不懂得如何推销产品。在出售 X 光、电磁断层扫描和核磁共振产品时，通常可以叫顾客前来向他们展示产品是如何运行的。但超音波产品不同，专售超音波设备的公司需将产品带到客户面前，而且通常要跟竞争对手争个头破血流。

“你会把机器和示范产品带到客户那儿，竞争对手亦会针锋相对，这种直接对比让事情颇具戏剧性。”伊什拉克解释说，“人们会大打心理战，竞争也将非常激烈。但通用电气希望潜在客户飞到密尔沃基，在那里向他们展示产品，然后试图拿下订单，但这根本不现实。通用电气的销售员很快就会被对手打败，而那些专售超音波设备的公司往往跑在他们前头”。

“其实，基本的东西都摆在那儿，只是大家并没有正确使用而已，而且公司也没有使用可以反转市场的战略。我感觉他们之前肯定组织过委员会等各种会议，其实没人知道该怎么做。有人会去调查市场，有人会想方设法做好准备工作，到头来还是竹篮打水一场空。我没有犹豫，当时就说，‘我们就该这么做’。新来的会大胆批评，其他人则毕恭毕敬地听着。好像所有人正等着有人这么说似的，他们都全力支持我。”

伊什拉克进入通用电气半年时间内，医疗系统部的同僚为他提供了重要的支持网络。“开始，我在这样的大组织中感觉有点儿迷茫，但我很快发现，我可以从医疗部的其他业务中学到很多东西，包括这个部门一些做得非常出色的业务。比如电脑断层扫描业务，其营业额每年可达 6 亿美元，但超音波业务的年营业额只有 1.3 亿美元，而且还在赔本赚吆喝。我必须知道其他业务是如何成功的。我去了解情况的时候，那些同僚很友好，都很支持我，非常认真地向我解释他们的业务。他们所有人对我的帮助很大，真希望我能成功，给了我很好的建议。”

他还有一位好导师，也就是医疗系统部的 CEO 约翰 · 特拉尼

（John Trani），他帮助伊什拉克提升财务管理、削减成本和提高生产力的能力。特拉尼知道伊什拉克擅长产品开发，他只需学会如何靠出售超音波业务赚钱，了解产品的生产计划，并懂得这些计划是如何变通的。伊什拉克的商业头脑成长得很快。

通用电气内部的沟通非常坦诚，会不断刨根究底，同事之间的争论也极为平常，需要花时间适应这种文化。伊什拉克融入通用电气的管理和社会化流程后，包括了解通用电气严格的评估会议后，特拉尼教他如何在这种制度下工作。“你去跟杰克·韦尔奇见面，或是去参加战略、运营评估会时，那简直就像参加一场冠军争夺战，你最好做好准备，”特拉尼解释说，“那可不是风花雪月的场所，有时候就像在打仗。你必须学会了解一些东西，另辟蹊径去考虑一些事。一段时间过后，伊什拉克各方面的能力都得到了提升。”

一件看似很小的事却能控制通用电气的商业语言。“我有很多想法，而且可能是正确的，但我不知道如何以通用电气的语言跟他们沟通。我知道我们要怎么做，特拉尼会帮助我以正确的语言表达出来。这不只是掌握术语的问题，这样的语言中包含业务环境，还有一些关于如何主动开展工作的系统观点，我一下豁然开朗。”

通用电气严谨的工作流程很适合伊什拉克，而他的性格特点和在商业经营方面的个人观点也跟通用电气的运作方式非常吻合。他说：“每个季度、每个月参加各种不同的会议，成为运营机制的一部分，了解其他部门的运作方式，从特拉尼那里得到反馈意见，做陈述报告时回答问题，对我的帮助非常大。这种产业知识跟程序记录联姻的方式对我触动很大。”

伊什拉克后来在克罗顿维尔参加了为期四周的高级经理人培训课程，这让他有机会在医疗系统以外建立良好的人际关系，也让他了解到通用电气业务的多样性。他跟来自通用电气其他部门的主管一起上课，负责某个最终需向韦尔奇报告的项目，一班同学还参观了通用电气不同的部门。伊什拉克非常感激有这样的机会，认为正是这段经历让他更加了解通用电气，也让他受益匪浅。他不禁大发感叹：“通用电气的体系真是完善。”

但对一个雄心勃勃、准备大力改变现状的人来说，来自高层的支持非常关键。伊什拉克第一次参加公司的评估会议时，医疗部门和总部的许多领导都在，韦尔奇搂着他的肩膀说：“我来介绍我的朋友奥马尔给你们认识。”这种表达信息的方式令人难忘，韦尔奇还特意在之后举行的评估会上，让伊什拉克发表对某些事情的看法。当然，韦尔奇有时也会给伊什拉克出难题：“在评估会上，他对我提出了非常尖锐的问题，开始的时候我甚至都不知道如何回答。比如他会问，‘你的成本估算正确吗？你会给你的销售主管一个全力以赴的销售团队吗’？这正是他所期望的。”

反对现有体制

伊什拉克很快就在超音波业务上做出了成绩。“在加入通用电气后不到两个星期，我就知道首先要做的五件事是什么。降低成本、优化产品需要两三年时间，但是我们在日本和印度有很好的产品，那些产品真的不错，全世界都希望获得它们。但密尔沃基却喜欢一种美国制造的产品，而这种产品价格昂贵，产品质量还存在问题。”

“日本的那款产品真的很好，我立即意识到了它的价值。于是我稍微改动了下，就开始大肆在世界其他地方推销。我们的生意很快被带动，业务立即增长。然后我又改进了一下产品，并在美国出售。这一举措让市场有所担心，但对我们有利。”伊什拉克跟往常一样轻描淡写地说。超音波业务在他上任的第一年年底开始赚钱，这也是这项业务多年来首次获利。

第二次大变动经历的时间较长，必须获得韦尔奇和于 1996 年接管医疗系统的伊梅尔特的支持。这次该业务的销售组织完全发生了变化。之前医疗系统仅有一个销售团队，负责推销所有产品，包括 X 光、电脑断层扫描和超音波产品，销售人员的精力并没有放在超音波产品上，因为这种产品认知度不高，销售方案也难以理解。伊什拉克在戴索尼克斯工厂的经历告诉他，购买超音波产品的客户习惯那些具有丰富专业知识的销售人员向其介绍产品。

他希望重新建立一个专业的销售团队，由世界各地最好的专门人才组成，希望借助这些人的力量推销产品。“我希望超音波业务能够专注于自己的产品，销售人员和销售团队能够全身心投入到这项业务中，让我们可以挑战其他那些专门做这项产品的公司，”他说，“我们必须正确地给产品定位，特别是让日本、韩国、印度和美国的团队共同着眼于全球市场，而不是只瞄准美国市场。”

但打造自己专业团队的做法在内部遭遇了阻力。因为这种做法挑战到了医疗部的其他业务底线，他们都有统一的销售团队，而且获得了巨大的成功。这种统一销售的做法能让规模经济发挥最大效益，伊什拉克的模式其实是置规模经济于不顾，从而让本地的超音波业务有更大的弹性。他认为这种模式能够更快、更周到地为客户服务，此举将有助于超音波业务的销售，增加营业收入。

韦尔奇支持伊什拉克的做法。伊什拉克说："他感觉到了，即使我什么也没说，他也支持这种做法。直到后来我才发现他为此做出的努力。"以销售起家的伊梅尔特也支持这种做法。"伊梅尔特帮了我很大的忙，首先是鼓励我，确认这是一种正确的战略；其次，帮我建立正确的组织结构；最后，督促各部门在世界各地聘用合适的人才，让他们直接向我报告。"最后一点最为关键，因为当地主管不愿意聘用有可能成为他们竞争对手的人，而且这些人在职位上跟他们平级，有时候赚得比他们还多。"招聘这种人需要多加鼓励，有时候还得伊梅尔特亲自上阵。他会打电话给许多我们需要聘用的人才，并说服他们。"

从战略上考虑，打造专业团队的做法不失为一招妙棋。自此，通用电气不仅能在销售上打败那些竞争对手，而且也能像其他的小竞争对手一样灵活了，同时他们又具备小企业所没有的强大实力，这让通用电气在竞争上处处占据先机。"我们聪明地利用通用电气在全球市场的金融影响力和销售规模，加之我们对超音波业务的准确判断，"伊什拉克说，"我们真正做到了有的放矢，然后大展拳脚，而不是像无头苍蝇一样，只管尝试推出一些新产品，然后把钱投进去。现在我们实行非常精确的战略，如果没有杰夫·伊梅尔特的支持，根本没办法做下去，特别是不可能放眼全球市场，因为没人能凭自己的一己之力做到这些。”

伊什拉克将自己在通用电气的处境跟规模小得多的超音波企业做了比较。如果那些小公司想在中国建立分销机构，将面临各种难题，包括对全新文化和法律环境的了解，甚至不知道该去相信谁。

“在通用电气，我可以放心去中国，因为有一大群人可以帮助我，通用电气早就在那里建立了办事处。”伊什拉克吃惊地说，“我知道哪些经销商做得很好，哪些做得糟糕，知道如何审查他们。我还有个法律团队，他们能帮助我直接解决很多问题。我提出方案，当地的团队就能帮我实现它，而且我确定我们不会犯严重的错误。但小公司绝无可能做到这点。等我意识到这点后，就会充分发挥我们的优势，而且不会放弃我们超音波业务上的专业技能，这些都是我在这里成功的关键。”

伊什拉克在通用电气的第三个年头，公司超音波业务的营业收入飙涨至 3 亿美元。

向大师学习

伊什拉克先是将重点放在改善产品质量上，然后全力打造专业销售团队，伊梅尔特在销售和市场方面的技巧对伊什拉克越来越重要。伊梅尔特能在战略和具体销售方面帮助超音波部门。“总会有压力，”伊什拉克回忆道，“他们经常会问，‘你为什么有三个工程团队？将它们合并，这样能省钱’。还有人问道，‘你为什么在印度设立这样一个小办事处’？我会说，‘我需要工程师了解印度市场’。但他们会说，‘这根本不值得。将它们合并到密尔沃基可以省一大笔钱’。”

“但有伊梅尔特做我坚强的后盾。他明白这些，而且有很强的直觉，知道如何向公司内部说明这种事情。他帮我清楚地解释如何复制成功的方法，如何能够加快速度，而速度最终又是利润的保证，这比仅仅削减成本能赚更多钱。他还帮我优化运营成本，比如什么时候节省开支，什么时候又该加大投入，提升速度。”

伊梅尔特有很多销售技能可以教给下属，他也的确会花时间这么做。伊什拉克将他从伊梅尔特那里学到的最有效的方法称为“非正式时间学习法”，这种方法正是他观察伊梅尔特的实际销售技巧所得。“他一年中会花两天时间跟我在一起，你们可能觉得两天时间实在不多，但如果你知道他的时间有多紧张，就明白这两天时间对于我和我的销售团队有多重要。”

“我们会在美国各地拜访客户，我经常会观察他是如何处理业务的。通常不是在评估会上，而是一些不怎么正式的场合，他可能会问，‘这项业务是如何运作的？这些客户想要什么？他们到底有多不同？销售流程是如何运作的？示范工作又是怎么做的’？我经常能看到这样的互动，观察销售团队是如何运作的，CEO跟正在示范产品的员工如何顺利沟通。伊梅尔特总会给我们提出各种观点，总会想通用电气如何才能做到与众不同。”

伊什拉克还会跟伊梅尔特一起去见客户。“我们以前经常到各个城市拜访各种客户，一次可能见八九个客户，跟用户、超音波检验师或者医院的 CEO 交谈。看他如何跟客户沟通，并从他身上学习，单这一点就让我获益匪浅。后来，我一个人在美国本土和世界各地也是这么做的，跟员工、销售人员和客户打成一片，同时创造价值。因为我意识到有些事情我能做到，而本地的销售人员却没办法做好，这么做相当重要。”

通用电气的经理人拥有一项众所周知的能力，即只用一页材料就能总结某项提案的精髓，伊梅尔特也将这个技能教给了伊什拉克。“他将说服他人的诀窍教给了我：如何简化案例，以 4 个要点将概念呈出，再以 6 个单词概括每个要点。他会从中挑出三四个词组，而这些正是你话题的中心思想，然后你只需说下去就行了。”

伊什拉克在通用电气学了 4 年，之前超音波业务可谓一穷二白，而后来却成长为营业收入和利润都相当不错的部门。“后来，该业务已经成长起来了，我的领导能力也增强了很多，”他说，“我了解公司，也知道如何融入这个系统。”

事实似乎的确如此。伊什拉克这个向来看淡名利的人在 1999 年升为公司的副总裁，成为公司屈指可数的高管之一。2005 年，他又成为通用电气临床系统的总裁。伊什拉克又于 2009 年接管通用电气的医疗保健系统，该部门营业收入高达 120 亿美元，其使命是发展创新技术，以改善临床表现，让世界各地的人享受到更多实惠。2007 年，伊什拉克还成为伊梅尔特精英咨询委员会中的一员，这个委员会由公司 40 位顶级经理人组成，每个季度都会在克罗顿维尔讨论公司的整体运营和战略。不用说，即使是堪称人才管理大师的公司，也必须对公司内部人才和世界顶尖人才进行评估，并且外聘人才。

总结

- **亲密的力量** 通用电气的领导会想方设法发掘员工的真正能力和潜力。在亲近、互信的文化下，他们能找到决定绩效好坏的真正原因，并能通过观察让判断更准确。韦尔奇、伊梅尔特和康纳狄知道，如果让吉姆·坎贝尔掌管家电部，其致命的弱点是什么。当初迪克·塞加里尼说会尽力帮助坎贝尔搞好运营工作，他没有食言。尽管马克·利特尔被削职，但他并没有离开公司，因为他相信韦尔奇和康纳狄当初对他的承诺。韦尔奇和康纳狄劝他留下，是因为他们非常了解他，也看到了他的潜在才能。奥马尔·伊什拉克很快知道，他可以信任自己的同僚和上司，他们了解他的优势，也愿意帮助他，尽管他自己的想法跟公司根深蒂固的理念和商业模式有时候并不一致。
- **社会化流程的力量** 通用电气的社会化流程是公司人才管理的关键，该流程一般通过正式和非正式的讨论达成，领导者会通过坦诚、严谨的态度让人才和绩效结合。人才管理大师会利用社会化流程让业务和人才管理成为一个连续化的过程，让前一个评估会得出的成果为下一个评估会所用，并让这些正式的评估会成为人才管理的核心会议。随着时间的推移，领导者会对人才进行全方位观察，并不断修正其判断。这种积累起来的人才观察技巧让他们在非常时期能够果断地做出决策，正如当初拉里·约翰斯顿和后来大卫·卡尔霍恩辞职时通用电气所做的那样，当然，如果要开除某位领导，他们也会毫不手软。

- **人才培养的强度** 通用电气的领导者通常会花大力气培养人才，愿意经常为此投入时间和精力。他们会及时提供坦诚和具有建设性的回馈，强调员工的优点，并设法帮助他们各尽所能。他们在派遣任务时会谨慎行事，让人才充分发挥能力，通用电气的高层会安排他们在各个部门历练，让他们积累经验，发挥潜能。这样，通用电气的人才储备极为丰富，可随时准备掌管多个部门。
- **持续学习** 通用电气希望领导者能够不断成长。尽管他们也强调在实践中学习经验，但公司在员工的培养上不惜血本。通用电气的经理人会在克罗顿维尔接受外聘专家和公司资深领导的教导，借此拓展视野，加深对公司业务和外部环境的了解。公司希望所有的领导人都能制订自身发展的年度计划并付诸实践。

正是因为这种综合的人才管理模式，我们很容易明白通用电气为什么能成为业界的标杆。但请注意，我们并不是说世界仅此一种模式，在众多成功的模式中，印度斯坦利华的模式更是与众不同，我们将在下一章中谈。

第二篇

人才管理大师的专长

THE TALENT MASTERS

人才管理大师信奉相同的基本原则和结构模式，但侧重点各有不同，有些公司拥有一些独特的工具和技巧。接下来四章将分别介绍四家不同的公司，他们的人才管理方法非常独特，而且非常有效。大多数公司早就拥有高效的人才管理模式，而且也做出了不少成绩，但外人一般不清楚他们的具体方法。

印度斯坦联合利华（HUL）、宝洁、安捷伦科技和诺华公司的人才管理方法非常特别，他们会特地塑造某一类型的经理人。其中 HUL 非常注重培养领导人才，宝洁则将培养重点放在那些能深入了解消费者的领导人身上，安捷伦则强调兼具管理才能和技术专长的领导人。他们在人才管理培养时并不局限于某一方面，你们亦可借鉴，比如 HUL 使用“后备干部联络簿”方法促进人才培养。不过，需要记住的是，原则比方法更有效：严谨、纪律和坦诚是构成人才管理大师的基础。

第5章

建立从下至上的人才梯队

印度斯坦利华从第一天就开始培养自己的人才

除非你之前认识他，否则你无法想象，在印度南部小镇塞伦（Salem）的一家餐馆里，一个穿戴整齐的生意人竟然是位名人，他正在专心听取一位年轻经理向他汇报最近的工作。从他们的只言片语中你可能推断出这位年轻经理刚加入公司不久，两人的谈话十分诚恳，但言辞也很激烈。这名高级主管听得十分认真，时不时问一些尖锐的问题。有时候，他似乎很满意对方的回答；有时候，他又会提出一些建议，或是深入了解一些情况，此人显然深谙生意之道。你吃完饭离开后，他们仍在热诚地交谈。

如果你认识此人，就可能会想，HUL 的 CEO 尼丁·帕兰杰佩（Nitin Paranjpe）怎么会在印度这样一个穷乡僻壤的地方跟一个年轻人交谈甚欢，要知道，这家公司的年营业额高达 35 亿美元，是联合利华在印度的子公司，对母公司的全球运营战略和成功发挥着越来越重要的作用。但帕兰杰佩每个月会有五六次去拜访这些年轻的销售经理，他们中，许多人都是后备干部，可能是 HUL 未来的领袖。该公司的所有高级经理也会花 30% ~ 40% 的时间培养领导人，正如他们所说的，此举是为了满足公司未来挑战的需要。

“在担任主席期间，我几乎每个傍晚都会去参加后备干部的入门课程。”于 2000 ~ 2005 年担任 HUL 主席的文迪・邦加（Vindi Banga）说。不久前，他还是联合利华全球执行委员会成员之一，现在是私募基金公司克杜瑞（CDR）的合伙人。“当初我也经常会到处实地考察，我这么做有两个原因：第一，要了解业务情况，就得拜访客户；第二，我还可以见到许多见习销售经理。高级主管如果想跟基层员工互动，就必须放下架子，在工作和培训课程中跟员工打成一片。”帕兰杰佩也延续了这一传统。

没有哪家公司像 HUL 一样，从第一天开始就设定明确的目标：以培养那些能成为最高级的领导人为己任。从没见过这样的公司，公司的高级经理人和潜力之星关系如此密切。HUL 相信，这是建立并维持组织关系的关键，因为这么做可以不断给公司带来新的能量、观点、能力和创造力。邦加表示：“没有哪种投资能和提高公司领导人的素质相提并论。”

大多数公司都会寻找头脑灵活的毕业生，让他们在工作中充分展示能力，然后让有潜力者接任领导工作。但这种做法会浪费那些具有潜力者的宝贵成长时间。就像出生后头三年对小孩的培养一样，一个人职业生涯的头三年对领导力的培养至关重要。HUL 相信领导人是天生的，而不是后天养成的，领导力是从一开始就能辨识并培养的。20 世纪 80 年代领导该公司的甘古利（A. S.

Ganguly）博士常对记者和赞叹公司一直保持卓越领导力的竞争对手说："你无法凭空创造出领导人，只能寻找、塑造。"人在二十几岁的时候，其领导才能可能并不明显，但也能从中看出端倪，HUL会特别留意这种迹象。在几十年的时间里，公司发展了一套辨识、培养天生领导力的方法，重点强调什么（what）是领导力以及如何（how）培养这种能力。what是指完成工作的能力，how则是指领导者完成工作的方式，如何让他人敬仰并效仿。HUL希望自己的领导人两者兼修。

公司会从关键的头三年开始，将那些颇具潜力的员工放在人才"梯队"中，让他们能一路往最高层爬。公司每年会招聘900名左右的各层次员工，其中对公司长期发展最重要的是35 ~ 40名员工，他们将接受"业务领导力培训"（BLT）课程。帕兰杰佩说："未来领袖和其他新进员工的差别在于，我们招聘这些未来领导人，并非让他们完成眼前的一两份工作。我们之所以请他们，是因为我们相信他们兼具智力和领导能力，即使没这么出色，也八九不离十了。"

高级经理人会从招聘员工开始，HUL以挖掘和培养高潜力的领导人为己任。精明、能干的人力资源部会为整个过程提供支持，但唱主角的还是业务管理团队。HUL的人力资源部和高管一年会抽出三天半的时间在每个后备干部身上。即使如此花精力关注员工，也并不妨碍公司完成绩效。相反，指导和培养他们还会提升公司领导力，加强组织各层次的能力，更顺利地完成权力交接。因此，该公司很少会出现让公司高管紧急救场的场合。见习和辅导的良性循环会让新进员工逐渐成长起来，组织实力也会因此不断增强。

公司还会花时间在那些甚至还没毕业的人才身上。用帕兰杰佩的话说，这种责任非常重要，不能完全交给新人去处理。招聘是人才管理过程中最关键的步骤，高级经理人因其经验丰富、见多识广，比初级经理人更会相人。

招聘有潜力的人才

对印度顶级商学院和技术学院毕业生的争夺竞争非常激烈，在特定的招聘日，许多公司甚至在学校找不到地方。招聘日当天，印度的一些顶级公司和跨国公司的子公司会派代表前往学校，他们会挨个教室跟毕业生见面。有些大公司会对那些优秀毕业生当场拍板，但 HUL 则会慢慢对他们进行评估，该公司在选择后备干部候选人的时候会分三个步骤：小组讨论、初次面试和最后面试，每次都会筛选掉大批满怀希望的人。但 HUL 在培养卓越领导力方面的声誉让该公司在招聘顶级毕业生方面优势明显，许多人都将到该公司工作当成“梦寐以求”的事。求职者只需登录 HUL 的网站，就能浏览该公司的 CEO 和管理委员会成员，他们的升职都很快，许多人也就 40 来岁。

HUL 在评估候选人方面有一套非常有效的方法。在小组讨论阶段，该公司一次会安排多名求职者，人力资源部员工和高级经理人会就某个具体的商业议题跟他们展开讨论。根据我们的经验，这种方法绝对别具一格。在讨论会上，他们会判断求职者是否拥有各方面的能力，不仅拥有必要的技能，还要具有良好的判断力，为人诚实，而且性格要好，这些都是做出明智决策，发展和维系人际关系不可缺少的品质。公司特别注重求职者完成工作的方式，看是否会引人敬仰和效仿。

想了解这套招聘方式是如何运作的，你想象自己是 MBA 班的二年级学生，有兴趣进 HUL 工作。在初步审查（填写的综合问卷资料经严格审查）后，被邀请参加为时一个小时左右的小组讨论，参加讨论的人员也许是你的朋友，也许是你的竞争对手。你相信这场讨论会像辩论一样，所以你必须表现出色，力图打败其他学生。为了获得这个理想的工作，你必须战胜所有人，但同时你又不想失去朋友，至少还能跟他们保持良好的关系。

你在一间研讨室坐下时想起今天上午发生的事：一家大型咨询公司在跟你简短面试后决定立即聘用你，但你当时犹豫不决。因为即使 HUL 聘用你，你还得接受 15 ～ 18 个月的培训，这比任何一家公司都长。

这时，一个穿着考究、40 岁左右的男子走进研讨室，坐了下来，还有一男一女也跟着进来了，他们虽然看起来来头不小，但十分友善。你觉得他们的身体语言似乎在透露某些信息，但就是说不上来。会议由那个 40 岁左右的男子主持，他对大家的到场表示欢迎，并介绍了自己和他的两位同事。你现在知道他们都身居要职，此人是人力资源部的二把手，另外两人则是销售和市场部的高级主管。

现在没时间想这些了。会议主持人很快步入正题，他说："我们从来都不会浪费向优秀青年学习的机会。你们都受过一流教育，成绩也非常出色。我们现在想跟你们讨论一个困扰我们的业务问题，想听听你们的建议。我们在孟买和其他大城市的牙膏市场出了问题，我们如何在竞争激烈的市场提升白速得（Pepsodent）牙膏的市场占有率。"

很快，一张概括牙膏市场的幻灯片展现在你眼前，你希望赶紧想个好办法。

营销课程中学到的概念很快在你脑海里浮现，但你并不知道如何运用学到的知识解决当前问题。你飞快地开动脑筋，脉搏也随着加快。幻灯片中出现了许多中产和富裕消费者使用的牙膏，如何说服他们中的更多人使用白速得呢？你开始沿着这条思路想下去，你也看到幻灯片上显示，虽然低收入人群对牙膏的使用量较少，但这类消费者正在增长，是主要的消费群体。这时你想到了 HUL 的座右铭"行善得福"，虽然它并非幻灯片的主体，但如果孟买更多的普通人养成用牙膏刷牙的习惯，这对消费者、印度和 HUL 是"三赢"的局面。但是该如何做，又如何让他们使用白速得呢？ HUL 愿意赠送多少钱的产品培育市场？

思考很快结束，人力资源部领导希望听到答案。你是否应该立即站起来，将自己考虑的想法提出来？太迟了，另一位候选者已经侃侃而谈，他说到了在大城市做广告和 1000 次展示的成本问题。他讲得特别流利，这时你瞥了一眼营销主管，他毫无反应。三人全都面无表情。

这时，人力资源部的领导说话了：“好了，谢谢，大家还有什么别的想法吗？”你这会儿却有所动摇了，在想是不是应该先提出刷牙教育的具体构想，然后才将自己的想法和盘托出。主持人环顾了一下教室，所有人都有点儿胆怯，除了刚才发言的那位，他似乎还有言犹未尽的感觉。

你心想，如果现在不说，那可能就再也没有机会了。于是你深吸了一口气，吸引人力资源部领导的注意，开始解释你的观点。讲述期间，你用余光看了一眼两位营销主管，发现他们正交换眼神。这是赞许的信号吗？你来不及细想，这时另一位候选人已在建议如何跟社会团体和慈善机构合作，开展这项活动。接下来的 90 分钟很快过去了，你感觉这是你参加过的最好的研讨会。然后，你兴奋地离开教室，希望自己能通过 HUL 的初审，获得面试机会。

随着讨论的展开，HUL 的领导人对应征者的思考和沟通能力了如指掌。有人喜欢夸夸其谈；有人观点尖锐；有人很有创造力，尽管不知道答案，但他能够将自己的想法说给大家听；还有人只顾自己，从来不考虑他人的想法；但也有人能够综合大家的观点，最后提出最佳方案。那些候选者不会假装，能够将自己的真实一面表露出来。同样重要的是，因为 HUL 的多位高级主管在场，不管候选者的一举一动多么不起眼，都会引起注意，而且不会被人误读。有些候选者会微笑着鼓励其他候选者，有的人会皱眉头，还有些人会自鸣得意的笑，甚至不屑一顾的嘲笑，这些都无法逃脱主管的眼睛。

邦加在回忆自己从求职者到成为高级经理人的这段经历时曾表示："小组讨论有机会让公司观察你如何思考特定的商业议题，并了解你如何跟其他人互动。你会主导讨论过程吗？你有机会先说，这的确很重要，能表现出你的进取心，但前提是你必须有的放矢。掌握好发言时间也很重要。你在发言的时候是否会盛气凌人？你会允许其他人提出观点吗？会结合别人的观点说出自己的想法，还是想炫耀自己有多聪明？"

"让所有人达成共识，树立团队精神非常重要。有人会威逼其他人阐述某个特定的观点；有人则会以理服人，也愿意被别人有理有据的观点说服，这两点同样重要。那些表现出色但无法融入团队的人也会被淘汰。"

所有通过小组讨论的人还有两轮面试，要见到四五个 HUL 的主管，包括人力资源部总监，一两个直接向管理委员会报告的主管，还有一位委员会成员。HUL 的高管会根据所有候选者的资料，特别是在小组讨论时表现出色者的资料，有针对性地向候选者提出问题。为了测试候选者的技术能力，HUL 的一位主管可能会再次提到小组讨论时的议题，或者提出类似的业务问题。而为了了解候选者的领导和沟通能力，其他的主管会问候选者最大的成就，以及其对小组讨论的各种看法。

最后一轮面试，候选者会面临不小的压力。面试官会反复提到某个议题，观察应征者是否会对某个话题特别敏感，以此测试他们是否成熟。这轮面试中最关键的是了解候选者的价值观是否适合公司的文化。"你想看到候选者是否言行一致，是否能够保持理性的诚实，”邦加说，“希望找到能坚持自己的信念的人，而不是墙头草。”

有时候因为时间紧迫，公司无法安排小组讨论，HUL 会让多位高级主管在面试时评估应征者的表现。

管理委员会凭借高级主管的观察做出最后聘用决定。这种招聘的做法，看上去会浪费大量人力物力（尤其是浪费高管的时间），但如果同请错人的代价相比，这种“浪费”根本不值一提。HUL 很少因请错人吃后悔药。

从头开始学习

在正式聘用前，所有的未来领袖都必须通过实践的考验。一些看起来非常有前途的人会参加暑期实习，他们可以在那里实地处理业务问题，以此展现自己的能力。帕兰杰佩回想起他在 1986 年的实习情形。“我在马哈拉施特拉邦最落后的地区待了两个月，每天开着货车，挨家挨户的卖肥皂。当时公司要求我提出改善拓展农村市场，同时降低成本的战略。”每天的实地考察，加上还得想方设法拟定战略，这年夏天的经历让他帕兰杰佩永生难忘，这正是 HUL 提供的学习机会。

参加 BLT 的学员都要接受为期 15 ～ 18 个月的培训。该项培训计划会安排学员接受一系列任务，由一位导师（为经验丰富的经理人，由此人负责审查、评估学员在每次任务中的表现）、一位教练（为职能部门的资深经理人，他是培训期间的主要负责人），以及一位高级导师（为管理委员会成员，负责定期检查学员的学习进度）。每次任务都会面临艰巨挑战，试图让学员们站在前线为公司在竞争中占据优势而努力，并努力证明自己的魄力。

学员在专业领域的“核心任务”是公司培养领导力的机会；“跨职能任务”让学员了解公司不同的职能部门如何联系；“国际任务”则会要求学员到联合利华位于全球的各公司实习，让他们体验不同文化；此外，还有“企业责任任务”。几十年来，HUL 派出许多未来领袖到印度的农村地区工作。比如，邦加曾在 1977 年去印度中央邦的农村出售产品；10 年后，帕兰杰佩也在位于尼泊尔边境的北方邦的边远地区兜售产品。这些农村地区是学习的绝佳地点，对 HUL 和印度的未来有着重大的意义。印度十几亿人中的 70% 居住在超过 62.5 万个小村庄里，因此，农村经济的发展在国家发展中占有举足轻重的作用。HUL 的座右铭本来就是“行善得福”，为农村地区的人提供更多的大众消费品，改善他们的生活，不就是“行善”吗？公司还通过“夏克提方案”（“Shakti”意为力量）行善：HUL 会向印度的农村妇女提供小额贷款，并向她们提供培训等援助措施，让她们成为公司在当地的特许经销商。这个方案非常受欢迎，增长的速度很快，现在已有数万名妇女参与该计划，许多人甚至是文盲。现在，联合利华的产品已在十几万个农村村庄销售。HUL 还会通过“企业责任计划”为小企业和基础建设项目提供财务和管理支持。

在品牌和产品方面，HUL 于 20 世纪 80 年代末推出低价洗洁剂“Wheel”，印度农村数千万低收入妇女都喜欢这款产品，他们用不起别的洗剂产品，只能在池塘、河边、水井、水泵边手洗衣服。母公司联合利华也利用 HUL 拓展农村市场的经验，发展全球市场。现在，联合利华超过 50% 销售增长来自新兴市场。公司在农村地区倡导的“行善得福”的口号也吸引了很多年轻人，他们很多都想成为 HUL 未来的领袖。这些人大多来自相对富裕的家庭，到贫穷的农村地区生活和工作让他们颇为震撼。在面对这样的任务时，他们大多都热情高涨，有着极强的团队精神。

对 HUL 未来的两位 CEO 邦加和帕兰杰佩来说，在印度农村地区的锻炼对他们的成长很有帮助。邦加在中央邦执行任务期间，他曾和其他的实习生一起参加新生训练周，然后向一位资深销售人员学习基本推销技术。然后，他在一个销售网络尚未覆盖的地区工作了八个星期。当时，公司的经理人曾去那里观察他的表现。用他的话说：“这个市场完全由我独立经营，而且还有具体的销售目标。”接下来，他跟一位销售主管工作了两个星期，观察他是怎么做的。然后，他自己也成了主管，手下有七位销售人员。八个星期后，他又接受了一系列跨职能任务，除管理职位外，他还必须完成一些分析和战略项目任务。之后，邦加开始独立负责印度东部某区的销售任务，兼顾城市和农村市场。

10 年后，帕兰杰佩跟邦加走的路大同小异，他认为从基层学起意义重大。“在偏远村庄向店主兜售肥皂能学到宝贵的经验，”他说，“你开始逐渐了解这个市场，同时也会理解销售员面对的问题，这样的课程是任何商学院都教不了你的。”后期则是迅速培养管理技能。“管理 500 ~ 800 名农村特许经销商会让你突然感觉到领导的重大责任。”他说。除销售部门以外，其他部门的同仁也很早就能获得机会锻炼领导力，面对挑战。可能跟工厂主管合作，实施提高生产率的试验项目，或是领导 IT 和财务项目团队。

高层教练指导

高层领导会通过指导、评估和现场反馈的方式让见习员尽快学习。每个年轻的领导都有一本“后备干部联络簿”，高层领导会将他们反馈的意见记录在册。这本联络簿（现为电子记载）会将年轻领导的成长记录下来。到稍偏远的地区实地考察意味着高层领导可能经历艰难的旅程，但他们非常愿意这么做，部分原因是他们个人可能因此受益。

想象一下，邦加在经历一个星期的新生实习周和两个星期的销售学习后，一个人独自管理一个从未有人管理过的区域达八个星期之久。“许多人都来看我，销售主管、区域销售经理还有销售总经理，”他回忆道，“见过我的人都必须在我的联络簿上写下评语。因此，我能马上得到反馈，知道自己是否做得正确，这也是对我的鼓励，他们还会写下我有待提高的地方，让我专注某些事情。通常来说，来考察我的高层领导会跟我待上一整天。吃晚饭的时候他们会跟我讨论很多事情，通常是晚上 7 ～ 11 点，从某种程度上来说，这段时间极为宝贵。”在北方邦见习的帕兰杰佩也有类似经验，他也记得当年的大教训。他的区域销售经理来看考察他，在一个叫楚特马尔普的小镇里跟他待了一整天。这名经理在查看账户的时候，发现有个数字错了。那天结束后，他在帕兰杰佩的联络簿上写道："你的表现非常优异，但必须更加谨慎。订货单上的失误会让销售工作受损。"帕兰杰佩说："我一直牢记 20 年前他写的评语。这种评价非常具体，并非泛泛而谈。今天，我吸取了很多人的教训，感觉当时他们对我的考察非常有价值，对公司的发展也非常重要。"

通常而言，对这些未来领袖来说，一对一接触他们的高级经理人，包括高层管理委员会成员和 CEO，这些人都是他们的楷模。除了业务总经理，实地考察帕兰杰佩执行第一次销售任务的人包括公司的 CEO 甘古利 Dr. Ganguly 博士，以及两年后接任甘古利成为 CEO 的苏什姆 · 达塔（Sushim Datta）。甘古利博士是一位生物化学家，当时加入的是 HUL 的研发部。他陪了我一整天，我们先去了阿拉哈巴德（Allahabad），逐个商店询问我们的产品和销售情况。那天我们碰到了一个小摊贩，他在那儿出售小吃和别的一些时兴的小商品，印度的小摊贩不仅是小商人，而且对印度人的日常生活起着重要的连接作用。那名小摊贩对甘古利博士说，他已经为我们公司销售了十几年的产品，问我们能不能送给他一个橱窗，这样能帮助他提升销售业绩。甘古利博士说："可以啊，帕兰杰佩，这主意不错，你为什么不帮帮他？"

"那天晚些时候，我们去到北方邦和中央邦交接处一个叫加斯拉（Jasra）的村庄。甘古利博士问我，为什么 Lifebuoy 牌的肥皂在加斯拉销售不佳。当时，印度各邦的贸易限制特别严，我当时圆滑地说，因为货物来自中央邦。甘古利博士很快说，'你应该调查这事，而不是相信事情的表面现象’。”

“四个月后，我参加了最后的面试。是甘古利博士亲自主持，他只是问了我两个实质性的问题。问我对 Lifebuoy 肥皂在加斯拉糟糕的销售情况是否有了更深层次的理解？还问我是否兑现承诺，赞助了那名小贩得到橱窗？幸亏我两件事都办妥了，要不我肯定会被公司炒掉。”

帕兰杰佩说：“甘古利博士告诉我，履行职责对公司有着重要的意义。一个小橱窗对公司没什么影响。但‘公司高层会考察后备干部履行职责的情况，而不是说说而已，意义完全不同’。”

公司高管不仅关注帕兰杰佩这种具有高潜力的人才，而且还会尽可能在其他的未来领袖身上花时间，他们会多项比较，其对人才判断力也会日臻完善。在帕兰杰佩成为销售经理后，邦加很快就来考察他了。当时邦加正平步青云，2000 年，45 岁的他成为 HUL 最年轻的 CEO（2008 年，44 岁的帕兰杰佩成为 HUL 的 CEO，打破了这一纪录）。当初邦加会见帕兰杰佩的事件突出地表现了 HUL 的人才比较能力。

“我去见帕兰杰佩的时候，他已经在北方邦工作五六个月，当地农村市场潜力巨大，白天我跟他的团队调查了当地市场，晚上跟他一起吃饭。当时我想知道他学到了什么，想了解他是个怎样的人。

首先让我吃惊的是，他已经很好地了解了整个公司的商业模式。通常而言，我必须花时间向公司新进的员工解释我们为什么要这么做，但他已经清楚里面的门道了。事实上，他已经开始进入下一阶段了，正在考虑哪些地方可以改进，哪些问题会成为我们的拦路虎。

他并没有就此罢手，已经和几个特许经销商进行试验，增加农村地区商品配送频率，但这种做法只是为了满足农村消费者的需要。农民出售农产品，手中有钱时才会购买商品，我们的特许经销商不敢赊账给他们。但是，因为农村人在食品和住宅方面基本上能够自给自足，他们每年的可支配收入往往比城市低技术工要高，提高配送频率的做法意味着，当他们有余钱时，就能更多地购买我们的商品。

所以，我知道他在深入思考业务问题，且想法颇具创意。而且，他不只是纸上谈兵，他愿意对风险深思熟虑，以促进业务发展。

最后，我发现他会跟销售团队的其他成员互动。团队成员中有些年轻人，但多数都是身经百战的老手。在我跟他待在一起的一天半时间里，我发现他对手下的业务员彬彬有礼，他尊重他们的年龄、资历和经验，但大家的身体语言和研讨室内的气氛清楚地表明他才是领导。我从资深销售员的眼神和语气中感觉到他们不仅将帕兰杰佩当成领导，也很喜欢他，尽管他才 20 岁出头，而且刚入职场，但他们并没有把他当成一名走过堂的后备干部。”

我们可以从这些事例中总结一些经验：

- 邦加暗中拿帕兰杰佩跟那年 20 多位后备干部以及他在过去几年评估过的人员比较；其次，比较的基础既会从数量上考虑，又从质量上考虑，既考虑了绩效，又考虑了方式。

- 帕兰杰佩销售业绩惊人，加之他改善销售运作的创意，表明他已将自己第一份工作的细节同公司整体业务的理解结合起来。他关注外部市场，非常重视零售客户和终端客户的需求，他还会采取行动培养人才——这也是领袖的基本特质。同样重要的是，邦加对质量化信息的评估已经非常熟悉，比如对身体语言的观察，这种通过反复观察得出的结论就跟分析销售数据一样可靠。
- 当时邦加并非唯一前去考察帕兰杰佩的高级经理人，因此，他和他的同事可以反复比较对帕兰杰佩的评价，他们可以对其领导能力和长期潜力进行准确、全方位的观察。他们也将这种方法用在其他后备干部身上，建立一个综合性的数据库，将每个人的优缺点记录下来。
- 正是通过这种持续练习，HUL 的高级经理人对领导潜力的感觉才如此敏锐。

最后一点才是关键。“其实识别谁是真正的领袖也并非难事，”邦加说，“他们之所以能够脱颖而出，是因为他们的绩效和处理工作的方式。领导人必须放下架子，花时间跟低级别经理人在一起。”

只要密切观察，这种事其实很容易。事实上，这种能力会成为一种直觉，只要你长时间深入了解一个人，你对事、对人的观察就会形成一种直觉。你的潜意识会一直累积信息，包括暂时意义并不明了，稍后跟其他信息串联起来后才明确的零星信息。HUL 的领导人会跟他们的下属长期保持密切的关系，他们辨识领导人才的直觉因此得以形成。这就好比他们已在脑海中建立一个巨大的数据库，可以随时调用。

通过审查

实习期结束时，见习人员会接受 HUL 某位执行董事的确认面试。当然，走到这一步的先决条件是通过教练、导师和高级导师的确认。如果通过确认，后备干部就会成为正式的经理人；如果没有得到确认，就可能走人，但更可能的情况是，他会得到继续培训，学习的机会，也就是延长实习期。HUL 领导力培养制度通常由人力资源部负责，他们会确保后备干部的评价客观、深入，确保所有具有潜力的领导人才不被错过。

刚被确认合格的经理人可立即担任领导职务，包括获得更多跨职能、跨部门的经验。这不仅能让他们的才能进一步得到提升，还能让这些初级经理人不至于受限于某位目光短浅的上司。虽然公司期望这些经理人能够很快获得成功，但他们还是能够按部就班地发展自己的才能。而且，最初的职位安排有足够的发展空间，这样，即使是最能干的人也不会觉得无用武之地。

高层领导会继续担任他们的教练和导师，仔细观察他们的表现和成长速度。“一年很快就过去了，”帕兰杰佩说，“但在三年的时间里，我们可以充分观察他们——不仅观察绩效记录，而且还要观察他们的行为和别的领导素质，这种观察能让我们了解这些年轻人上升空间有多大，进步有多快。”

在工作的头三年，HUL 会持续评估这些年轻经理人的绩效和工作方式。之后，高级经理人和他们的直属上司还会评价他们的绩效，并会拿他们跟同僚和前辈比较。

HUL 会将绩效和工作方式出众、具有潜力的经理人列入名单，这些人也被视为具有成为高级经理人的潜力。通过确认面试后，有些经理人甚至在加入 HUL 的第 4 年或第 5 年就有望被列入名单，比如邦加和帕兰杰佩，也有可能要等到第 8 年。被选为教练、导师和高级导师的人通常都是那些表现出色者，且大多数人都会被列入名单。他们在担任指导时的表现会跟工作中的表现一样，被列入考察的范围。帕兰杰佩说："如果有不少后备干部向我反映，某人架子很大或对他们的帮助甚微，那这名经理人可能会从名单中拿掉。对经理人而言，列入名单是他们梦寐以求的事。"如果从名单中剔除的经理人能够改善对下属的表现，他们还有机会重新列入名单。如果做不到这一点，他们在 HUL 的前途将十分有限。

每年，管理委员会各职能部门的成员都会讨论其职能部门的管理人，帕兰杰佩称这种做法为"评估个人的合作对话"。这些经理人会被置于标记颜色的矩阵中，评估者则会重点关注对话，经理人会被分为表现杰出者、适中者和落后者。评估者对话坦诚，问题尖锐。帕兰杰佩举例说："某位管理委员可能对另一个说，'你真的觉得这人该置于绿盒中（表现优异）吗？你可能觉得他很不错，但我认为他在跟其他部门合作时表现很糟糕。他的合作技能很成问题，我的一半团队成员都抱怨他'。如果有人被置于红盒中（表现糟糕），我们就会问，'他真的表现糟糕吗？他收到的反馈足够吗？他知道他还会在那儿待一年吗，他会进步吗’？评估者就是这样展开对话的。我们通过不同部门评估初级经理人的表现，了解哪些人表现优异，哪些人还需进一步改善，哪些人已经做得足够好了。”

CEO 和管理委员一起留意公司最重要的 100 个职位。“这些被称为‘热门职位’，因为其规模、复杂程度和战略相关性的缘故。”帕兰杰佩说，“热门职位 / 热门人选”列表显示这些职位有多少是由列入名单者担任，以及有多少明日之星能够很快加入他们。“为确保当前绩效，我们希望最重要的职位由能力最强的人担任。但管理者也有责任为‘热门人选’提供最刺激、最复杂、最具挑战和最有价值的机会，因为这会有利于他们进一步成长。”

如果是你的公司，你会希望热门职位完全由热门人选担任吗？ HUL 认为这种做法并不可取。热门职位和热门人选完全匹配，会让领导者没有晋升空间。HUL 一般会保持 80% ~ 85% 的匹配。帕兰杰佩说：“如果少于这个比例，我们就会坐立不安。”

最后，管理委员会每年会开两次会，花四五个小时讨论位列管理委员会之下的 50 位顶级经理人。这些人处于最佳状态，效能、潜力出众。在第一次会议中，管理委员会评估他们的领导表现和方式。6 个月后，管理委员会最终决定每个人的事业规划和工作安排。

这种会议会花四五个小时讨论公司 50 个顶级经理人，这样平均每人仅有 6 分钟左右，这时直觉信息正好派上用场。通过频繁的非正式互动，管理委员会的每位成员对这 50 位经理人非常熟悉，他们不用花太多时间筛选资料就能达成共识。他们可以对这些前途无量的经理人做出高效的评估和事业规划，这样对于少数棘手的个案，他们讨论的时间也相对充足。

因为这50位经理人本身就是高绩效者，所以棘手个案关注的是质而非量的问题。在个案讨论中往往会出现重视质量的信息，比如，某位管理委员会成员会叙述某位经理人如何处理具体的领导问题，其他成员则会提出相同或相反的看法，委员会成员会努力寻找共同点，在讨论中逐渐达成准确、可靠的共识。

邦加强调，在这些讨论中，“最重要的是经理人的品质”。帕兰杰佩则说得比较详细：“性格和品质决定一个人是否能升至高位。首先，我不想因为担心某人的做法会损害公司的利益而夜不能寐。如果你必须对某个人提心吊胆，那就肯定不能让他升职。其次，我们之所以强调人的品质和性格，是因为这两种素质决定了一个人是否能跟他人真正建立关系。个人魅力和口才是组成领导才能的重要元素，但如果无法真正跟他人建立良好的关系，以建立共识，加强团队精神，光靠这两种素质是不够的。”

“只有认识某些人，观察其如何处理问题，才能了解其性格和品质。他们会为公司负责吗？他们会勇敢承认错误吗？他们在面对困难时，会将问题转嫁给下属并责怪他人吗？”

帕兰杰佩举了一个例子说明这个问题，“某经理人绩效极佳，从书面记录上来看，此人大可让人放心”。但管理委员会讨论这名经理人时，便觉得有点儿担心。“但没人能指出他的问题是什么，也没有具体实例说明，我们就是感觉有问题。我们花了一个半小时讨论，试图找出问题所在，但最终一无所获。于是我们说，‘今天我们没有找到根据，但他的确让我们感觉有问题。如果我们因此降他的职，这对他不公平，但如果我们不再深究下去，则对公司不公平’。”

“于是我们决定，在接下来半年到一年的时间里，我们每个人都跟这名经理人沟通。如果没有找到具体的证据；我们就会认为他没有问题；但如果找到了证据，即使他工作做得再出色，那他也不能升职。”

这个事例说明，HUL 对关乎公司前途的事有多慎重。高层为了确认对某位经理人的评估，会一起收集资料，希望通过许多人的观察和印象，在将来的评估会议上找到可靠的事实根据。

梅花香自苦寒来

HUL 在人才管理系统方面信奉一点：领导人必须经历艰巨任务的磨炼才能成长。让公司里最具潜力的人做最难、最严酷的工作，甚至后备干部在实习期就是如此。

邦加就曾被派遣完成一个异常艰巨的任务，当时他还是一名见习生，在 HUL 位于孟买的总部完成某项跨职能任务。一天，公司主席托马斯将邦加和另外两名后备干部叫到办公室，他认为公司可以拓展印度农村市场，希望他们去完成这一任务。他们三人将分别前往北方邦偏远小镇伊塔（Etah）不同村庄，要在那里待两三个月，构想并实施改善印度农民生活的改善计划，并推广至全国。托马斯期间会去探访他们，以了解进度。

邦加说："托马斯告诉我们，'充分发挥想象，只要对你们指定的村庄有帮助，你们可以做任何事。唯一不能做的事是不能花公司的钱，你们必须靠自己和所在的村庄收集资源'。情况就是这样，然后我们就离开了他的办公室。"

开始的时候，这段经历对出生于城市富裕家庭的邦加"感觉就像去了火星"。HUL 在伊塔有一家乳制品厂，厂长替三人在各自的村庄找到一个安顿之所。"公司仅为我们提供了一点急救用品、寝具、蚊帐和电筒。"邦加于半夜到达色萨巴丹（Sirsabadan），那里大约住了 1500 人。第二天早上，他起床时发现自己所在村庄的条件相当原始，所有的洗漱都在户外。他还必须面对种族冲突的问题，因为他是锡克教教徒，而当地人并没有跟锡克教教徒打交道的经历。

第一个月，邦加克服个人障碍融入当地人的生活。他经常花时间跟村民聊天，了解村庄的情况，谈论他们的家庭、工作、愿望以及关注的问题。他发现村里最大的问题是没有正规的排水设施，村里到处都有积水，极易滋生蚊虫。邦加在取得市场营销 MBA 学位后还获得过工程学位，他知道这样的问题相对较易，只需建一些排水沟即可解决当前的问题。

但村民对此有所怀疑。他回忆道："他们说，'谁会在意水的问题？我们一辈子都是这么过的'。他们根本不理解积水对健康有什么影响。最后，我说服村长让我证明排水沟会给村民带来怎样的帮助。"邦加、村长和另外一个村民围着水井挖了三条排水沟，每个大约 3 米深，直径约为 1.8 米。然后在里面砌上碎砖块和碎石，防止被泥沙填满。他选择的地方正是积水很多的公共场所。

一夜之间，水井周围的情况就得到了改善。村民开始竞相传颂，大家都来井边看发生什么事。随后，邦加和村长马上召集村民开会。村长首先发言，告诉大家在村子里建排水沟对村民及他们的孩子都有好处。然后邦加清楚地告诉大家，这事必须靠大家完成。"'事情很容易，'我跟他们说，'我会教你们怎么做，但这事我不能为你们代劳，而且我们也没钱付给大家。你们必须自己做'。村民也发现这事的确对自己有利。之前，我已在村庄周围勘探过，拟出了排水沟的位置图。村民则会为自己所在的巷子建造排水沟，由我负责监管。我们花了四个星期，完工后，整个村庄的卫生状况彻底改观。"随后，邦加还说服村民改善糟糕的学校环境。村长用小部分发展基金购买了油漆和刷子，邦加和村长开始清理、粉刷校园，然后再把工作交给村民。最后，这所学校从全村最糟糕的建筑一跃成为村里最好的。邦加开心地说："这房子比农村最有钱人家的房子都漂亮。"

托马斯来的时候对邦加的工作非常满意。当时，是他亲自选择这些村庄为他们做试验的，对村子里的糟糕状况他早就熟知。邦加的领导力给他留下了深刻的印象，托马斯要邦加主导一个农村发展项目，并直接向他报告，而并不是像先前计划的那样，让他做营销方面的工作。但邦加拒绝了，因为他刚订婚，他的未婚妻在大城市工作。这件事也让托马斯大为不悦，邦加一度担心会被炒鱿鱼。但他已经证明了自身价值，托马斯很快安排他在孟买做营销工作。邦加在农村执行任务时克服过巨大的困难，这让他信心大增。他也获得了受益终生的领导经验，如果你想完成某个任务，就必须学会聆听、理解他人的需要，并获得人们的支持，这是领导者最宝贵的技能之一。

四年后，也就是20世纪80年代初，邦加再次面临一项完全不同的艰巨挑战。当时接任托马斯的甘古利博士派邦加到伦敦利华兄弟公司（Lever Brothers）工作。邦加到达英国后，以为马上会有任务，但跟色萨巴丹的工作一样，他发现得自己找事做。当时，他是利华兄弟公司唯一的印度经理人（也是唯一的亚洲人），他实际上就像一位新人，必须跟所有的营销经理见面。“大约一个星期后，他们让我做一个中等规模品牌的资深品牌经理，我说我非常愿意。该品牌的年度计划讨论会议将于三个星期后举行，我的新上司是澳大利亚人，他说因为我初来乍到，报告计划书由他来做，但我坚持要自己做。接下来三个星期，为了把计划书及时做好，在开会的时候向整个营销部门报告，我夜以继日地赶工，这件事很重要。所有人都对我刮目相看。

两年后，甘古利将邦加从伦敦召回，并将公司压力最大、任务最艰巨的工作交由他管理：让他主导“抑制尼玛（Nirma）成长的战略”。尼玛是一种低价洗洁剂，由一名颇具企业家精神的化学家发明，早在1969那年，此人就在印度农村逐村推销该产品。因为尼玛是以家庭手工业形式经营，不必硬性支付最低工资，而且无须缴纳许多税赋，也没有条条框框的限制。HUL则无此优惠，而且没有可供打折的商品跟竞争对手抗衡，HUL甚至没有任何低价产品可以打折。更糟糕的是，尼玛的崛起开始威胁公司的高档洗洁剂Surf。到1985年，尼玛席卷全印度，不仅仅是农村地区，其销售量是Surf的3倍。1987年，邦加的团队推出Wheel，该产品的质量好于尼玛，但价格相同。Wheel刚推出时赔了很多钱。18个月后，公司组成跨职能团队，创造一种新的商业模式，这才扭亏为盈。

虽然尼玛领先了16年，但HUL凭借公司丰富的资源迎头赶上。首先是因为公司的领导者在印度农村积累的实地经验，这让公司非常了解尼玛的客户群。几年后，Wheel超过尼玛，一举成为联合利华在全球范围内最大的品牌。

但后来帕兰杰佩的职业生涯遭遇挫折。在结束伦敦的工作回到印度后，由他负责管理HUL的洗洁剂业务，当时HUL和宝洁的竞争非常激烈，帕兰杰佩也是第一次未能完成业绩增长目标。之前，他早以被列入晋升的榜单，虽然他的领导风格和潜力备受推崇，但现阶段的工作绩效一般。帕兰杰佩回忆说，当时，他的上司，负责公司家庭和个人护理产品的管理委员会常务董事对他说："不管你的领导潜力和行为表现得多好，但你最近的绩效表现不佳，我们不能升你的职。我们必须将你从名单中拿下来。"

帕兰杰佩回答老板道："我对这个决定表示认同，其实我觉得没什么，因为这种做法很客观、很透明。"

虽然帕兰杰佩从名单中下来了，但他还是洗洁剂部的主管，还得顶着巨大的压力改善业务。仔细思忖后，他得出结论，之前他没能及时意识到该部门的结构需要调整，他必须花大力气调整整个部门。于是，他紧锣密鼓地开始工作，同时确保不将压力转移给下属，以造成恐慌。最后，他终于将业绩拉回正轨。两年后，管理委员会不仅让他重上名单，而且任命他为家庭和个人护理产品常务董事。三年后，因为兼具良好的领导风格和卓越的绩效，帕兰杰佩成为了 HUL 的 CEO。

总结

随着一代又一代领导者陆续从后备干部成为导师，HUL 的领导力培养形成了良性循环，公司的实力也随之壮大。尽管这是隐形、质化（qualitative）的社会化流程，但其中的关键因素仍有迹可循：

- 从招聘第一天开始就有培养领导人才的特殊管道。
- 持续关注领导成效和领导风格。
- 高级经理人会集体研讨，直接观察、评估并教练辅导未来领导人。
- 所有级别的经理人都会重视教练辅导、教导新人。
- 梅花香自苦寒来，在关键的头三年，公司会提供培养领导力的重要机会，让当事人积累跨职能和跨业务经验。
- 以艰巨的任务培养杰出的领导人。

跟西点军校一样，他们不仅培养将军，还培养出色的军官，HUL 会培养不同级别的优秀领导人才，包括持续培养超群绝伦的

CEO。尽管市场瞬息万变，但 HUL 的领导人才层出不穷，令公司竞争优势明显。HUL 每年都会推出新的领导人才，而且不会摒弃公司多年积累的经验。

下一章我们将重点讨论宝洁。长期以来，这家公司培养了许多真正的全球领袖，该公司在品牌管理和培育消费者市场方面堪称翘楚。公司特地培养了一批领导人才，将他们派往海外，以让他们充分发挥领导才能。

第6章

开发领导潜能

宝洁如何培养全球化领导人

为了适应这个瞬息万变的世界，企业必须不断更新对领导者素质的要求。宝洁一直是人才培养的先驱，几十年来，该公司持续创新，表明公司独具慧眼，能够选择顺应时代发展的领导人才。营销能力是公司必备的技能，除此之外，该公司还会持续培养具有其他技能的领导人。

2000 年，雷富礼成为宝洁的 CEO，他发现公司的增长机会在发展中国家，于是他将公司人才管理流程的侧重点放在战略创新、研究市场和消费者上。公司的领导“基因库”也必须跟上时代步伐。全球视角是宝洁领导人的核心能力之一，公司的人才培养着眼于国际市场。事实上，海外工作任务（或延长海外工作经验）是宝洁培养员工才能和既定能力，为晋升做好准备的关键。2009 年，宝洁让公司自己培养的鲍勃·麦克唐纳（Bob McDonald）接任了雷富礼的工作，他国际经验丰富，成就显著，是带领宝洁继续前进的理想人选。当迪克·安东尼（Dick Antoine）从全球人力资源部总监的位置上退下来时，在宝洁效力多年的莫希特·纳格拉思（Moheet Nagrath）接任了他的职位。后者在搬到辛辛那提之前，曾在许多国家居住过，倾力为公司培养下一代具有全球视野的领导人。在鲍勃·麦克唐纳的领导下，宝洁一如既往地培养深刻了解消费者的领导人，他们懂得创新，也非常珍惜海外的工作经验。

再频繁的出差也比不上长期驻扎在一个陌生的地方。领导者在面对新环境时，必须适应大量不同的新事物，这种情况势必将为他们提供许多成长机会。让领导者离开原先的“舒适区”，有助于提升他们的辨识、判断能力，而且这也是跟不同文化、背景的人建立关系的绝佳机会。这种经验既能增强领导者的既定能力，即完成更多同类工作的能力；也能提升其才能，即通过完成更高层次的工作，取得更大成就的能力。最后，这种做法还有助于增强合作能力和跨界工作能力，这也是麦克唐纳提升宝洁全球组织力量的目标之一。

如雷富礼提醒我们的那样，人才培养不仅只是“培养”，而必须以复杂、艰巨的任务考验公司最出色的人才，清楚谁有成为CEO的潜力。“比如让他们去我们业绩不佳的国家如韩国、印度尼西亚、俄罗斯和尼日利亚锻炼，或是让他们负责某项我们落后于竞争对手的业务，或是让他们负责我们新收购的、不熟悉或长期表现不佳的业务。”他说，“但我们不能拔苗助长，不让当事人做过于复杂，超出自己能力范围之外的工作。”

接下来两个人的故事就能说明宝洁是如何适度考验领导人的，他们的事例表明，谨慎地委派任务可以迅速加快高潜力领导者的成长速度。

赌局

在宝洁年度战略会议上，迪克·安东尼正和业务部门的几位主管聊得火热，这时，他看到德布·亨瑞塔（Deb Henretta）向他走来。亨瑞塔是五个月前派往新加坡执行任务的，自那时起他们没再见过面，他很想知道那边的业务进展情况。宝洁的许多员工都想去海外工作，但说服亨瑞塔举家离开辛辛那提颇费了一番周折。最后她还是同意前往新加坡工作 18 个月，这种工作安排在宝洁算是很短的，尤其考虑到这项工作所涉及的资源，以及新领导的适应能力。这样的任务对于一般人来说得要 3 ～ 5 年时间。时任人力资源部总监的安东尼、CEO 雷富礼愿意迁就她，是因为他们知道她在辛辛那提当地社区扎根颇深；家中还有三名还在上学的小孩，其中两个已经十几岁，另外一个正在读高中了；她还参加了许多社团和咨询委员会，而且非常热衷于这类活动。

不过，安东尼预感她会在海外待得更久。以前，许多宝洁领导者不愿意去海外工作，最后发现这种经验让他们收获颇丰。到头来，许多人反而要求尽可能长时间留在海外工作。他感觉亨瑞塔亦会如此。亨瑞塔动身之前安东尼对她说：“我跟你说，18 个月后，如果你回辛辛那提，我请你吃饭；如果你没有回来，你得请我吃饭。”

在 11 月举行的年度策略会议的鸡尾酒时段，亨瑞塔走向安东尼时显得非常轻松，她热情地问候了他，然后问道：“你要我在哪里请你吃饭，迪克？”

亨瑞塔发现自己很喜欢经营东南亚的业务。而且，她的小孩在新学校也过得很开心，他们全家都喜欢在这个截然不同的国家工作和生活。她的成长超乎自己的想象。不久，她掌管宝洁在亚洲 15 个国家，包括中国的业务，并成为宝洁更高层领导的候选者。四年半过去了，她仍未要求调回。

残酷考验

几十年来，宝洁培养了许多擅长品牌或品类管理（category management）的总经理。要想升职，他们必须证明自己非常了解消费者，能够促进创新，而且能够适应全球市场的需求，也就是能够在不同的文化背景下领导他人。许多公司的高层都出自宝洁，其中包括微软 CEO 史蒂夫·鲍尔默（Steve Ballmer）、eBay 前 CEO 梅格·惠特曼（Meg Whitman）、英图伊特软件公司（Intuit）创始人斯科特·库克（Scott Cook）、波音公司 CEO 吉姆·麦克纳尼（Jim McNerney）、通用电气 CEO 杰夫·伊梅尔特，以及最近宝洁最大的竞争对手联合利华的 CEO 保罗·波曼（Paul Polman）。

宝洁将委派给领导者适当任务当成建立“领导力基因”的关键。各种任务安排或促进领导者成长的历练，可拓展领导能力的深度和广度，培养他们领导大型和复杂跨国公司的能力。每次指派的任务不仅只是对员工的奖励或是只为完成某项任务，而且也是领导人才学习的机会和能力的考验，公司也可凭借这些基本素质，如个性、判断力、历练的表现以及建立人际关系的能力筛选领导人才，让他们承担更大的责任，在业务需要和人才培养需要之间达成良好的平衡。

之所以选择亨瑞塔前往新加坡工作，主要是考虑她曾为宝洁力挽狂澜，完成公司称之为“熔炉锻炼”（crucible role）的任务，让宝洁的婴儿用品业务起死回生。该业务 15 年来一直落后于金佰利 – 克拉克公司（Kimberly-Clark），当时亨瑞塔接受这项任务的时候堪称冒险之举，因为她缺乏相关业务经验，而她的前任都是经验丰富者，多数来自制造部门。但安东尼并不这么想。“这是雷富礼最明智的人事任命之一，”他说，“雷富礼发现宝洁非常重视像沃尔玛这样的大客户，但对消费者不太重视，他觉得亨瑞塔可以让宝洁关注消费者。她之前在公司的洗洁剂部门工作，跟宝洁的许多领导者一样，有完整的营销和品牌管理背景。而且，她也在高潜力领导者的名单中。不仅如此，她还是三个孩子的妈妈，了解消费者，知道如何跟做母亲的交谈。”

雷富礼赌对了。亨瑞塔对婴儿用品业务进行了改造，广告也从技术咨询改为强调母亲对孩子的爱。在她的带领下，该项业务开始和金佰利 – 克拉克公司平分秋色。

品牌价值、市场占有率和利润是衡量领导者成功的标准，但观察当事人的成长轨迹同样重要。她的能力和技巧如何？有哪些优点？哪些方面需要拓宽，哪些方面需要改进？哪些能力需要进一步磨炼，最近又展现了哪些新能力？观察领导者的成长轨迹，而不仅仅靠绩效，这是评估领导者是否有潜力更进一步的关键。

宝洁定义领导者潜力的其中一个因素是当事人将来是否可以胜任比现在高两个等级的工作，因为这能更多地考验领导者的能力，此举也能让公司缩小对领导者的筛选范围。我们经常会对领导者说："我有一个非常不错的副手。"这人也许能做好副手的角色，也有能力成为该部门的一把手，但他如果无法更进一步，就不能算是高潜力的领导者。

亨瑞塔担任宝洁全球婴儿用品事业部总裁近五年后，公司开始考虑如何安排她接下来的工作。雷富礼和安东尼认为她需要更多的发展空间，也就是更多地提升她既定能力和才能的个人成长机会。任何人想要晋升为宝洁的高层，比如副董事长或 CEO，都必须经历三次历练：在某个国家管理多个品牌；负责某类产品的全球业务，比如洗洁剂或个人护理产品；在海外生活的经历（比如在宝洁驻欧洲的公司工作，这就说明当事人有在欧洲生活的经历）。但亨瑞塔仅符合一项标准，于是他们决定给她派遣一项任务，让她也符合其他两项标准。

第一个机会是派她到日本主管东亚市场，但这个机会让亨瑞塔难以做出决定。她说："我的小孩已经习惯他们在学校的课外活动了；我自己也非常想做管理全球业务的主管，我在宝洁管理全球婴儿用品业务已将近五年，坦白说，我非常喜欢我的团队和自己管理的业务。"

此外，她还有其他因素要考虑。“我有许多朋友，还有许多人跟我有业务上的往来，一旦去海外，这些关系将很难保持。我参加了几个社区导向（community-oriented）的理事会，比如辛辛那提儿童医院；还担任几所大学的顾问，如圣文德大学（St. Bonavcniure），我的学士学位也正是在这所大学拿到的。参加这些活动对我来说很有必要，因为我相信我必须帮助为我事业起步做出贡献的社区和学校。”亨瑞塔和她的丈夫十分纠结，但最终还是决定去日本。就在她收拾心情准备动身的时候，她的上司却决定离开宝洁，远赴日本的事就此搁浅，而雷富礼并不希望她在这个时候离开婴儿用品部，担心该部门的业务从此一蹶不振。“下周我就准备搬离辛辛那提了，”她说，“我肯定非常失望。”

“没有什么比得而复失更难过的事了，越是这样你越想得到，我的家人也是这么认为的”。一年后，远赴新加坡的工作机会出现了，亨瑞塔也做好了准备。按照以往的惯例，这似乎是一次平级调动，亨瑞塔并没有放在心上。当年雷富礼前往日本，是从管理营业额约占北美 20% 的洗洁剂业务调至营业额仅占公司 5% 的部门。当时，他可是公司高层领导人才之一，因此，那种调动跟降职无异。但后来，他却成了宝洁的 CEO。

尽管如此，亨瑞塔希望确保那是适合自己的工作。“宝洁有三个‘部门’：全球业务部、职能部和市场部，我喜欢全球业务部的工作：打造全球品牌，进行战略性思考，促进创新。我非常担心新工作的重点不在这上面。”

宝洁的几位董事频频游说亨瑞塔，向她解释为什么应该接受这份工作。他们之前也是在海外成长起来的，而且他们觉得亨瑞塔的技术和能力是做这份工作的不二人选。因为亚洲是正待发展的市场，除了管理行政工作外，亨瑞塔还将继续负责全球事务部的产品组合。她可以一边做自己擅长的事，一边学习运营和市场管理工作。

雷富礼对亨瑞塔说："德布，这工作很可能不会超过三年。"亨瑞塔听罢大吃一惊。他们所说的完全不是一码事，因为她以为任期会更短。"我知道我的家人能在外面待两年，这样即使我们不喜欢那儿，觉得环境艰苦，我们忍忍也就过了，但三年我觉得真是太难熬了。"讽刺的是，她发现自己喜欢那份新工作，喜欢那个地方。"现在我在这里干了五年了，"2009 年年末亨瑞塔说，"最后一年是我特地要求留下来的，因为我的孩子太喜欢这里了。我儿子高中上到一半，他跟我挑明了，'妈妈，如果你要回俄亥俄州，我不跟你走，我得留下来，我喜欢这里，我想在新加坡的美国学校毕业'。"

"想想现在的情况，当初我根本不想去那儿，当然我输了跟迪克的打赌。在新加坡，我们两家人开心地吃了一顿晚餐。"

挖掘人才

亨瑞塔在派往新加坡时已在宝洁工作了约 25 年。她工作五年后，公司就开始关注她的领导潜力，这也是宝洁的惯常做法。虽然宝洁在招聘员工时会精挑细选，但该公司也不会从一开始就将员工放入领导人才观察名单中。公司希望高级经理人能够观察比他们低几个级别的高潜力经理人，宝洁有一套完善的人才评估程序，那些高绩效者和具有领导潜力的员工可通过这套程序获得高层注意。

这是一种自下而上的流程，从第二三级的员工开始，公司会关注工作五年左右的员工。部门会向上一级提交名单，逐渐呈送至最高层，不管业务、职能如何，整个公司都会这么做。比如，日本婴儿用品部正在做人才评估，他们会向全球婴儿部提交一份名单，包括五位左右在日本分部工作的顶尖人才。同样，每个职能部门也会向总部递交名单，当然名单可能会有重复，因为在婴儿用品供应链部门工作的员工，他们既可能负责婴儿用品事业，也可能负责供应链的工作，名单因而会有重复出现。

在雷富礼和安东尼的领导下，宝洁组织了许多任务规划和继任计划评估论坛，比如，有的论坛就是针对普通的管理者，有的则是针对职能部门的资深主管。公司约有 40 位高层，比如负责业务、领导各个国家分部或职能部门的主管，他们每年会分批到总部三次，讨论他们手下的顶尖领导人才，包括每个人的特质如何跟宝洁关键成功要素吻合。会议由 CEO 主持，每年 4 月讨论一半的人才，8 月再讨论另一半，12 月则讨论所有职能部门和在各国的人才。

“经过几年的摸索，我们终于了解他们，”安东尼说，“名单上约有 100 个人，但我们只需关注大约 30 个人。我们非常了解这些人，如果没有大的变动，基本上就是他们了。我们会把他们的照片放在屏幕上。我们讨论的这 30 人，会集中讨论他们身上一两个关键特质，我们不必花时间去了解他们的背景，看他们的履历。我们非常看重这样的评估，从不会因为其他更重要的事情将这种事束之高阁。”

他们会试着安排更多的人来进行人才评估，这有助于让领导者更熟悉他们部门以外的高潜力人才。但这这么做也有弊端：有时候交流会不够坦诚。雷富礼和安东尼会一起商量，如何让这种讨论更切实际。

“我们一门心思只想让大家坦诚交流，”安东尼解释说，“我们不想当着那么多人的面批评某个人工作不力；也不想表扬某个人，将来却发现这人有多不靠谱。”

解决方法是安排 CEO、人事总监、部门副主席以及该部门的人力资源主管开会。这四个人会在人才评估会议后再聚，他们可能会说：“好吧，我们来谈谈这些顶尖人才，看看都有谁，他们的工作表现如何，我们需要为他们安排什么职务，如何介入他们的事业？”这四个人在讨论的时候更加坦诚，他们不会影响那 40 位经理人的想法。此外，因为他们非常熟悉这 40 个人，所以他们可以提出这样的建议：“你为什么不考虑指导一下这个人？”这种情况也比较容易确认哪些领导可以升职。顶尖人才的名单也有变化，有人上榜就会有人落榜，而这些信息随后会向董事会报告。

麦克唐纳和纳格拉思在人才评估程序上倾注大量时间和精力，令该流程的评估水平上了一个台阶。

探索正式人才评估以外的人才

宝洁随时都会关注人才问题，比如战略评估、创新评估、财务评估、参观各国分支机构或业务部门以及内部培训程序时；再比如宝洁的“总经理学院”课程，这些都跟人才问题有关。出席战略评估的人包括该部门的一把手、CFO 和其他要人，以及公司高层的资深领导人、CEO。战略评估会议后，领导高层还会进行非正式的交流，讨论各部门领导人在会上所表达的观点。

几乎所有领导人都会有出色的表现，但偶尔也会有人让高层怀疑。如果事情不甚明了，CEO 肯定会帮助解决，但高层可能会有疑虑：该部门主管到底有什么问题，他的报告为什么这么模糊？这个跟他的领导风格有什么关系？他的工作明显出现了一两个问题，他为何在报告中只字不提？战略评估会议肯定会讨论领导议题。公司高层会记下那些提出新观点的部门主管，同时还会关注那些需要密切监督的工作。

雷富礼引进了一套新方法，让战略流程成为指导下属的强有力工具，我们推荐其他公司也采取这种方法。他会事先评估每个主管提供的战略报告，然后在开会之前提出自己的书面评价。这类反馈包括“我不明白这种方法如何防止我们的头号竞争对手以低价打败我们”，或者说“这种方法真是一针见血”。这是高层用来指导主管的方法，CEO 也可以通过观察主管的反应了解此人。

领导特质中的创新能力已变得越来越重要。长期以来，宝洁擅长创造突破性产品和新品牌，比如汰渍洗衣粉和帮宝适纸尿布，但在雷富礼接管公司后，公司已许久没推出新产品，因此难以实现预期盈利。他认为公司之前有点操之过急，需要扎扎实实地做好工作。于是，他将创新列为核心目标，并将战略重点放在消费者身上。现在，创新评估已经成为公司的例行程序，业务部门每个季度至少都要检查产品组合和生产计划，每年需向高层提交创新评估报告。在创新评估会议上，领导者会交换意见，获得大量资料。CTO（首席技术官）和 CEO 可轻易观察到哪些事业部门在创新程序上表现出色，哪些让他们担心。

人才观察也会在财务评估会议上进行，以便轻易地分辨哪些领导人拟定了颇具进取性的预算，哪些领导人制定了可以轻易完成的业绩目标。CEO 和人事总监巡视各国分部或业务部门，讨论业绩和遇到的挑战，就像通用电气的运营评估会议，待会议结束后，他们会评估每个组织的人才。因此，他们对各国或各地区分支结构的人才会有新的了解，对公司全球人才资源库也会有更深入的认识。

麦克唐纳会利用宝洁的“总经理学院”课程了解公司顶尖人才，帮助领导者迎接未来的挑战，这也是该公司为人才晋升准备的两个课程之一。宝洁的高层会亲自授课，有时候也会聘请外来人才。麦克唐纳非常重视该课程，甚至亲自授课或旁听他人的授课。纳格拉思整个星期都会参与授课。“坦白说，课程的首要目的是让那些主管反省自己的领导方式，让他们更加用心，”麦克唐纳说，“我告诉他们，‘如果你们不记得别的，千万要记住，你领导的组织越大，越该认真关注自己的领导力’。想想电影《球场雄心》（*Hoosiers*）中的教练基恩·哈克曼是怎么做的，他拿出卷尺，要队员量篮筐的高度和篮筐到罚球线的距离。”他会问宝洁的领导者：“你们会这么认真吗？你们会在前往辛克尔球场㊀的大巴上跟队员说，‘伙计们，球场的大小都一样，你们只管去那里好好打球就行’。”

“我们经常谈及性格，我所定义的性格是优先考虑组织的需要而非个人。宝洁最出色的领导都会以组织为先。尽管他们也在乎绩效，在乎众人如何取得出色的成绩，但我们同样在乎他们取得绩效的方式。我们会讨论领导信念，希望从领导者身上找出跟信念有关的事例，让他们用这些事例去领导自己的组织。”

“定期参加这些会议让我和纳格拉思对公司的人才更加了解。这也是我们了解世界各地的领导者正面临何种问题的良机。”麦克唐纳说。

就连工作安排也是提供领导人才资讯的来源。如果下属频繁寻找部门以外的工作，或者主动要求调往其他部门，那么该部门的领导者可能存在问题。360 度反馈（360 degree feedback）是提供资讯的另一来源。“我们会利用各种机会观察、评估领导人才，不管是正式的评估还是非正式的用餐，我可以把他们请到家里来，也可以去他们家里，”麦克唐纳说，“我跟主管见面时，会问他们 2015 年或 2020 年公司会是怎样的情况。从他们的回答中，我可以轻易判断哪些人认真思考过构建组织能力的问题，而且能够了解

㊀ 巴特勒大学的篮球馆，也是大学篮球比赛的决赛球馆。——译者注

他们的确切想法。我们对公司的主管有着深刻的认识。在总经理学院，我跟他们相处了一个星期，对他们十分了解。”

有人问雷富礼：“宝洁的 CEO 到底花多少时间在人才问题上？”安东尼回答说：“他想了想说，‘大约 40%’，我当时也坐在那儿，认为应该没这么多，但我什么也没说。回去后，我检查了他过去 6 个月的日程表，发现那段时间他将 38% 的时间安排在人才问题上。”

从“你认识谁”到“你觉得谁是最好的”

将员工的资料交计算机处理，这种做法在现在可谓屡见不鲜，但宝洁早在 2003 年就建立了这个系统。当时，安东尼为该项目申请经费时，已担任人事总监多年，雷富礼非常信任他，他们两个在日本就一起合作过。最后由纳格拉思主导该计划，系统于 2005 年开始运行，最初是美国，后来运用至全球，非常成功，为宝洁的人才管理立下汗马功劳。

宝洁的全球人才库记录了所有领导人才的重要资料，在人才评估会上，领导高层可在电脑屏幕上看到这些资料。有些资料由领导者提供，比如包括语言能力在内的技能和经验。如果当事人已婚，他们可能提醒，当事人外派工作点需让其配偶找到有意义的工作。如果配偶也是宝洁的员工，背景资料也会在上面显示。该系统还会显示其他人力资源体系的资料，如当事人的工作、薪酬和绩效情况。

人才资料库也跟宝洁的计分卡相连，该计分卡从“软件”和“硬件”两方面评价领导者的表现。“计分卡让绩效管理变得更具指标导向（metric-oriented），而且容易跟踪，”纳格拉思说，“我们将领导者的绩效放在显微镜下观察。”

计分卡在两方面记录所有总经理、总裁和副董事长的表现：量化数据（如市场占有率、销售量和盈利等）和有助于公司的质化能力（如创新、领导力和战略）。这些资料跟宝洁员工的绩效评估程序关系密切，而绩效评估程序又跟薪酬挂钩。公司已使用这套系统多年，领导者可以观察员工历年来的表现，即使该员工做过多个工作。“持续表现出色才是最重要的，”麦克唐纳解释说，“你评估总经理连续五年的工作表现时，很容易看出哪些人表现积极，哪些人是撞钟和尚。”

计分卡还有一个宝洁自创的指标：领导者对业务部门的持久影响亦会在上面显示。建立一个品牌非一朝之功，但摧毁一个品牌则在顷刻之间。在领导者调职后，宝洁会检查他在原部门的工作表现。最优秀的经理人离任后，该部门的工作情况只会越来越好。但是，如果不管谁来接受，工作情况都越来越糟，那就说明原来的经理人有问题，高层领导就会提出尖锐的问题。

宝洁将这种资料透明化后，经理人则需改变他们的行为。但有时候，有人也会回过头来质疑高层。安东尼记得，一次有位经理人升职后跑来跟他说：“我似乎记得查理两次升职后，后面的工作似乎都不怎么顺利，到底怎么回事？”安东尼总结道：“我们追究下属的责任，同时他们也会追究我们的责任。”麦克唐纳则补充道："有些公司，这种反过来追究责任的做法并不常见，比如有人会说，'乔伊的表现没有我想象得好'，但问题是乔伊已经升职了，他们也不会对该部门的工作深究，但我们会依据资料追查责任。"

这种人才资料库会让高层领导在做决策时更加明智。"它让我们摆脱'你认识谁'的体制，"纳格拉思说，"比如以前，如果法国分部需要更换一名总经理，你会问，'你们谁认识会讲法语的人'？西欧的负责人或业务总裁会说，'我认识某某'，但实际上可能还有18个能力很强的候选人，只是他们刚好不认识罢了。如果你认识的领导者大多是美国人，那谁最有可能升职呢？肯定是来自美国的领导人。"

"正是因为有了这套系统，所有人都有机会了。你输入标准，很快就有一串名单。然后你说，'我从来没听说过这个人，但资料显示他确实不错，我们应该多了解了解他'。因为你能够获得全球员工的资料，你的选择范围就广。我们的员工也喜欢这样，因为这套系统强调的是'以人为本'。通过以前的关系网找人其实还是基于'你认识谁'的模式。"

人力资源部也会帮忙找人，但寻找合适的人得靠主管该业务的经理。"300强"以下的经理人由人力资源部门负责，经理人通常会致电人事主管："我们这里有个不好的消息：皮埃尔要走了。"人力资源部会从系统中找出三位候选者，然后给经理人回电话：你觉得他们怎么样，对他们评价如何？这时，领导者对人才的了解就发挥作用了，他们知道谁已经准备好迎接更大的挑战，谁可以派到海外，同时员工也获得了拓展自己事业的机会。

计分卡上的绩效记录可帮助公司寻找到最合适的人选。“我们想寻找一些业绩突出，能够在不同环境下持续表现出色的总经理，”纳格拉思说，“比如，我们需要找人担任某部门的总经理，发现了几位人选，人才资料库显示，某位经理人七年来平均工作绩效是最高的，这样，我们肯定会优先考虑让他担任这一职务。计分卡上的绩效记录同样有助于接班规划，董事会发现某位领导在任期内不仅能够完成短期目标，而且他的团队表现出色，在他离任后绩效仍然不错。”

亚洲的多层次学习

即使最周全的跟踪系统和缜密的工作规划也无法预测某人能否在新岗位上做出成绩。几乎所有公司都会追踪员工的表现，但人才管理大师会通过密切接触和多视角观察，了解员工在新环境中的情况。德布·亨瑞塔的业绩出色，各项任务都能达成目标。但是从一开始，她在新的岗位上显然不只是发挥既定能力，从亚洲四年半的工作经历来看，她各方面的知识都有所收获。

从一开始，她就负责东南亚多个国家的业务，以及印度和澳大利亚的业务，每个国家都有不同的文化、宗教、制度、政治、经济和基础设施。这样的工作经历让她获得了这些国家及其文化的第一手资料。“我负责婴儿用品业务时经常出差，会尽力了解消费者和客户，但到访一个国家时，只不过稍微了解一下当地的情况。但外派任务就不同了，你可以全面了解不同的文化和不同的经营方式。这样的经历会让心智得以成长。”

“因为时差的关系，工作性质的关系，还因为远离辛辛那提，我感觉自己在亚洲的业务真得很重要。以前我并没有意识到自己在辛辛那提工作时总会有人照顾我，因为许多人都支持我，手头上的资源也非常丰富。别误会，我在新加坡也有很多人支持我。但现在我站在风口浪尖，一旦出错，媒体也不会客气；我还得跟当地的政府部门打交道，比如，我想找个合作伙伴，想处理海关问题，或者当地的法规变了，你得尽量适应这种变化。我更多的是靠自己，正因为如此，我必须培养自己的应对能力，要逼着自己寻找对自己有利的人际关系网，这显然不是现成的。”

“许多发展中国家渴望提升自己的经济地位，希望寻求合作者帮他们发展经济，因此当地政府也会对外国公司大开绿灯。所以我会跟政府联系，了解他们的工作方式和经济发展目标。即使是在一些较发达的国家，我们也会寻找地方建立研发中心，在亚洲国家广招人才。这段经历让我更了解当地人，了解他们喜欢什么样的产品，喜欢怎样的产品市场定位。”

亚洲充满各种各样的挑战，真让人始料不及。不是暴风就是泥石流，要不就是政变，有时候政府对某种产品的成分显得格外紧张。亨瑞塔必须学会从容，泰然自若地处理这些事务，而且不能丧失信心。“有一次印度尼西亚发生地震，我们首先必须确保人的安全问题，得找到所有员工，包括来公司的参观者，必须确保建筑物的结构没有问题。我使出浑身解数才渡过难关。”

新技能，新思维

发展中国家的变化速度让亨瑞塔目不暇接，她对越南的记忆尤其深刻。“五年前我去越南时，满街都是骑自行车和踏板车的人，在街上看见卡车那算是大新闻了。而现在在胡志明市，街上大部分都是汽车和卡车。我手头上有五年来在越南拍摄的照片，你可以从这些照片发现当地的变化真是太快了。”

“也许在之前的工作中我就应该接受这样的变化，但在亚洲肯定不行，这也会培养你的超前意识。现在我对亚洲的基础工作更感兴趣，比如拟定业务策略，构建员工和员工的组织能力。这样的经历真能帮助我倾力构建组织能力，即使在我离任后，该部门的业绩也会持续表现出色，至少我希望如此。”她补充道。很可能正是婴儿用品部的工作经历让她设立了更具前瞻性的目标。“十几年来，大多数时候都表现糟糕的业务不可能在朝夕之间扭转。”

接受改变的关键是学会随机应变，即便不能掌握所有你想要的信息，也应该做出判断。“对于以前让我苦恼的事，我现在可以很快做出决定，”亨瑞塔说，“因为面对危机时，我必须经常迅速做出决定。在我之前的工作中，我倾向于追求完美，我希望了解事情的 90% 才做出决定。现在，只需了解 80% 我就能做决定，不像以前那样非要获得 90% 的事实依据才行。”

雷富礼和安东尼理解亨瑞塔面临的挑战，也目睹了她的成长。“宝洁的领导者离开辛辛那提的‘襁褓’后，必须学习的一件事是处理模棱两可、信息缺乏的问题，”安东尼说，“在发达国家，几乎所有的资料都能收集到。而在发展中国家，只能找到部分资料，大多必须靠直觉。亨瑞塔必须拓展自己的视野。她之前掌管宝洁最大的部门，年营业额达到 90 亿美元，业务遍及 80 个国家。在亚洲，虽然她仅负责 15 个国家，但业务几乎包括宝洁所有的产品。”

在亚洲，亨瑞塔通过“圆桌论坛”和参与“年轻总裁组织”（Young Presidents’ Organization）建立自己的系统。“在辛辛那提时，我有十几位负责全球业务的同僚，他们跟我在同一栋大楼上班，住在同一个城市，如果遇到棘手的问题，你可以向他们请教。但在亚洲，我必须依靠外部关系。比如第一次碰到地震这样的事时，认识一些处理过同类事件的企业高管对我帮助很大；又比如，泰国发动政变时，机场都关闭了，负责亚洲市场的高管之间电话不断。‘你是怎样帮助员工撤离的？你如何看待这件事？’我们往往能够得到一些很好的建议，也能够帮助别人。”2009 年，亨瑞塔获邀参加一个多学科规划委员会，任务是为新加坡的未来设计蓝图，这也是提升她既定能力和才能的又一个好机会。

同时，她还得适应组织能力的差异。“在亚洲，我们的组织比那些发达国家的组织年轻得多，因此，我必须花费大量时间和精力构建组织能力，从最基础的做起。比如宝洁的业务模式和品牌建立的基本原理。刚到亚洲的时候，我们有大量工作要做，要将宝洁的主要产品引进到公司从未涉及过的市场。但我觉得中期的工作比早期的还要难，因为你必须为公司的事业打下坚实的基础。我发现我们必须回过头去做些补救工作，以确保我们的品牌和业务能够持续几十年。而大部分工作无非是教员工一些基本技能，而在辛辛那提总部，这些工作似乎是一种本能，他们在学校和实习期就学会了。”

“如果你去越南或印度尼西亚，你会发现当地人才天生就没有这种基本技能，他们充满热情，时刻准备学习。但你必须教会他们许多基本技能，这样你的业务才能更进一步。”

“从文化的角度考虑，当地人的等级观念很强，会按照老板的要求行事。我必须调整自己的风格，鼓励员工问问题或质疑上司。但在美国，如果你提出自己的看法，可能会招来很多人反对，有人可能会说，‘让我来告诉你这个主意不行的 N 个原因’。而在这里，有时候你必须鼓励员工提出不同的意见。你必须调整领导方式，腾出时间来做这些事。”

提升广度和深度

梅拉妮·希利（Melanie Healey）于 1990 年加入宝洁，现任公司北美集团总裁。对她来说，派驻海外意味着离开巴西，她是在这里长大的，母亲是智利人，父亲是英国人。从里奇蒙大学毕业后，她加入了总部位于威斯康星州的约翰逊父子公司（S. C. Johnson）在里约热内卢的分公司，在这里，约翰逊父子公司和其他知名消费性产品公司如联合利华、高露洁和强生都打下了坚实的基础。希利在每个部门实习了几个月，然后被公司派到品牌管理部门。几年后，她结了婚，加入了位于圣保罗的强生公司，职位为市场经理。

这几年，宝洁却在巴西“销声匿迹”。不过 1990 年，公司为拓展巴西市场，收购了年营业额达 1.2 亿美元的家族企业菲宝香皂（Phebo Soap），此举让希利很感兴趣。首先，因为宝洁在营销和品牌管理方面久负盛名；其次，因为宝洁还以培养人才著称。她渴望加入宝洁学习、成长。她的一位朋友从强生加入宝洁位于巴西的分部后，希利也步其后尘加入了宝洁，成为该公司在当地聘请的八位品牌管理者之一。

因为已有七年的工作经验，希利跟其他刚加入宝洁的新进员工不同，她有自己独特的优势，因为她是本地人，对巴西的文化和市场非常了解。宝洁从海外派来 35 名员工，负责拓展巴西的业务，尽管他们对宝洁的业务非常了解，但对巴西的具体情况却一无所知。“能跟他们学习真是难得的机会，这些人有开拓其他国家市场的经验，”希利说，“这种同胞之情对工作很有帮助，我们从第一天开始就建立了良好的合作关系，一起想办法开拓巴西市场。”希利负责引进低价纸尿布帮宝适，此举动摇了本地业者的龙头地位。

她的下一个工作是前往墨西哥负责肥皂业务，然后负责 Downy 衣物柔软精业务，在一个完全陌生的地方考验自己的品牌和营销管理能力。墨西哥分部是宝洁的第五大子公司，宝洁的品牌在这里根基牢靠。“这次任务的意义在于如何学习管理更为典型的宝洁市场，同时学习不同文化。”希利解释道，“在墨西哥城的那三年让我学到很多东西，公司资源丰富，让我学会了在这种情况下如何管理。我还学会了一种新语言，了解了一种新文化。1994年12月，正值雷亚尔大贬值，巴西每年都会发生这样的事，但1994年的那次贬值情况特别严重，我必须设法渡过难关。”

墨西哥的外派任务结束后，希利回到了巴西，然后又被派至委内瑞拉，于2001年调到辛辛那提。在宝洁总部的九年时间里，她多次升职。随着时间的推移，她发现自己学到的东西并非只是因为在里约热内卢、圣保罗和墨西哥城生活过，了解当地市场，还学会了一种她称之为“周围思考”的思维方式，有点类似于“周边视野”（peripheral vision），是对自己周围环境一种非常敏感的能力，有些人称之为“街头智慧”，[1]她就拥有这种能力。“在巴西，我获得了一种生存本能。因为小时候我就能自己去坐巴士上学或去别的地方，你在路上很有可能被打劫，你得观察每个人的动作和肢体语言。倒不是说这是一种狂想症，因为你必须非常自信，必须弄清楚身边的情况，观察周围是否有异常举动。即使成年后，我在圣保罗和墨西哥城生活的时候，我也必须时刻注意有什么事可能会发生在我身上。”

希利将这种敏锐的思考能力变成了一种本能的商业行为。“有事发生的时候，无论竞争对手采取什么行动，或以新的理念宣扬其产品，我都会很快知道。对我来说能够轻而易举地完成这些事，站在竞争对手、员工、下属和上司的立场考虑问题，然后做出适当反应。开会时，我会观察人们的身体语言，判断他们是否真的相信自己所说的话，还是迫于压力这么说，我还能看出两个人之

---

[1] 城市环境中巧妙生存的能力。——译者注

间是不是有矛盾，并清楚业务或公司当前的状况。”

“因为这种‘周围思考’能力，而且经历过困难环境的磨炼，我会多角度看待问题。比如，某个国家的人跟我说这件事做不到，但我在其他三个国家都成功了，我就可以让他们从不同的角度看待问题。发展中国家充满活力，市场一片兴旺，人们积极乐观，他们渴望学习，这种态度尤其珍贵。”

不同的工作经历拓展了希利的思想广度，领导能力的提升也加深了她对业务的了解。“因为管理女性护理用品达10年之久，我对这类产品非常了解，清楚什么事可以做，什么事不可以做。我学会了如何问问题，这对扭转业务，推出新产品，管理某个职能部门都很重要，这也是我经常做的事。我要清楚研发、制造和业务的财政状况，所以我必须使出浑身解数去了解这些，这也是不同的业务挑战。在巴西，我的任务是从头开始建立一个品牌。在墨西哥，公司的业务根基很牢，当时女性护理用品业务处境艰难，市场占有率下滑严重。我必须扭转局势，恢复营业收入和获利成长，重新激发组织活力。”

“现在，我是宝洁北美集团的总裁，负责公司40%的业务，我必须在广度和深度上做文章。北美业务规模庞大，包括20类不同种类的产品，123种品牌和子品牌。我管理销售团队、供应链和物流团队，负责对外关系、营销和媒体事务，还负责培训以及处理正式和非正式的指导工作。我不可能事无巨细都去过问，所以必须学会从宏观上看待公司的问题，弄清楚哪些事是最关键的，哪些事必须跟进。”

“总之，必须靠不同的工作经验发展自己的才能，最终也会让自己的既定能力得以发展。因为有了经验，你学东西也快，做事也会更有效率。在这种情况下，如果你身边有一群优秀的、能跟你互补的人才，就非常重要，我要做到人尽其才。谁有可能真正帮助你积累经验和培养才能？杰克·尼科尔森和汤姆·克鲁斯都是非常优秀的演员，我肯定不会让汤姆·克鲁斯出演《飞越疯人院》，让杰克·尼科尔森演《壮志凌云》。”

更新全球网络

宝洁的许多经理人在不同部门、地区、文化、市场工作多年后，还会跟同事和上司（他们通常会成为其导师）频繁联系。这种全球网络能帮助他们适应新环境，迎接业务上的挑战。现在宝洁正在将这种网络制度化，利用社会化技术更好地让世界各地的宝洁员工保持联系，最大限度地发挥人际关系的作用。

麦克唐纳本人就是这种做法的拥护者。“1991 年，我记得我突然要管理其他地方的员工。记得汤姆·彼得斯在《追求卓越》（*In Search of Excellence*）书中提到的走动式管理吗？当然，你不能从菲律宾走到韩国去，所以必须想其他办法跟员工联系。现在，公司有自己的 Facebook 和 YouTube，这也是现在流行的社会化交际工具，有了这种社会化媒体，才能在将来成为高效的全球领袖。”

“我们公司一共有 12.7 万名员工，遍布 80 个国家，如何有效地跟他们联系？一种方法是跟这些人一起工作。在每个任务中，你肯定会认识许多来自世界各地的人，随着职位的转换，你的人际网络会越来越广。最后，你将认识许多具有国际工作经验的同事。”

“另一个方法是利用科技手段，比如，我们已经开始在世界各地做网络实况转播。我最近在巴西召开员工大会，将会议情况上传到公司的网站，让所有员工都可以看到。同时，现场的经理人则坐在观众中，跟他们适时交流，将现场的情况传达给可能在1000公里之外的员工。经理人会用Flip摄像给没来参加会议的员工做现场访问，员工也可以及时问问题。这种开会方式及时高效，大家都能看得见。”

“这种联络方式效果很好，能够让员工更加了解全球消费者和全球竞争的情况。我们还发现，这种方法还能够更深、更快地部署我们的新战略。最大的惊喜——其实我们不应该感到惊喜——是让员工和公司的使命：‘触动生命、改善生活’紧密地联系起来。员工越是觉得跟这种目标联系紧密，在工作中也会越有使命感，越有动力。”

回报巨大

后来，经济危机给公司的战略和领导力发展带来了巨大的冲击，雷富礼宣布辞职时，因为公司的人才储备颇为丰富，宝洁能很好地安排工作交接。在该公司172年的历史中，每一位CEO都是从公司内部提拔上来的。这是一个伟大的传统，但如果仅是为了传统而这么做，公司可能面临风险。

雷富礼和董事会指定接班人的首要目标是为宝洁选择一位当时最出色的领导人。这一程序很早就启动了，因为雷富礼制定了人才规划，包括 CEO 的接班工作，他和董事会一直关注这项工作。甚至在雷富礼刚上任后不久，董事会就开始观察可能的接班人选，定期实地探访他们，以加深了解。雷富礼说："我们安排了很多候选人，随着雷富礼退休计划的临近，入选名单中的人也越来越少，但还是有不少合适人选可供选择。"

距离决定人选还有两三年的时候，雷富礼和董事会跟公司内部的人力资源专家安东尼、纳格拉思和比尔 · 康纳狄一起合作制定了 CEO 接班人标准。品格、性格和价值观则是其中的必要条件，所有候选者都满足这些条件。剩下的标准则是希望候选者能够展望未来 5 ～ 7 年公司的前景，这么做有助于了解新 CEO 必须面对哪些困难，领导者需要什么样的技能和特质才能带领公司前进。消费者的需求变化既快又广，这也是公司成长的良机。在发达国家，经济衰退迫使许多消费者只能购买低价商品。同时，新兴市场的经济成长意味着数以亿计的人手握可以改善其生活质量的资金。宝洁需要一位懂得创新和控制成本，以满足消费者多元化需要的领袖。

最后作为候选人的麦克唐纳脱颖而出，公司认为他有能力依靠自身的资源，以消费者为导向，将宝洁带上一个新台阶。2009 年 6 月，他被任命为 CEO ；2010 年 1 月，他还成为公司主席，交接工作就此完成。麦克唐纳毕业于西点军校，于 1980 年加入宝洁，他本想在辛辛那提结束自己的职业生涯，结果他多次接受外派任务，到加拿大、日本、比利时和菲律宾磨炼领导技能，他在这些国家亲自见识了宝洁的产品是如何影响当地人的生活的，有时候会向人们提供他们负担得起的健康和卫生产品，令当地人受益匪浅。后来，宝洁修订了公司的目标："在世界更多的地方，触动和改善更多人的生活。"而这一目标基本是受麦克唐纳海外工作经历的影响，他已经朝这个方向努力了。在因经济衰退调整成本结构后，他宣布了一项新计划：五年内，在中国、印度、巴西和非洲国家增加 10 亿新的消费者。有了像梅拉妮·希利和德布·亨瑞塔这样出色的人才，宝洁的愿景肯定能够实现。

总结

通过经验培养人才，发展才能和既定能力，包括四个方面：个人特质、领导技能、人际关系以及对人才和业务的判断力。宝洁通过外派任务，让德布·亨瑞塔和梅拉妮·希利短期内在这个四个方面的能力显著提高。这种实践学习方法是书本和课堂无法提供的。

- **个人特质** 希利发展了敏锐的观察力，能捕捉重要的环境变化，洞察群体中的社会化互动。亨瑞塔通晓文化差异，能够充分发挥员工的才能，她学会在了解事实之前不轻易做出决定。希利和亨瑞塔明显地表现出顶尖人才最重要的素质，渴望学习，并能将学到的知识转化为一种本能。

- **领导技能** 亨瑞塔在美国只负责一类产品，但在新加坡她负责15个国家的所有产品，这些国家的文化、消费者行为和销售途径各不相同。这种经历提升了她做决策、分配资源和建立竞争优势的认知宽度。希利在南美和墨西哥积累了相当丰富的经验，然后在宝洁的其中一个部门深化自己的知识和观察本能。她还学会如何探究重要细节和信任他人。
- **人际关系** 亨瑞塔在新加坡工作时曾遇到过一个难题，她必须同15个国家的行政、立法和监管机构建立关系，处理各种管理限制和物流障碍。现在，她是新加坡政府战略和规划委员会的重要成员。她能够处理宝洁各种业务，这一能力显著增强。希利刚进入宝洁时，她和她的团队成员跟当地政府机构人员的关系对她开拓巴西市场非常关键。后来，在前同事和导师的帮助下，她顺利过渡，能够很好地处理新文化和各种不同的业务难题。
- **判断力** 希利发现她的专长不足以应付各种业务问题时，她及时做出判断，组建了一个团队，她相信该团队的能力和专业知识能够弥补她的不足。亨瑞塔在新加坡工作期间，经常会碰到模棱两可的事，相对于她在宝洁总部的工作，外派工作中很少能得到及时、准确和完整的资料。要判断使用什么资料、资料来源是否值得信任，应该更加重视谁的观点，都是很大的挑战。与此类似的是，她还必须经常改变对消费者、竞争对手和国家趋势的判断，必须摒弃那

> 些经验法则，或者采取哪些新法则，这些同样需要良好的判断力。这种不断变化的环境对领导人才的培养大有裨益。

到目前为止，书中所讲的都是将公司的经理人才培养为领袖的事例。但这样的情况未必适用科技领域的公司，这些公司的专家通常没有太多机会去培养一般的管理技能。下一章我们将介绍一家科技公司，看其如何培养兼具技术和管理技能的新型人才。

第7章

塑造新一代总经理

安捷伦如何将技术型人才培养成商业领导人

随着世界专业化程度越来越高，我们越来越需要具备专业知识的顶尖商业领袖。特别是科技产业和依赖复杂数学工具的金融业。但有些产业的领袖所需要的专门技术和专业知识更是超乎你的想象，比如连锁医院的CEO必须对国家政策非常了解，才能跟监管部门进行良好的合作。如凯泽医疗机构（Kaiser Permanente）的CEO乔治·霍尔沃森（George Halvorson），他文采出众，能撰文对卫生保健政策提出自己的建议。再比如零售企业的CEO，公司面临迅速变化的消费者品位和不断增加的细分市场时，同样需要加强推销和物流知识。

长期以来，大多数公司都依赖于擅长管理的总经理，让他们处理业务。总经理会通过承担盈亏责任发展自己的管理技能，这种来源于实践的知识是任何管理课程都无法取代的。但在以专门技术为基础的公司，没有专业知识的管理人才，就很难出色地领导公司。他们可能不清楚哪些重要的商业问题对公司很重要，他们不能深入了解下属，因而找不到运营和竞争问题的真正原因，或者无法意识到某个具有突破性的建议。他们有时候不能在战略方向、资源分配、制定目标和雇用关键人才的问题上做出最佳决策。

如果公司被只具备专门知识的人才领导，那也会有问题：领导者几乎不清楚哪种业务能赚钱。他们会在各自的职能或技术领域升职，缺乏全面负责某个部门的机会，也就无法磨炼管理技能。从外面招聘资深管理人才又会面临我们之前描述的第一个问题，还会导致 CEO 的继任出现问题。

2005 年，比尔・苏利文（Bill Sullivan）接任安捷伦科技的 CEO 时，就面临这样两难的问题。当时，该公司有很多专业人才，但缺乏一般的管理人才。安捷伦解决这一难题的方法值得所有面临同样问题的公司学习。

建立储备人才

苏利文清楚地知道自己想干什么。1999 年，安捷伦从惠普分拆后，主要从事各种科技业务，公司的核心业务是制造科学和技术测量仪器，苏利文希望重点发展公司的主业，剔除其他业务。结合科技专长和管理智慧，他在战略和营销技能上下功夫，一心只想将安捷伦打造成“世界首屈一指的测量仪器公司”。这是一项大胆的计划，但苏利文正好具备这种领导素质，在执行这项工作时扮演着举足轻重的作用。

这项计划的关键在于苏利文所称的“同类中最佳管理团队”，该团队由技术和管理能力都堪称顶尖的领导者组成。他知道，这种情况在科技领域非常罕见，将给他强大的竞争优势。他开始重组安捷伦，先是将公司从职能型结构改成分散型结构，每个部门都要负起盈亏责任，这种组织结构可以培养出苏利文需要的领导人才，也可以让安捷伦具备各种竞争优势。尽管职能型结构在成本上有一定的优势，但面对瞬息万变的全球市场，公司需要快速做出决策，这正是职能型结构所缺乏的。在这种结构下，营销和财务方面的问题需向 CEO 报告，然后 CEO 要整合各部门的决策，在决策往返的过程中可能丧失商机，还可能出现无法挽救的危机。而且，在这种结构下，公司必须非常依赖 CEO，可 CEO 未必能够面面俱到。

从苏利文的领导观念可以看出，他是个天生的人才管理大师。这项计划的关键是让领导者全力培养领导人才。他任命安捷伦的部门经理负责塑造组织能力，并要求他们的直接下属同样负起责任。这跟完成财务目标几乎同样重要，而且能够很大程度影响负责人的薪酬。

在担任安捷伦的 CEO 之前，苏利文在惠普工作，担任公司的 COO，他结合了技术人员的严谨、生意人的精明和小型企业主事必躬亲的工作态度。其他领导高层有着跟苏利文相似的观念，而且从外面给公司带来了一些新观点。于 2010 年跳槽到 Skype 的 CFO 阿德里安·狄龙（Adrian Dillon）是个经济学家，他还曾在伊顿集团（Eaton Corp）担任过 CFO。电子测量部总裁罗恩 · 纳希安（Ron Nersesian）是名工程师，职业生涯大部分时间效力于惠普，后跳槽到一家示波器制造厂，先是负责该公司的营销工作，后成为副总裁和总经理，几年后又回到安捷伦。在安捷伦甩掉副业的过程中，苏利文、纳希安和狄龙评估了保留下来的业务，寻找在新模式下可以执行项目的领导人才，并撤掉了几位从外面聘请或从公司内部提拔的主管。

苏利文认定安捷伦内部人才资源丰富，需要公司自己去挖掘、培养、教育和指导他们。但新领导必须尽快掌握多项管理技能。传统的课堂教育无法完成上述工作，而大部分企业经理人的教育、培训课程都比较浅显。

苏利文要求由特雷莎 · 罗奇（Teresa Roche）执掌的“领导和发展小组”为安捷伦量身设计一套“企业课程”，包括为所有新领导人设计为期三天的基本课程，以及为各层次领导人设计的一系列课程。苏利文和其他高管花了很多时间参与其中，指导学员学习业务模拟练习，让他们了解和课程相关的现实问题。

安捷伦的其中两项课程非常有必要在此介绍，因为它们跟培养普通管理者的能力直接相关。其中一项课程是培养领导者的基本权衡能力，让他们解决业务需求中的矛盾冲突，比如营收增长和获利成长之间的矛盾，降低成本和服务客户之间的矛盾。世界瞬息万变，只有整合这些基本技能才能成为高效的经理人，但这些取舍能力并不是靠观看 PPT 就能掌握的。苏利文的课程是让领导者亲自参与，让他们充分实践，在大量指导下，利用真实的公司数据培养决策能力。

优秀管理者必须具备的素质

优秀管理者的其中一项特质是具备商业头脑，即全面观察和了解业务的能力。此外，他们至少必须具备以下基本条件：

- 了解公司如何在竞争中获利并把握机会。
- 全面了解公司，在速度和改善外在环境方面领先于竞争对手；为公司定位，大胆制定有利于公司未来发展的战略。
- 了解细分市场、客户及客户行为。
- 选择正确的业务目标，为风险管理做好准备。
- 发展并持续维系竞争优势，包括培养新能力，摒弃不再适用的管理方式。
- 达成短期和长期绩效目标。
- 跟各领域专家合作，从整体上深入探讨他们提出问题的方法。
- 通过改变眼前的假设性问题提出其他的解决方法。
- 将业务当成一个整体，从中生成和分配资源，平衡短期和长期目标。
- 精通财务数据，每个季度都能达成绩效。

对经理人同样重要的是充分懂得如何分析客户需求、细分市场，这其实是安捷伦的不足之处。在大多数科技公司，经理人通常会忽视客户需求，也缺乏细分市场的能力。安捷伦的培训课程通常先让外面的专家解释如何进行市场细分，经理人可以借此了解公司的市场以及如何满足市场需求。就像学习如何取舍的课程一样，学员会在指导下亲自实践。苏利文请了一家专门细分市场的咨询公司，帮助新任命的经理人细分市场。换言之，这家公司不仅授之以鱼而且授之以渔。

主教练

苏利文希望创建一个独特的领导团队，因此他需要一种新的绩效评估方式。现在安捷伦有三种评估成功领导者的方式：战略方向、财务绩效和构建组织能力。最后一项并不常见，大多数公司通常以财务绩效和战略执行情况评估绩效，而安捷伦的这种评估方式更能突出该公司重视对领导人才的培养。

为尽可能多获取资料，绩效评估会以半年的员工评价结果为依据，重点评估领导效力，比如顾客导向、决策速度、时机和决策力。“我们特别看重领导者有能力快速做出决策，能够以透明的方式完成任务，”安捷伦的人事总监琼·哈洛伦（Jean Halloran）说，“我们最近针对领导者的创新能力进行了大胆的尝试，增加了一些问题，对评估领导者的表现非常有用。”

高层领导和人力资源部每年两次评估各部门主管的表现，其中一次是深入评估领导者的绩效，这种评估是薪酬和奖金的基础。但是，各部门负责人会亲自评估旗下经理人的表现。“各部门负责人将承担构建组织能力和培养领导人的责任。”罗奇说。他们会利用人力资源部设计的评估指标为整个公司服务，而且，他们还会根据各部门的特殊情况自行增加指标和评估工具。

但苏利文建立了一套以他自己为中心的平行社会化系统，经常在正常的评估程序以外进行评估。“他喜欢我们给他提供工具，并让有想法的领导者来改变他的思维方式，”罗奇说，“但跟其他公司的 CEO 不同，他们仅依靠正常的人才评估系统，而苏利文喜欢将人才评估融入日常对话中。”他强调对业务的检查，会聆听他人的建议，提出自己的问题，深思熟虑后再做出判断。“你必须实地考察员工，”他说，“所以我经常外出观察他们，看员工如何跟客户和同事打交道。考察分部、跟下属交流可以学到很多东西。因此，这样的对话是一种持续过程。”实际上，苏利文就像安捷伦的主教练。他为员工树立了楷模，希望员工跟他一样严谨、锲而不舍地工作，他将自己的经验传授给了下属。

苏利文的社会化系统反映了他事必躬亲的工作作风，而且他觉得正式的评估程序有时候并不一定奏效。他说，这种正式程序往往不能深层次地评估绩效。“当事人无法处理模棱两可的问题，比如如何建立团队，也不知道这种绩效是否真能反映结果，”他说，“这么做很容易形成思维定式，如果某人几年来绩效一直不错，但你真的觉得这个人有本事带领组织更进一步吗？”虽然他并没有说出来，但苏利文其实是在培养一种亲近感。在评估程序以外鼓励员工同样重要。苏利文说：“让人吃惊的是，即使身为高层，有时候也很难制定明确的战略目标和内容。只要让我发现哪个组织不明白自己在做什么，我就会跟他们讨论这个问题。他们有时候会害怕，试图猜测正确的答案。有些答案他们并不知道，因为问题很复杂。有时候（多数情况下）他们只是需要一点点鼓励，‘你要解决最重要的三个问题，我们一起努力吧，不要担心，这个问题留待下次见面时再讨论’。”

“你必须创造环境让员工畅所欲言，在他们谈论主管的优缺点时无所顾虑。我坚信你必须承担一定的个人风险，必须满怀热情地鼓励员工。”不管是在谈论战略、评估计划，还是员工在评估财务绩效的时候，他非常在意组织能力的发展问题，往往会问到这些：你们正在培养哪几个领导，以哪种方式在培养？培养了什么新技能，哪些技能已经变得无足轻重？谁又会升职，会派哪些人去参加领导力课程？他会整合所有问题，其他领导人也会效仿他的做法。这种创建未来管理领导文化的方式虽然进展缓慢，但十分有效。

在董事会上，苏利文会评估他的每位直接下属，重点是告诉他们如何创建组织能力，如何制定战略目标。“我们会告诉董事会，主管的 2/3 薪酬来自绩效表现，另外 1/3 则根据他们培养未来领导人才、构建组织能力的表现来定。”（安捷伦每隔半年评估绩效、给出薪酬，因为苏利文说：“我总觉得如果你只设定年度目标，中间有可能会出问题。”）

但他总会将绩效放在大环境中予以评估。比如，经济危机发生的时候，他也适时地给董事会上了一课。“董事会或者任何人最容易判断的就是财务绩效，”他说，“今年，所有人都没能达成财务目标对吧？我进去发表了自己的看法，‘听着，我们的绩效目标跟预期相差 10 亿美元’。我们没能完成绩效目标，但我们还是做了不少事：我们改造了公司的组织，找了三位高潜力的资深副总裁管理三个部门。我指出了纳希安在构建组织能力方面所做的决策，他必须做出一些非常艰难的决定，将自己的部门并入更大的部门，这意味着有许多人因此获利，也有许多人因此损失巨大。但他处理得相当好。”

“在此过程中，大家更能坦诚地对话，董事会对领导者所取得的成绩也会更加了解，他们对此非常支持。”

为人才创造机会

罗恩・纳希安是安捷伦最大的部门电子测量部的总裁，他同样非常热衷于培养领导人。“培养其他领导人是公司最重要的工作，”他说，“我们的产品将来可能会被淘汰，一款产品在三年前可能售价 10 万美元，而现在连 2 万美元都卖不掉。即使考虑经验曲线（experience curve），产品的毛利润也从 8 万美元差点跌到 0，这种变化令人咋舌。”

“产品会被淘汰，唯一剩下的就是制度学习和员工在此过程中磨炼出来的技能和能力了。”

纳希安补充道，“培养人才的机会往往在于确保他们有发展机会。如果没有发展机会，那培养人才只能成为一句空话。那只能等着你的产品贬值，然后人才不断流失，公司也将倒闭。因此，我们必须孜孜不倦地为人才提供发展机会。我经常在组织中进行非正式地探索，跟员工聊天，看公司能为他们提供什么机会。”

领导高层亲自跟比他们低两级的主管接触，观察他们是否对现有职位不满，许多公司通常都不会这么做。当时尼尔斯 · 法什（Niels Faché）对工作感到越来越不满，正好被纳希安看在眼里。身为工程师的法什是比利时人，对学术研究有浓厚的兴趣。“但我很想创业，”他说，“我喜欢做那些具有挑战性和冒险的事。”在博士后研究工作期间，他于 1990 年加入加州圣罗莎的惠普分部。他当时发现某电路模拟程序有商机，而相关技术正是他和其他人在比利时根特大学研究的课题。1991 年，返回比利时后，他找来了根特大学的研究者和博士生，组建了一个叫 Alphabit 的公司，后来该公司从根特大学分拆，跟惠普签订了协议。公司的第一个产品于 1994 年推出，成为行业领先者，惠普决定收购该公司并聘请他，法什欣然接受。“我可以不单单只做研发工作，还可以让我的团队更多地负责产品，跟客户建立更加亲密的关系。”他说。

后来，法什担任多个部门的产品规划和营销经理，负责软件产品的设计。起初他很喜欢这种工作，“我设计了一个新路线图，非常有意思。”他说。但是等到工作进入例行的维护模式时，就变得索然无味了。“只需生产更多的产品就行了，我的工作热情也消失殆尽。”

2003 年，也就是安捷伦从惠普测量部分拆出来的第四年，法什开始考虑自己创业。他告诉人事部经理，而人事部经理则将他的想法告诉了时任设计验证部副总裁的纳希安，于是他决定密切接触法什，当时法什比他低两个级别。“我发现他具有企业家精神，喜欢创业，希望快出成绩，他并不适合做长期规划的工作。

“于是我给他安排了一个新工作，让他为公司寻找合并、收购机会，直接向我报告。让他做这个工作，我就有机会考察、培养他，也更加清楚他的优点。”

纳希安的行为就像体育项目中的主教练培养颇具潜力的选手。他甚至陪法什远赴韩国，考察当地有潜力的合作伙伴。在此过程中，他发现他的这名手下在制定高层次的战略目标时需要指导。法什跟合作者谈判时，太注重产品的技术细节是否匹配。“他的谈判技巧不怎么样，不知道如何争取合作伙伴，”纳希安说，“因此我也参与了谈判，给他树立榜样，我对他们说，‘我们先从合作开始谈吧’。”

法什说：“我从纳希安那里学到最重要的一课是抓住重点，将复杂的情况简化为关键参数。而像我们这样的工程师处理问题时，习惯深刻分析问题，害怕承担风险，所以决策过程非常缓慢，但我们还就是喜欢这种风格。纳希安能够很快抓住问题的本质：看出机会在什么地方，我们怎么做才能让机会具有吸引力？”

那次韩国之行，他们跟那家公司的CEO和几位高管见了面，法什看着纳希安描绘了双赢的愿景，谈到了诸如价值观念的问题，安捷伦跟其他公司的合作方式以及两个公司的互补能力。“这样，技术细节等问题变得不那么重要了，”纳希安说，“如果出现问题，我们会说，‘嘿，我们知道我们正在一起努力解决这个问题’，所以我们应该以各取所需为出发点。”

当时他所学到的教训仍在法什的脑海里历历在目：“那是我

最好的工作经历之一。我们必须跟那家公司达成协议，而不是纠结于细节问题，在两小时的会议时间里我们就达成了合作备忘录，而细节问题则留到以后处理。尽管这样的工作需要我们夜以继日地去完成，但我们因为有了高层次的合作基础，最后顺利地解决了问题。这段经历非常刺激，也很有成就感，之前我们从来没有那么快跟别家公司达成合作协议。”

仅仅六个月后，纳希安认为法什已经准备好担负更大的责任了，遂任命他为移动宽带部主管，法什的技术专长正好在这个工作中派上用场。法什认为纳希安更信任他了。虽然经过多年的磨炼，法什在各部门积累了一定的管理经验，但这次调动让他突然从一名普通管理人员晋升为公司内部问题最大的部门经理。“之前我最多管理 60 个人，而这个部门有 400 个人，年营业额近 3 亿美元，情况非常糟糕。该部门有自己的文化，跟公司文化格格不入，而且跟 CEO、销售团队及我们其中任何一个合作伙伴的关系都不是很好。员工对自己的处境很是不安。”

法什对自己的处境也相当紧张，怀疑纳希安是不是做出了错误的决定。“在这种情况下，驱动变革显然非常困难，”他说，“这个工作可能让我毫无斗志，觉得孤立无援。连自己也会一度质疑、否定自己。第一个月后，我宣布了新部门的战略目标，将重点放在研发工作而不是生产上。但并非我所有的直接下属都对这样的决定感到安心，他们担心我对业务不够了解——这其实是安捷伦的文化问题，他们认为你至少必须有 20 年的业务经验才知道如何做决策。”

但纳希安感觉如果能帮助法什很好的判断人才，他就有动力和精力完成任务。于是纳希安对他用心指导，比如，在调动或撤换部门主管之前，他会征询纳希安的建议。“我知道他非常善于判断领导人才，在做决定之前我会先跟他谈谈，”法什说，“他总会在精神上支持我。但他希望我能够自己做决定，虽然他总会帮我，但做决定的仍然是我。”他还得到了安捷伦人力资源部员工的帮助。“我需要了解某些事情的第三方人员，或是在我规划改革管理方案时，总会需要有人帮我。”

在纳希安的指导下，法什在工作中取得了很大的进步，对领导力也有了新的理解。“我工作起来非常有动力，有进取心，我个人的综合素质也影响了我对决策的制定水平。同时，我学会了依靠人才，懂得授权给下属的重要性。纳希安会以具体的建议和意见指导我，同时让我自行做决策。”

法什说，除了纳希安的指导，他还阅读了史蒂芬·柯维（Stephen Covey）的《信任的速度》（*The Speed of Trust*），这让他获益良多。“我意识到建立一个高度信任的组织需要悉心了解、聆听反馈、不断反省。在变革管理期间，你肯定没有足够的时间尽善尽美地调整组织结构，因为需要一定时间才能知道变革是否发生。”

移动宽频业务经历了重大变革，但改革仍在进行中。安捷伦将该部门和电子测量部的两个部门合并，现在由法什担任电子测量部外部业务发展部总经理。纳希安颇为自豪地说：“现在法什能够管理大生意，他通过了测试，能够独立承担自负盈亏的责任。

他已经晋升为公司的副总裁，成为公司的高管，他的工作干得太出色了。”

人才管理专家

CFO 阿德里安 · 狄龙跳槽到 Skype 前，在安捷伦工作了八年半，为该公司的变革做出过重大贡献。狄龙跟别的 CFO 不同，他还是一位人才管理专家，利用自己可掌握公司资讯流通的优势，帮公司培养、安排人才。(也许所有公司的 CFO 都应该这么做。)

跟纳希安一样，狄龙也重视公司的人才，希望他们不被人忽视，而造成人才流失。并且他很重视在正式的评估过程中利用绩效矩阵（横轴显示绩效，纵轴显示价值观）。他表示，主管重点关注矩阵右上角的员工是很自然的事，但如果忽视其他的员工，就有可能造成人才浪费。比如，在许多组织中，可能会有某位员工长时间“卡在”矩阵左下方，这意味着该员工表现“中规中矩”，他几乎无望升职。这种情况可能在大多数公司都是如此。但在安捷伦，可能会有主管偶尔注意到，或听人称赞这名员工具有某方面的潜力。

然后狄龙说：“我们就会谈论这个人，有人会问，‘他有什么问题？他需要什么？’可能会有人回答，‘他其实很不错，但在领导力方面表现不佳，也不是没机会’。这样的话，我们要给他指导吗？也许他应该从其他同事那里吸取教训，仔细思考跟上司的沟通方式。我曾见过一些人从矩阵的左下方跃升到右上方。”

狄龙回想起了一个他特别满意的案例。在他进入安捷伦前，一位会计师“中规中矩”了多年。“他这人不爱说话，负责全球基础项目发展的财务会计和控管工作。”随着安捷伦从多元化的技术公司转型为重点发展测量业务的公司，他们开始精减人员，改组管理层。“我们需要有人负责一项新工作，全面负责投资和节约成本，调整工作进度，确保帮助我们成功地将成本降下来。我们说，‘我们给他找个机会，因为他的控管工作做得非常出色，我们认为他有这个潜力。我们想看看他是否能够应付自如，做好这份备受瞩目的工作’。结果他做得棒极了。他跟职能部门的领导合作得非常顺利，持续跟进节约目标和成本问题，每个月向管理委员会报告工作进度。最后，他的信心显著增强，其他人也对他刮目相看。”

该员工取得了惊人的进步，这让狄龙决定在他身上下更大的赌注：让他负责投资关系部。“在两年半的时间里，他从门外汉变成了精通该业务的专家，在安捷伦的高层领导面对投资人时，他绝对能当好公司的代表，将我们的战略和业绩清楚地解释给客户听。不仅如此，他还能收集客户的反馈意见和评论，并将这些意见反馈给我和比尔，这正是优秀人才的表现。他会跟我们说，‘这是他们的想法，而这个则是他们担心的问题，这是他们想要的结果，这样他们才会对我们的运作模式更有信心，并觉得我们的战略切实可行’。只有最优秀的投资关系负责人才能做到这点，他们不能只做公司的传声筒。”

“现在他已经成为公司的高级管理人员，我们又升了他的职。我们最近收购了瓦里安公司（Varian，Inc.），因为我们的生物分析业务从 45% 上升到近 60%，我刚任命他为该部门的 CFO。”

“五六年前，他仅是一位中层财务经理，但是现在，他已经成为安捷伦三大部门的 CFO，而他负责的这个部门是公司业务成长最快的，我们对他满怀希望。”

构建组织能力

狄龙于 2001 年高科技泡沫破灭时进入安捷伦的，首要任务便是收拾公司留下的烂摊子。不过，他一方面大力削减成本，一方面进行结构重组，还为未来打下了坚实的基础：他组建了财务重组办公室，其职责在于培养人才。狄龙说，“我想建立一个较正式的校园招聘计划，确保为公司补充足够多的新鲜血液，到时候公司就不会停滞不前了。即使在深重衰退期，我们还是坚持着，最后渡过了难关。虽然还有少许阻力，但公司的价值观已经得到了证实。”

他设立了一个名为“ CFO 俱乐部”的荣誉小组，用来指导员工，为他们树立良好的榜样。每年，财务部的领导人会从该组织中选择具有最佳领导品质的 12 个人，为其他人树立榜样。“所有人都有资格，包括刚从大学出来的毕业生和部门 CFO。选出并表彰榜样后，其他人看到所有人都有升职和发展的机会，员工们就会说，‘哦，原来公司想要这样的人才’，然后大家会以他们为榜样。他们发现有人敢于挑战现状；有人非常关心下属，能够更坦诚、顺利地沟通；有人能从战略上思考问题；有人愿意承担风险。

你可以从书上看到这些品质，但亲眼看到这些人的领导特质时，就知道公司想要什么样的人才了。”

接下来，狄龙开始施行领导力组织评估，重点关注高潜力领导人才——也就是那些极有可能成为最高领导人的员工。

这项评估主要使用一项典型的九格矩阵，其中一个轴代表绩效，另一个轴代表潜力。“绩效标准包括：①表现稳定；②表现出色；③重新定义工作。潜力标准包括：①中规中矩；②可以升职，意味着至少可以升一级，如没有职位空缺，可在同一部门承担更大的责任；③高潜力，即表示至少可以升两级。我们会用到组织结构图，会对每个人展开讨论，比如他们在这个岗位上干了多久？绩效如何？有何潜力？他们有什么职业规划？”

狄龙和他 14 个左右的直接下属每年 8 月进行评估，讨论每个部门的员工。小组成员会评估每位领导的直接下属以及他们手下的员工，这些领导人回去后也会进一步对自己的下属进行评估。

这种矩阵是一种典型的评估工具，如果评估者对员工不是十分了解，这种工具也许并不能派上用场。狄龙举例说：“有些人被评价为‘表现稳定’，因为是他们自己选择的。他们安于现状，生活稳定，暂时并不想调动工作。有些人则可能非常有潜力，立志成为 CFO，但现在欠缺经验。我们会明确讨论该员工有哪些经验，还需要什么经验才能让他在安捷伦或别的公司事业有成。”

公司也希望领导人选定自己的继任人。“在每月的员工会议上，我们会问他们是否知道他们部门有这样的人才，是否有人能够接替他们的工作？这种方法其实是在鼓励跨部门人才交流，我觉得非常有必要。”

一个月后，他们在狄龙的员工会议上再度见面，大多数时间都在评估矩阵。大家一般都是讨论右上角方框，那里记录的都是具有高潜力、业绩出色的员工。但他们也会用心在其他的方格中寻找业绩表现平平，但很有潜力、有可能升职的人，那些人可能刚入职不久。“我们也会谈论他们，”狄龙说，“他们什么地方做得很好，什么地方差强人意？如果他们只想安于现状，我们该怎么办？我们还会进一步了解员工想要什么，他们是否想调职，想调到什么地方去。通过这样的评估，我们会对他们更进一步了解，最后往往会有奇迹出现。”

在社会化过程中会有奇迹出现，领导者也开阔了眼界，发现有可能在部门之间进行人才交流。以前，安捷伦也跟大部分公司一样，不愿意进行跨部门人才交流。“他们喜欢偏安一隅，防卫意识很强。”他说。但随着人们对这个概念越来越熟悉，他们也开始看到好的一面。领导者逐渐意识到，这种方法可以给他们部门输入新鲜血液，或者可以调走一些不适合原来的部门，但适合其他工作的人。“很显然，整个公司各部门都会进行人才交流，”狄龙调侃道，“现在有些部门主管一心只想挖其他部门的墙角，将他们最出色的人才招致麾下，让自己的部门有机会创造新鲜血液。”那些被轮岗的员工也对这种做法表示欢迎，发现这是积累经验的新途径。“调职不一定意味着升职，也可能是平级调动。而且，相对于在原来的部门等上司退休后调走，到其他部门工作可能升职更快。所以他们一般都很喜欢这种做法。”

为了让奇迹继续发生，狄龙将促进人才交流当成构建组织能力的一项指标。“我们定了一个目标，在未来12个月内，让50%的我们认定有高潜力、并做好准备的人轮岗。我们每个季度都会检查进展情况。最后，我们每年会两次比较、更新这份名单。”

“最后，我想建立一个大型人才库，而不是网罗世界各地的专家。那些人也许表现得不如现任者出色，但他们有能力做得很好。”

变革推动者

幸亏得到他在伊顿集团的导师、前上司的点拨，狄龙在19年前恍然大悟，从此改变了他的管理风格，也改变了他的人生。“我的职业生涯可以分为两个阶段，”他说，“我开始是一名经济学分析师和预测专家，我在这两项领域做得风生水起，我因预测准确而在全国声名鹊起。经济分析师和预测专家的特质之一是必须具备信念，因为没人能够准确地预测未来，不能人云亦云，即使你错了，如果你洞察力够强，就会很早发现错误的原因。你仍然能够赢得人们的信任，因为你给他们提供了其他的见解。我的意思是说，在别人眼中你成了一个愿意冒险，并及时纠正错误的人，我会说，‘我们不这么做或这么做都是有原因的’，因为我既有数据论据，也有理论或假设做依据。”

“所以，我好像成为了组织中专门推动变革的人，每次只要有人感觉到出了问题，但不想将问题摆到台面上的时候就会找我。通过这些事情，我跟各部门和其他员工都建立了良好的关系，事业蒸蒸日上。先是从事战略规划、资金、养老金和资本结构管理工作，最后当上了规划和发展副总裁。你也可以说我是整个公司最聪明的人。”

“刚加入规划和发展部时，我们要评估一项收购计划，我召开员工大会。会议正要开始的时候，我的上司走进来说，‘不要管我，我就坐在后面旁听’。我随即宣布会议开始，要求与会者做陈述，会议进展得非常顺利。最后我说，‘好了，这是我们接下来要做的事。吉姆，你来负责这个；休，你做这个；雪莉，你去调查这事。吉姆，你得确保这事没什么风险，去跟律师谈谈，我们下周同一时间再开会研究。好了，非常感谢各位’。会议就这样结束了。”

“我对自己的表现感到很满意。每个人都很清楚自己要做什么，知道自己的任务是什么，会议甚至都没有拖延时间。大家都走了，我也正打算离开，我的上司——也是我的导师，当时他还是公司的 CFO——并没有走，他抓住我的手拉到一旁说，‘等等，我想跟你谈谈’。他关上门继续说，‘狄龙，你这么做有很大的问题’。我当时有点懵，‘什么问题’我想。我刚才的会议不是主持得挺好的嘛，刚才我显然表现得很好，你说有很大的问题，什么意思？”

“他对我说，‘这个会的确开得很成功，但你的问题是你觉得自己是这个房间里最聪明的人。其实不是这样的。如果你想接替我的工作，或做我这样类似的工作，你不能一个人把所有的事情都扛下来。即使你能够做到，你也要限制自己的工作范围，你将来的职业生涯也会如此。现在，你要做的不是证明你是这个房间里最聪明的人，而是应该将自己知道的事教给他们，不只是简单地吩咐他们去做。你必须通过行动指导他们，还应该注意你问问题的方法，更多地以苏格拉底式的方法教他们思考。让他们自己去想该如何做，让他们学习你的工作方式，等将来你不在这个职位上了，他们还可以继续做出成绩’。”

“即使在今天谈起这事，我仍然感到很震撼，因为我当时就知道他说得对，我豁然开朗。但讽刺的是，因为我曾做过经济分析师和预测专家，我向来擅长在一群人面前清楚地阐述我的观点。但是，这种转变对我来说一点儿也不难，因为我只需拿出我的学者模式，或者说是苏格拉底模式，就能清楚地解释我的观点，他们也会真正理解。后来，我以教练的方式跟员工交流，而不是指挥、控制他们。”

“这是一个人职业生涯中意义重大的时刻之一，你得做出关键决定：你是想靠自己的天赋为公司做出贡献，想做团队中最聪明的人；还是将自己的能力通过其他人最大限度地发挥出来，扩大自己的影响力，同时自己可以腾出手来做出更大的成就？我的管理风格也就是在那天改变的。”

通过考验

苏利文的大胆创新取得了怎样的效果？他指出，安捷伦在2009年的经济危机中迅速通过考验。“我们认为公司将面临新的常态（new normal）。公司的规模将变小，我们只需立即调整公司基础设施的大小。该做什么，不该做什么，都非常清楚，而且制定了战略目标。正因为阿德里安·狄龙当初建立的组织，他们能够很快执行这一战略。”（狄龙跳槽到 Skype 后，公司很快找到了继任者，能够立即接替他的工作。）

纳希安的电子测量部也在危机中应付自如。“这是公司面对逆境最好的实例，”苏利文说，“纳希安领导的组织员工高达 1 万人，如果你能跟上我们的领导模式，就能快速做出反应。”他说，“相比之下，在 2001 年的经济危机中，我们反应迟钝。‘反应迟钝时，想做出周全的反应肯定只是奢望’。”同时，该公司的高层领导并非只注重财务目标和员工人数，而是更多地把精力放在机会的把握上。“纳希安给我讲了两点，”苏利文说，“首先，我们规模达 45 亿美元的市场下降了 20%，但这个市场仍然不小。那么市场细分情况如何，盈利从何而来？经济衰退的时候人们的钱又会花往何处？所以，我们请了巴特农咨询公司（Parthenon）来帮我们分析顾客流向问题。其次，既然面对这样的处境，我们就不会在财务目标上指责员工，而是讨论客户的流向、竞争对手的情况、该投资什么以及为什么要这么做？”

“正是因为这个原因，我们在讨论公司的方向问题时能够有的放矢，员工也不会害怕。而且，我们还会听取他们的意见，帮他们将资源分配到未来商机最好的领域。我和狄龙一有空就会到各部门去，跟员工商量工作情况。我们还谈到某些团队该如何集中投资。”

“因为我们反应迅速，公司才能把握生物分析和生命科学投资的商机。这项业务自 20 世纪 80 年代以来第一次下降了 10%，但我们并没有减少对该业务的投资，因为这是将来最大的成长机会。我坚信，我们走出经济衰退后，公司将变得更强。”

总结

如果技术型公司能同时培养掌握技术和全盘考虑业务的管理人才，它们将创造价值，建立自己的竞争优势。但只有少数公司拥有这样的制度和方法，有正式的人才培养和薪酬评估制度的公司就更少了，这是培养领导人才的必要途径。

特别是在新兴市场，如印度、中国、巴西和印度尼西亚，这些国家人口众多，但一些专业人才并未被充分利用，特别是在咨询领域。他们渴望成为业务主管、跨国公司在本国的负责人或公司的CEO，但因为缺少像安捷伦这样的社会化系统，他们的职业发展遭遇瓶颈。公司如果能够在这些人才上下功夫，将为公司的未来打下坚实的基础。我们从狄龙和纳希安的例子中可以看出，每位领导人都有责任挖掘人才，做到人尽其才，这不仅可以培养员工的既定能力，也能让组织更加团结。

虽然我们在下一章还将讨论技术型公司，但情况完全不同。诺华公司发现了一种将技术专家培养成高潜力领导人的新方法，这种独特的方法能够帮助员工发现自己的抱负，提高他们的工作效率，利用内在潜能达成目标。诺华公司强调自我意识的这种做法虽然不按常理出牌，但千万不可小觑。该公司培养了一批非常出色的领导人，他们帮公司战胜了实力更强的竞争对手。

第8章

从内部发掘领导者

诺华如何通过自我认知培养领导力

你对自己的内在核心——你的信仰、价值理念、潜藏情感和现实感受究竟了解几分？你是否清楚什么情形能引起你极大的反应？让你焦躁的是什么，让你平静的又是什么？

你是否经常对自己产生诸如以下的疑问：

- 我怎么会白白错过机会，它曾经那么明显而实在地停留在我眼皮底下。
- 我本应该听从内心的直觉，不做这单交易，我就知道后面会有问题。
- 我发现克里斯的表现越来越差，我为什么没有早点把他换掉？
- 为什么我不能给予诚实的反馈，我在害怕什么？
- 当初接手时，我为什么没有将那个鸡肋的业务部门解除？

我是否看错了那个部门经理，以为他能扭转局势，还是我过于在乎前任领导的想法？

你的前进动力、心理喜好、对目标的渴望以及你实现目标时所依赖的价值观都是你内在核心中潜藏情感的组成部分，它们决定了你将如何分析判断、做出决定和付诸行动。他们影响着与你产生联系的人们，例如你的下属、同辈及家人，并左右着你对这些人的看法。你的内在核心决定你将如何洞察世事、分辨轻重，如何辨析思考、行动作为，甚至你做出的判断决定和人际关系的好坏。它决定了你会怎样构思事件、获取信息以及向谁获取信息。而往往这些影响都不为你所察觉。

正确认识和对待自我内在核心是发展和培养领导力的关键。你对自我内在核心认识得越清楚，你的领导力就越强，你将能够抓住当下工作与个人抱负的契合点，将你的价值观融合到工作中，施展你的精力与激情，并且克服潜意识里有害于判断力与行动力的偏见和恐惧。

领导者意气用事，为了纯粹争强好胜而失去理智的例子不胜枚举。苏格兰皇家银行的弗雷德・古德温爵士（Sir Fred Goodwin）堪称典型一例。他在荷兰银行收购案中，一意孤行压过巴克莱银行的报价，最终英国政府不得不接手满目疮痍的苏格兰皇家银行。相反，巴克莱银行首席执行官约翰・瓦利（John Varley）的抽身而出却使得巴克莱在同类银行中的排名达到前所未有的高度。内在核心的另一个极端是内心困惑和自我怀疑，尤其当你面临危机而束手无策之时。你羡慕地看着那些解决了别人眼中无法解决的难题的人，他们是如何做到的？原因的一部分在于，他们会借助强大的内心力量和勇气，重新理清情况并挑选盟友，从而最终改变局面，使问题得以解决。

以陶氏化学 CEO 安德鲁 · 利伟诚（Andrew Liveris）为例。当年陶氏收购罗门哈斯时，利伟诚面临着棘手的难题。2009 年春天，金融危机在全球蔓延，同时科威特政府放弃了与陶氏化学 174 亿美元的合资计划，而这一计划原本可以为陶氏化学带来 90 亿美元帮助其收购罗门哈斯。在双重打击下，陶氏化学股价猛跌 75%。虽然收购计划有可能损坏整个陶氏化学的财务健康，但利伟诚必须完成。

这样的困难着实考验着一个人的内心。巨大的压力不仅关乎利伟诚个人，更关乎整个陶氏化学。然而，凭着深厚的自我认知和自信，利伟诚相信自己可以扭转局势。他的毅力、自信和金融方面的创造性使周围的人确信他一定会带领公司走出困境。他首先积极地向有过类似遭遇的 CEO 们征询建议；然后，他说服持有罗门哈斯部分股份的沃伦 · 巴菲特（Warren Buffett）及其家族为陶氏化学注资。为此，他允诺了新的发展计划，包括出售陶氏化学旗下与核心业务非相关产业。利伟诚凭借自己的自信和智慧，赢得了董事会、投资者、借贷方和评级机构的一致支持。到 2010 年 5 月，陶氏化学股价大幅反弹，几乎回到初期高点。同时，利伟诚已经雄心勃勃地制订出未来三年的计划。

那么，这种内心力量究竟是与生俱来，还是可以后天培养？

对此，我们不妨借鉴一下诺华公司不同寻常而又非常成功的人才培养方式。诺华是一家全球性医疗公司，产业包括制药、疫苗开发及其他健康相关产品。

帮助领导者揭开内在核心

与书中的其他领袖一样，诺华公司主席及前任CEO丹尼尔·魏思乐博士（Dr. Daniel Vasella）相当重视管理人才的挑选和培养。他列出了三条管理者必须具备的素养：专业技能和社交能力、远大抱负、正直诚恳。但与其他领袖不同，他将“自我意识”纳入了培养管理人才的目标之一。魏思乐是一名接受过正规教育的医学博士，对心理学甚感兴趣，他坚信一个人的能力与性格受其内在核心的驱使。他将“内在核心”定义为优点与弱点、认知能力与社交本领、内在价值观与个人风格的统一结合，最后一项尤为重要。魏思乐认为，一个管理者的自我意识越清晰越深刻，其内在核心就会变得越强大和值得信赖。重视管理者的自我意识，帮助他们认知其所不知可谓诺华管理经验的独到之处。

当然，许多公司在甄选高层人选或是考虑升迁抉择时，都会使用心理评估的方法。大多数的猎头公司在物色管理人才时都会对候选人进行心理测评；咨询公司在培训专业人才时也会有类似的做法。然而这些评估往往和职位的特殊性与工作内容并无联系，被评估者对测试的有效性也会心存疑虑。事实上，这样的心理评估只不过是向管理者未来的上司和公司HR部门做个交代罢了。

诺华的心理评估方法要成熟许多。诺华公司通过精心设计，帮助管理者们发现自我，使他们日常工作中的行为和决策能够与其内心最深处的价值观和目标相符合。这套方法帮助他们看透自己的内心，认识到自己未曾意识到的想法。在自我意识认知的培训过程中，诺华积极促动即将就任的管理领导人与公司高层密切互动，这对人才培养和工作的交接都有帮助。诺华完善的培训体系效果十分显著：以往公司 80% 的高层聘请于公司外部，现在 70% 的管理者来自公司内部选拔。

更强烈的自我意识使诺华的管理者在通力协作、承担可控范围内风险的过程中，不再受潜意识里恐惧的干扰，从而更好地执行企业战略，研发生产力也得到提高。在医药产业里，一项药品从最初设计到最终大卖可能得花上 10 年，且概率极微。医药企业想尽办法提速产品的研制进度，这其中主要得看研发部门的效率。相对于提升研发部门的决策质量，诺华更注重优化不同领域内科学家的合作。

魏思乐从科研机构聘请顶级科学家马克 · 费舍曼博士（Dr. Mark Fishman）重组诺华的研发部门，使得部门内能更好地合作并制定出更佳的决策。费舍曼首先确立了科学家在诺华内科研部门（全称诺华生物医药研发机构）的管理者性质。他表示，“在诺华，一个研发部门的管理者首先必须具备科研方面的专业知识，这样他们才能正确地提出问题，然后帮助科学家们在研发的环境中成为管理者。许多科研机构出身的科学家们一直都在团队和机构的氛围下工作，即使有时他们自己都没意识到这一点，所以他们往往从一开始就具备了合作的直觉”。

“但同时，科学家作为管理者必须清楚每个人所能做出的贡献，并将这些贡献在正确的环境下融合，他们必须能够忍受贡献突出却不服从管理的成员。对科研工作而言，透明度和诚信非常重要，每个成员都应当能够确信科研数据没有被弯曲，每个成员都要能够觉得自己受到重视并能够做出贡献。”

自我意识与管理效力

自我意识具有多种形式，任何一种都能够加强领导者的管理效力。一旦认清个人心理喜好以及优势和弱点，管理者便能看清他需要什么样的支持。比如说，魏思乐很早之前就意识到自己在行事步骤上有所欠缺。然而，有些工作步骤对于一个成功的 CEO 是不可避免的，例如预算和继任计划等。魏思乐清楚地认识到他需要一个能在这些方面和自己互补的人。

大多数公司在帮助管理人才认清个人优劣势，特别是建立团队和战略性思维的胜任程度之后便止步不前，诺华却能够进一步地帮助领导人才认清自我潜意识。随着管理职责的扩大，这一点将会变得尤为重要。届时，领导者所面临的抉择更加复杂，他们往往会跟随自己的直觉。而直觉往往来源于个人的潜意识和过往经历，那些曾经帮助个人顺利升迁的激进行为可能会成为一种不利面。对于高层来说，缜密的逻辑和果敢的直觉缺一不可。这些事实都说明了同一个道理：一项决定的涉及面越广、涉及的变数越多，决策者就越需要认清自我潜意识以及那些对其情感、判断和直觉产生影响的偏见。

高层领导人同时也应当认识到自己的话语对他人的影响，从而知道何时缄默。换言之，他们必须意识到自己的行为会产生怎样的连带效应，应从多角度看待问题。人类终究都有自己的盲点，通过培养自我意识和大局观，领导者便能够更好地理解他人。一个缺乏自我意识和内心平衡的管理者将无法胜任评价、激励和鼓舞个人及团队的这项使命。

在西方组织文化中，商业领袖通常被认为应当控制住个人情感，至少做到不外露。很多人将之理解为压抑或者忽略自我情绪。魏思乐建议，“当你感觉到不耐烦或被冒犯时，你要问自己‘我为什么会这么觉得？什么使我变得不耐烦或者生气？’将自我的情绪反应用作诊断工具是非常重要的”。

魏思乐描述了他自己是如何在日常工作中关注自我情绪、弄清背后缘由的：“在任何的讨论、见面和采访中，我们都会有自己的感觉和情绪，这些情绪可能与我们自己的过去有关，或者他们可能与我们身边的人正在经历的事情有关。我在会上不耐烦可能是由于不同的原因。也许是因为人们并没有对我讲出心里话，他们只是在其位而诉其职；又或者会上出现了一个很难缠的人，一直不停地讲完一件小事又来另一件，或者尽讲些又肤浅又啰唆的话；也有可能出现了麻烦的情况或者是我还没说明白自己的情况。”

如果我们能及时认清自己的感觉并能了解引发情绪的原因，我们便能更好地与他人沟通。一旦你感到自己挖掘出了情绪的根源所在，你便会觉得自己的心理能量和个人能力向前踏了一大步。

深入了解自我的技巧

魏思乐担任诺华 CEO 有 14 年。从最初 1996 年汽巴基嘉制药集团与山德士集团的并购伊始，魏思乐不断完善领导培养机制。他越来越注重帮助核心高层在深化专业知识的同时，增强自我了解。21 世纪初，诺华在全公司范围内建立了年度管理人才考评体系，形成了一套全新的人才评价标准。该体系与其他在人才管理方面效果卓著的企业类似，例如通用电气、联合利华、宝洁和阿基兰特。但除此之外，诺华还制订了高层及中层领导的自我检查和自我发展计划。这项计划的超群之处在于帮助个人发现深藏于潜意识中的内在自我。

这些计划中最密集的培训内容是，甄选出来的尚处于职业生涯早期、具有极高领导潜质的员工将接受连续三天、强度超大的训练。这项计划从 2002 年启动至今，已有超过 150 名来自诺华全球不同分部的员工分批次接受过此项培训。诺华的部门或分部负责人每次挑选出 6 ~ 8 名管理人员，与公司人事专员或者行为心理学专家一同前往某地接受专业培训。同时，诺华全球人事总监于尔根·布诺卡茨基 – 盖格（Juergen Brokatzky-Geiger）或是分部的人事总监也会到场。参加培训的人员通常都是同事或者某些时候会进行合作的人，所以适当的联系和对话能帮助他们建立起更加开放、公正与团结的文化氛围。

在培训项目的预备阶段，专家首先会对受训人员进行评估，将其与诺华的其他管理者以及公司外部的管理人才进行比较。根据所得到的反馈，受训人员会在指导小组的帮助下粗略制订自我培训计划。他们每个人都会选择一项领导工作中的挑战任务——他们自己或所在部门正面临的棘手问题，并将问题与指导小组中的其他成员分享。被选择的挑战任务不能是非常容易，或者该成员已经解决过的问题，所以，选择任务本身便可反映出管理者进行自我反思的意愿与能力。

受训者、管理者将会参加一系列正式与非正式的活动与讨论：从席间闲谈到一对一会面以及角色扮演等小组活动。一旦培训开始，部门负责人、HR 专员和心理学家会对所有人员密切观察，细致了解每个人在不同场合下的个人表现与交际能力。在引导下，参训人员会就职业发展和个人生活与其他成员坦诚交流。诺华集团事务及对外事务总监金·斯特拉顿（Kim Stratton）在职业生涯早期曾参加过该项培训，她回忆道："有时，你谈论的是你对事物的真实感受以及你内心的困扰，这些话题与周一至周五工作中的谈话是截然不同的。"

最能说明问题的便是挑战任务。比如说，因为公司战略调整，分公司销售总监杰伊（Jay）对一项艰难的决定犹豫不决。他的下属凯特（Kate）在部门里举足轻重，且表现优异，然而随着公司战略改革，凯特似乎不应该再留在原位。杰伊心中十分纠结，开除一个忠心耿耿、表现一直良好的下属是否正确？如果他顺应变化，旁人会如何看他，会认为他秉公办事，还是认为他是为达目的不择手段的冷血鬼？他今后的口碑会变得怎样？

当杰伊就此人事难题与其他成员进行讨论时，他的内心挣扎便展露无遗。在过去五年中，凯特表现优异，得到极高评价，她工作效率高，善于与其他部门同事合作。很明显，杰伊喜欢凯特这个下属，也知道她对他的帮助有多大。培训小组中的其他人问杰伊，在新的战略方针下，如何才能保证成功。杰伊告诉大家，战略方针调整后，与客户高层领导建立更强劲的战略伙伴关系乃是重中之重。他相信凯特可担此重任，但首先得经过长时间的培训，而这可能会拖慢新战略的执行速度。成员间的沟通迫使杰伊必须衡量凯特是否具有建立人际关系的天分。谈话同时还暴露出，杰伊过去曾从别处招来过错误的人选，以及他担心换掉凯特情况会更糟糕的忧虑。“我是不是过于自我保护了？我是在逃避什么吗？我是否太注重公平性而无法去执行正确的决定？我害怕从外面聘请人才是不是因为我过去曾经在这方面失败过？”

当成员们在专心讨论时，布诺卡茨基 - 盖格以及其他分部或部门主管会及时给予反馈，为成员提供帮助。他们和心理学家一起，探究成员的内在核心，并且事后共同就各自所做的记录进行比较。盖格解释道：“我们能看出他们如何看待自己，与其他人共处；在疲劳和灰心时，他们会怎么做；在团队中，他们如何对待他人。经过三天紧张的培训，成员们都揭下了平日里的面具，我们看到了他们私底下的一面。当然，有些练习项目会给成员带来巨大的挑战，使得他们根本不可能还戴着面具。”

每位成员都被经验丰富的商场老手观察着，就连心理学家都能了解到商业的差别所在。这种专业的反馈在任何其他地方都无法得到。

在小组讨论的间隙，成员们有时间彼此闲聊及自省，这样他们可以自己寻得一些发现。斯特拉顿说道：“与其他同事交流经验、谈谈周末怎么过等，可以让成员们更清楚地看到自己所处的阶段。”自省有助于个人认清现实。盖格说道：“我们的目标是帮助这些人更好地了解自我。然后帮助他们将个人利益与公司利益相结合，把他们的核心价值观、目标与公司发展相结合。”往往，参加培训的管理者们第一次有意识地去发现自己的内心最深处和职业目标——他们想成为什么样的人、他们毕生梦想的事业是什么、原因是什么。一旦这些内在核心与职业生涯结合，将会给他们无穷的能量。

恰当的语境

许多公司都会在公司之外的场所举行聚会，让员工们公开地交流个人信息。然而有时效果却不尽如人意。诺华的不同之处在于语境的选择。参加培训的人员被问到的再也不是和以往相似的细节性问题。培训中，与他们交流的都是深谙商业之道和公司体制的同仁，除了公司高管，如分部负责人及 HR 总监，他们还可以借鉴同仁的真知灼见。以下语境可以帮助他们更好地面对难题：

- 什么令我如此厌烦、心力交瘁？如何能够一针见血地切中问题要害，从而重新认清关键所在，认清潜意识中未意识到的方面？
- 为什么我总是在压制这个问题，而无法找出清晰的解决方案？是否因为我找不到好的替换选择，抑或是我不喜欢替换选择所带来的后果，又或者是出于我害怕拿出必需的行动，因为现在的情形如此模糊？
- 我是否还在用过去的成功模式应对新的情况，变得越来越不自信？
- 究竟是我心里的什么想法阻挡我做出正确的决定，我是否该调整我的期望值？我是否该找个心腹聊聊，让他帮助我理清头绪，清除焦虑？

早在10年或20年前，商业界几乎无人愿意袒露其内心的真实想法，以防对自己造成不利。但今天，大多数的企业文化在对待个人细节问题方面都开放了许多。人们在社交中袒露心声，或在其他例如网站等场所交流想法。越来越多的人意识到，与其让他人在别处获取虚假信息，对我们妄加论断，还不如坦诚以待，说出自己的真实困难与感受。

调整期望值

公司之外的集训经历使得诺华的员工与高层能够重新审视自

己长期以来的想法，并发现新的人才。当他们完全了解了自己的志向，其中一些人会向同仁以及指导小组承认他们无法为了到达公司顶层而做出很大的牺牲。一些曾经野心勃勃却只想成为财务部主管的人会重新调整他们的目标和职业路线，例如，努力成为更具功能性部门的总监，而非基础业务部的负责人。

还有一些人在接受外派海外任务时会显得犹豫，虽然他们清楚一旦拒绝便意味着延缓事业前进的脚步。这种全家搬迁的巨大代价会让个人畏惧，特别是新环境下是否能取得成功还不得而知；一些员工对前往发展中国家生活感到害怕。了解员工这方面的想法对诺华和员工个人都有好处。如此一来，公司便可以将重要的长期岗位分派给想要留住的人才，而不是错误地将机会给了不恰当的人选。

如果公司不能深入地了解员工的内在核心及其目标，也不能帮助员工正确了解自我，那么公司就会失去宝贵的资源。这样的事例曾多次发生，即使是在人才管理卓著的知名企业。即使公司对个人已经掌握了大量信息，却还是难免有失误。例如，通用电气曾经花重金对一名管理者进行培训，准备将其升任至高层岗位。最终才发现，这位管理者由于个人原因根本不愿意担任新的岗位工作。就像盖格所说：“任何时候，如果你能对自己和他人有更好的了解，那么就能依此做出更好的判断和决策。”

在三天集训的尾声，参训者会为自己制订一页“领导者计划”，并就此向同仁及指导者进行报告展示。这项计划涵盖了经理对学员们的评价以及学员们的学习成果，最重要的是，这项计划会罗列出学员的才能、专业、价值观以及他们对自我内心的发现，其中一些内容是对未来的憧憬。但这些同样重要，甚至有可能更有意义，他们揭露出个人所代表的理念和内心的渴望。所有内容集合在一起便是个人的一份宣言。

集训后的六个月里，每个学员将会有三次及以上的个人培训环节，这些培训致力于帮助初级管理者将对自己的了解和憧憬转化到实际工作中。

对大多数参训者而言，最大的突破在于他们发现自己以往过于关注专业技能的培养，而忽略了自己的内在核心价值。他们往往将内心深处的价值观和人生目标保留在家庭生活和慈善活动中，很大程度上将这些和工作中的领导力分割。这样造成的结果就是这些前途光明、成就卓著的领导者往往无法养成极具威信的个人交际能力，无法很好地向他人学习、与他人合作并影响别人。

诺华认识到上述能力对公司发展至关重要，团队协作以及优秀的团队领导是公司在全球医药行业保持领先地位的保障。事实上，诺华在全球几乎每个国家的协作努力正变得日益复杂，因为每个国家的政府、管理机构、消费群体和金融市场对医药领域里的发展都会做出不同的反应。要想研究一款全新的处方药代替日益没落的药品，许许多多不同科学和医药领域的科学家必须做到互通有无、通力协作，这种合作不仅仅在于公司内部，还在于与公司之外的人员以及监管机构的合作。

斯特拉顿在加盟诺华之前，曾经接受过数次360度的全方位评价，每次的评价都显示出她急于求成、缺乏耐心。在诺华的集训中，她终于看清了问题本质。一直以来，她将压力之下取得成功的方式与自己内心真正对生活的诉求分离。“在集训的那个周末，我认识到自己的一个长处是善于为他人考虑，我希望能发扬这个优点。但是我不想当我 75 岁的时候，还坐在一个角落里，落寞地想着‘哦，太好了，你真是一个很会为他人考虑的人啊！真该为你欢呼三声’！集训之后的六个月里，我根据后续的个人培训环节不断反思。我的核心目标日渐清晰：我想完全发挥自身潜力，成为一名女性领导，也想帮助我的家人和同事完全发挥出他们的潜力。所以我并不想失去我的速度和干劲。但是随着自我意识的提升，我会提醒自己，‘金，在这个情况下，你要照顾好大家’。当一天结束，如果我周围的人感觉受到欺负、垂头丧气或者没有发挥出自身潜力，我真的和他们一样难过。我也许赢得了一场战争，但我输了整个战役，因为我没有实现内心价值。当然，这不是在集训之后我立即就发觉到的，但这种自我发现对我确实很重要。”

斯特拉顿发现了一般培训与诺华做法之间的关键差异：“通常，当人们对你做出全方位评价时，他们更注重指出你的不足，但是诺华更注重针对你的内在核心目标给予反馈。这更加全面。”

用全新视角看待诺华培训体系

乔伊·吉尼斯（Joe Jimenez）于 2010 年继任魏思乐的职位，成为诺华 CEO。2007 年，他加入诺华，担任保健事业部负责人。从那时起，他便认识到自我意识的价值。加入诺华前，他曾担任亨氏集团北美分部董事长及欧洲分部CEO，他早已适应了高层领导者的要求，而且他原先就职的快速消费品行业也相当注重领导力的培养。

令吉尼斯感到惊讶的不仅是诺华在个人评估方面的正规性和深度，同时还有诺华对不同领域内个人需求的清楚分析。吉尼斯说，在担任诺华的第一份职位期间，自我意识培养的益处并没有太多显现。但数月后，当他被提升为公司最核心的医药部负责人时，这种好处大大体现了。在连续10年取得每年业绩两位数增长后，医药部面临窘境。几个重要专利到期，市场环境变得严峻，2007年的业绩下滑。吉尼斯希望在魏思乐创立的以病人需求为中心的文化之上，建立发展战略。他判断出问题在于公司外部，对以下方面缺乏关注：病人需求、药品终端客户、医生和医疗保险领域的变化、决定药品销量的消费者情况。

然而当时整个集团并不希望做出改变。吉尼斯说："人们认为2007年业绩下滑只是个例外。只要我们维持现状，情况会好转的。我不得不彻底改变人们的这种思维。"过去，他在一种自称为"激情洋溢的环境"中形成了领导风格；而现在，他在一种"更为内敛的瑞士文化"下工作。他说："我发现自己越来越没有耐心，更加喜欢指挥别人。"多亏了之前他所经历的那些深入和严格的自我评价。"个人评价帮助我重新审视自己解决问题的方式，并把它变得更加适应诺华的企业文化。即使外部的环境正在快速变化，使得诺华必须做出改变，我还是没有选择强行在集团内推进变革。相反，我选择从公司底层开始改变。所以我立刻撤退，说，'好吧，就让我们保持现状。那我们来看看如何能让现在的一切变得更灵活'。"

这样的做法的确起到了作用。吉尼斯并没有浪费大把的时间与别人对峙，他巧妙地赢得了公司上下对其"以病人为中心、顾客至上"理念的支持。在魏思乐理念的基础上，他将 100 名管理者带到公司以外某处，清晰地向他们展示了外部环境的变化以及企业面临的挑战。之后，他要求每个人在接下来的 14 天中想清楚自己在未来六个月内如何变得更加"以病人为中心、顾客至上"，并以邮件形式向他汇报。吉尼斯果然收到了大量的"个人承诺书"，这些成了"医药部永动机"的坚强后盾。

请大家注意此处的良性循环。吉尼斯因为自我意识的加强而更加注重医药部的集体意识，这使得他能够通过培养组织的自我意识提升其自身领导力，因而整个企业能够对顾客的需求了解得更好。正如吉尼斯总结的那样："医药部的管理人员们表示，整个培训过程帮助他们首先获得了自主性，改进自己的行为，这使得他们作为领导者对外界变化更为注意。然后他们又会帮助自己的手下增强对外部的关心。这样，整个医药部门的工作基调都调整过来了。"

在诺华第一年的工作经历使得吉尼斯认识到，帮助管理人才增强自我意识是一件极具价值的事情。他告诉我们："其他公司在培养领导力方面往往只是草草走个过场，没有对个人深入彻底地分析，研究一下如何才能真正帮助他成为一名更优秀的管理者。当问题发生时，他们找不出根源，也不能帮助人才抓住关键机会。而我看到诺华的优势在于，他们总是预先解决问题。”真正了解一个人、弄清他的内在核心，能让他提高与别人共事的效率。这种对自我的了解，也能使他们具备更强的能力去分析、判断和执行。

目前，诺华在人才培训中尤为注重以下两个方面：培养能够将其领导风格适应到不同文化中的人才，以及能够根据商业目标管理好研发项目的科学家型领导人才。诺华在培养科学家和技术性管理人才时，努力提高他们的自我意识，这是其他公司无法做到的。吉尼斯以特雷弗·穆德尔（Trcvor Mundel）为例。特雷弗是一名优异的物理学科学家，后被提拔为诺华全球研发部总监。重要的是，吉尼斯和其他高层领导看出特雷弗必须在自我意识方面加强才足以承担如此重大的领导责任。

“我们认识到特雷弗领导技巧与专业素养俱佳，可以领导好整个研发部门；他雄心勃勃而又充满创意。并且我们都觉得诺华的研发步骤应当改进，从而提升生产力。”

“然而，从领导力培养的角度出发，特雷弗被任命后，我们看到了他的远见；但同时我们必须帮助他团结好整个部门，使部门能够以他期望的速度前进。我会告诉他‘你看，特雷弗，你得适当放缓节奏，确保诺华全球 7500 名科研人员都能与你一同前进’。”

“部分意义上，通过个人特别教导，我们帮助他理解到，他必须在走向下一步之前先给部门时间，以做出可能范围内的改变。这让他成为一个合格的领导。”

在穆德尔的领导下，研发部门正进行着关键的转变。这个老牌的医药界楷模企业目前已经着手研发普通类药品，以惠及更广大的消费者。但是吉尼斯敏锐地观察到，普通类药物在整个医药界所产生的利润正逐步下降。虽然公司研发部门大的基调未变，但是穆德尔已经联手诺华生物医药研发机构负责人费舍曼转攻稀有药物的开发。这种药物虽然只针对极少数人群，但可以作用于基因组织治疗相关疾病群。在这种研究方针下，他们取得了第一项成果——开发出新型药 Ilaris。这款药物原本是为治疗肾淀粉样变性症状所研发（一种风湿免疫力紊乱炎症，全球仅有几千名患者）。Ilaris 具有治疗广泛疾病的潜力，从关节炎到慢性阻塞性肺病、糖尿病和痛风。一旦取得成功，该类新型药物可能成为医药界内一种全新的商业模式。而且，现在的穆德尔已经再也不需要在前进路上回头望，因为 7500 名同仁紧紧相随。

总结

- 作为管理者，持续不断地加深对自我内在核心的了解可以让你获得更多的能力和勇气。只有这样，你才能发现当你面对着日益复杂的工作时，内在核心的作用是多么强大；你会懂得借用内在动力提高工作效率或是隐藏起对自己有利的资源，蓄势待发。
- 你持续不断深入了解自我、发现自我潜在的本领使得你能够更好地看清他人，与人共事，优化岗位分配，合理承担风险以及提升他人的工作效率。

- 领导工作中，与他人的日常会晤往往被忽略。命令他人行动既为难了他人，也苦恼了自己。一旦你更好地了解了自己，你就能更自如地不用命令就能通过他人完成事情。

我们下面将探究一批新近荣升为“人才管理大师”的企业。其中，有两点值得特别注意：在每个案例中，集团 CEO 都亲自完全融入人才培养过程中；而且他们都深深懂得人才优先于战略。

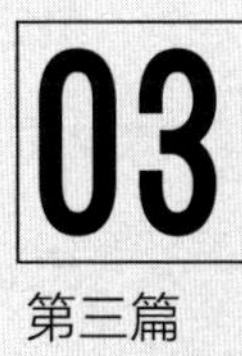

第三篇

如何成为人才管理大师

THE TALENT MASTERS

许多企业直到濒临瓦解或战略转型的关头才意识到人才培养的重要性，特别是当公司面临大规模的高层人员变动时，情形尤为棘手。人才管理大师懂得“临时抱佛脚”和为长远计划培养人才之间的根本区别。他们如何在高管变动时熟练地组建精锐团队？他们如何在企业内有效贯彻价值观和行动力？他们在培训当前和储备人才时会有哪些程序？他们能在多短时间内让计划开始运行？在当今风云变幻的商业界，企业再也无法像过去那样消耗大把的时间慢慢锤炼人才。

在接下来三章里，我们将会研究四家企业的做法，每一家企业都因新的发展战略而面临改变。固特异计划从产品导向转型为顾客导向的零售业；意大利联合信贷银行希望整合不同国家的分行，从而成为一家独特的泛欧洲区域银行；私募股权公司 CDR 面临着商业环境的巨大变化；LG 电子公司则希望通过优化当地客户服务增加企业全球份额。在每一个案例中，各家公司的领导都一致认为人才比战略更重要。

在第 9 章，我们将探究固特异的人才挑选之道，就像公司主席兼 CEO 里奇・克莱默（Rich Kramer）所说的“弄清我们所需要的和管理者已经拥有的，然后找出两者的差别”。在第 10 章和第 11 章中，我们将深入学习不同公司提升人才培养软硬件的具体做法。第 10 章着眼于“软”的方面——加强人才管理效力的价值观和行为理念；第 11 章描述了每家公司在这项工作中具体形成的机制和程序。最后，我们罗列了一个期望自己的公司成为人才管理大师的 CEO 所应当具备的品质，以此为总结。

第9章

选对合适的领导者

每一家刚刚踏上人才管理大师路途的公司，都免不了做出一些改变；无论是关键岗位上换人，还是整个“大换血”。成长中的人才管理大师必须认清人才选拔带来的短期和长期影响，他们所甄选出的人才除了具有专业素养之外，对整个企业的人才培养也应当能起到作用。

下面，让我们来看看固特异、联合信贷、CDR和LG电子在人才管理的过程中进行过哪些变革。

固特异：“外援”相助

2000年，鲍勃·基根（Bob Keegan）临危受命，接任固特异轮胎及橡胶公司首席运营官（COO）一职。汽车轮胎属于商品导向型产业，处于激烈竞争中的汽车制造企业会用一家轮胎公司的价格压另一家，从而获取最低进价。在20世纪90年代，固特异一方面深陷早年累积的重重债务；另一方面还得与持有公司大量股权、扬言要拆卖公司的英国金融家詹姆士·古德史密斯（Sir James Goldsmiths）斗智斗勇。正当固特异努力清还债务时，法国的米其林集团和日本的石桥（普利司通）集团正在倾力收购其他轮胎制造公司，抢占国际市场。作为还击，固特异于1999年买下了轮胎制造企业邓禄普欧洲及北美分公司的大部分股票，但同时也背负了大笔的贷款。许多人不禁担心固特异是否能完整地生存下来。

基根此前负责伊士曼柯达集团全球消费业务，时年53岁的他被固特异的新工作所吸引。在他看来，固特异现在面临的许多困难柯达也曾遇到过。两家公司都是全球知名品牌，面临激烈的海外竞争，生产基地和资源在全球广泛分布；并且相比起市场这一块，两家公司都更注重研发和生产。然而上任不久，基根就发现，固特异的处境比他想象得还要糟糕。他颇外交性地说道："虽然有些董事认识到我们需要进行彻底改革；但是管理层和董事会并没有完全弄清和分析出问题的深度。"

在不到10年的时间里，基根（2003年3月已经升任CEO）成功地将固特异转型为一家前途无量的国际行业巨头。2002～2008年，公司总收入增长了40%，营业收入增加116%。公司发生如此翻天覆地的变化，上上下下不禁称为"新固特异"。对于任何一家前途未卜的企业的管理者来说，基根的经验说明了一个重要的道理：培养管理人才永远都不会太晚，但你必须坦然面对现有的管理缺陷。基根新战略的核心便是领导力，而他执行速度之快令人称奇。

基根在成为CEO之前就已着手打造新的商业模式。“以往的模式以生产为导向，与外界隔绝，集中于工程技术，受汽车制造商的驱使。而新的模式，我们称之为‘市场导向型’。”在新的战略下，固特异取消了优先向大型配件生产商销售轮胎、获取微薄利润的做法，直接面向消费者。所谓的零售市场给了固特异细分产品的机会，而固特异本身的核心资源得到发挥：成功打造出Aquatred轮胎（专为湿滑路况设计）的精湛技术、世界一流的生产线、享誉全球的品牌知名度（谁没在电视上见过固特异胖小子）以及强大的全球销售网络。

基根较许多的企业家懂得人才比战略更重要。他的转型计划相当大胆，而且公司管理者中几乎无人能做到。“经过分析，我认为公司的整个模式都要改变——不仅仅是战略，还包括管理和工作的方式。”

当一个企业连续几年不景气，员工也会一蹶不振，他们害怕改变，不愿承担风险。企业DNA退化为渐进主义表现——不断执行老旧的一套。在这种情况下，通常的标准做法是对不中用的人员“修枝剪叶”，提拔几个新的干将，聘请一名管理咨询师，对大家一番解释，然后各司其职。但基根认为，这只不过是老车装新胎。他说：“我们清楚地认识到，如果我们期待焕然一新，现行的企业文化根本行不通。如果没有崭新的思想和领导模式来彻底改变整个企业文化，那么我们永远也不可能摆脱旧的模式，进入到新的模式。”

里奇·克莱默是基根的重要伙伴。里奇现任固特异主席及CEO一职，他比基根早半年，于2000年加入固特异，担任主管财务副总裁一职。里奇之前任职于普华永道会计事务所，固特异当时是他的客户之一，他非常理解固特异的状况和潜力。商业服务类的普华永道对人才管理的标准极高，要求公司中的后起之秀训练好更为年轻的会计师。克莱默说：“我懂得商业服务就是为人服务，但我认为轮胎也是为人服务的一种行业。无论是和员工还是与客户合作，说到底都是以人为本。我们必须倾听他们的心声，关注他们的行为。”

“基根一个很重要的观点是必须认清固特异现有的执行力、我们需要的执行力以及两者之间的差距。”克莱默和基根为公司注入了全新视野，这种视野只有公司之外的人才能带来。他们二人携手转变着固特异的企业基因，填补差距。

在柯达服务的岁月里，基根曾走遍全球整合企业中的不良业务，这大大加强了他对于人才管理的认识。基根说：“识别、理解和培养人才不是一件容易的事情，对于我来说，主要是从经验中学习。当我变得老练，我学会了区分什么方法会奏效，什么做法会带来失败。随着多年的积累，我发现成功的领导者往往具有以下共同的特质：他们是强大的团队组织者，拥有很高的智商和分析能力；他们认同企业文化，敢于在别人之前做出尝试和创新。这些才是成功的秘诀。”他希望固特异的领导团队能懂得以下五大原则：

- 企业运作在于团队而非个人；
- 最好的决定并不是来自屋子里最聪明的那个人，而是来自聚集在屋子里的一组聪明人；
- 管理者必须清楚自己的知识缺陷；
- 管理者要敢于创新；
- 领导者对自己的事业要充满激情，但在重要决定面前要保持冷静。

要想在短期内组建一支精良队伍绝非易事。基根没有时间组建一个堪比通用电气和宝洁的人才培训体系并从中慢慢甄选可用之才，只有立即形成一个精锐的管理团队才能挽救公司。从一加入公司，基根便快速判断出高层的核心领导力，又迅速从公司之外招来几位大员对团队进行补充。“我告诉自己，如果我能从公司内找到一流人才，那么我一定优先选择公司内部的；但我绝不会因为一些人在这里干了将近20年，而屈就选择二流人选。我会选择公司之外工作年限虽然更短、成就却更大的人才。”

两年内，公司24名高管中23名被替换。继任者既有公司外部的，也有内部提拔的。基根还从外部招揽了数百名人才加入到各主要部门以及全球的各分部中。新的管理团队比之前的更显年轻——除了个别年长的，大部分处于30～40岁；他们具有优秀的专业技能，包括市场营销方面的。

2003年9月，37岁的史蒂文・麦克莱伦（Steven McClellan）从学校直接进入固特异，担任商业轮胎系统副总裁；2002年8月，

36 岁的达伦·韦尔斯（Daren Wells）辞任伟世通财务助理一职，就任固特异副总经理及财务副总裁；2004 年，基根劝服时年 54 岁的汤姆·康奈尔（Tom Connell）辞任 TRW [㊀]副总裁兼公司主计长的职务，加入固特异担任相似的职务；同年，基根还以优厚的薪酬招纳了法国人皮埃尔·科哈德（Pierre Cohade），皮埃尔此前在达能集团负责全球饮水及饮料业务。在加入达能之前，他就与基根相识。

为什么这些精英之士愿意加盟一家普遍被唱衰的公司呢？基根的回答是，他会向这些人展示他们的发展机会，并让他们相信自己在固特异会得到更快的发展。顶尖企业里的精英人才往往比例失调。事实上，一流公司里拔尖人才太多，不可能人人都能到达高层管理的位置，一些人自然会等不及，从而也愿意做一些冒险的尝试，而这正是基根所需要的。固特异也愿意冒一点风险。虽然年轻一辈履历不够炫目，也不及资历更深的人有经验，但他们更富有雄心抱负，迫不及待地挑战自己。虽然他们当中不是所有人都能在未来取得辉煌，但这新鲜血液足以改变企业的文化。基根对他们说："我在出售了一个获得成功比在原先公司更快地成长为管理层的机会。你们冒险，我也在冒险。我们当中有一个或者两个人都可能做了错误的选择，也许你们选错了公司，或者我们选错了人。但如果我们都正确了，那么对于公司和你个人来说，都会是了不起的事。"

如此大规模地招揽"外人"，在公司内部造成了一定的震动。基根说："我一开始的一些做法确实让公司感到惊讶，因为之前谁

㊀ TRW，天合汽车公司，是一家大型综合汽车零件《财富》500 强公司之一，总部位于美国。

也没这么做过。”特别是当“公司城”例如固特异在阿克伦[⊖]、俄亥俄等地的分部来了这么多“外来兵”时，人们非常害怕因此丢了自己的饭碗。但当人们看到这些人的能力时，所有的争议很快就平息了。

基根在高中和大学时期酷爱体育运动，这让他有了很强的团队意识，这一点在人才培训时帮了他的忙。他富有激情地说：“工作是一种团队协作。”如果他发现某个人无法融入团队，那么即使这个人的履历再漂亮也没用。新加入的管理者很快在行动中显示出合作能力，他们赢得了固特异高层的信任。随着公司上下看到商业转机的到来，以及自我价值观和能力的提高，整个公司的氛围从之前的恐惧变成了积极乐观。

“空降兵”与公司之间亲密感的建立一直是个难题。基根除了自己亲身参与，也邀请其他高层一同参加到招聘过程中，从而把错误的可能降到最低。在基根创立的面试环节中，候选人不但会见到他的上司，更会见到他将要与之合作的中层管理者，这样更有利于团队做出客观的判断。候选人还将坐下来与未来的下属进行交谈，这样一来，下属员工不会因为新领导的到来感到意外，也不会抱怨毫无话语权。此外，候选人将会清晰了解到自己的具体职责。基根表示：“我们尽量让公司之外的候选人尽可能多地了解我们，希望他能充分肯定自己会适应这里。也许我们的招聘速度不是最快的，但确实是最深入和慎重的。”

随着新鲜血液的加入，基根着手开展两大行动：改变商业模

⊖ 美国俄亥俄州东北部一城市。

式，改变人才培养方式。

联合信贷：用人才系统执行新战略

亚历山德·普罗富莫（Alessandro Profumo）一直都勇敢地相信：关注人才，收获无限。普罗富莫年轻时在一家意大利银行担任管理者，当时这种理念就已经深入其心。几年后，他着手组建一家泛欧洲银行。他致力于将来自不同文化的员工协调到一致的价值观和目标中，因而，人才管理成为他整个战略的中心部分。在短短几年内（其间虽然经历了2008年世界经济危机），他的团队成功营造出全新的绩效文化，而管理者培训成为其中的关键部分。良好的运营模式得益于普罗富莫对加速人才培养的满腔热情。经验丰富的HR总监全力帮助他执行人才培养的各项工作，从而大大增强了联合信贷的竞争优势。

普罗富莫一直以来都雄心勃勃。1977年，他从银行职员做起，快速升迁。30岁那年，他离开银行业，投身咨询业。他先是服务于麦肯锡咨询管理公司，后加入Bain，Cuneo & Associati咨询公司。四年后，他加入一家名叫Adriatica di Sicurta的保险公司，升任主管银行及辅助业务部门的副总。普罗富莫逐渐成为意大利金融界的知名人士。1994年，联合信贷前身意大利裕信银行的主席想要物色一名年轻才俊接替自己的位置，他找到普罗富莫，邀请他担任公司副总经理。三年后，普罗富莫正式成为CEO。

普罗富莫语气温和且谦虚地承认，当时的自己并不算老练：

“我那年 38 岁，并不懂当一个大银行的 CEO 到底意味着什么。除了本身的经验，我更多地凭借自己的直觉而非系统的培训学习业务，但这却成为我专业素养的成长篇中最令人激动的经历。”联合信贷由七家银行与裕信银行兼并形成，普罗富莫成功地实施了新公司的整合与战略转型。虽然他缺乏系统的培训，但这却恰恰成了他的一大优势，使得他能够以更新的视角看待问题。其中，他最为担忧的是公司制定的职业规划，这项规划只涉及公司前 50 名顶层管理者。他告诉其他高层：“按照现在的发展速度，我们需要准备好 3000 名人选。”这个看似激进的想法自然招致了一些怀疑，但无论如何，高层经理们都给予了支持，使这个计划成为现实。

普罗富莫说：“在整个过程中，我们学到许多，并一直在努力。有时我们会疑惑，是否我们就像迪士尼动画片《幻想曲》里男巫的徒弟那样，对已经开始的这一切究竟结果如何，完全不得而知。但是我始终坚信，我们前进的方向是正确的。”虽然联合信贷已经成为意大利最大的银行，普罗富莫依然期盼着更大的版图。2005 年，他揭示了行动计划——兼并业务横跨德国、澳大利亚、欧洲中东部的德国联合抵押银行（HVB）。《金融时报》称为“基于赌博的大视野”。业内观察家对此纷纷摇头——兼并后的联合信贷银行，就像它的名字一样，确实成了一局复杂而冒险的赌博。三年后，金融危机使之陷入重重困境，前途未卜。

然而今天，“大视野”的成果开始显现：联合信贷成功依靠自己的力量走出了困境，它成为了世界上为数不多的每季度均盈利的银行之一。更重要的是，联合信贷从未接受过政府的任何帮助。

什么是打破一切怀疑的秘诀？那就是普罗富莫创新性的人才管理模式。这种模式不仅增强了领导力和企业竞争力，同时也整合了不同的文化。

联合信贷的重塑领导力之旅始于2005年7月的一个关键举动：聘请里诺·皮亚佐拉。皮亚佐拉曾在通用电气HR部门工作长达九年，直至升任通用电气设备业务部HR副总监。之前，他还曾在意大利和美国工作，分别服务于庄臣集团和百事集团。

就在普罗富莫制定了新公司发展战略一个月后，皮亚佐拉加盟。兼并之后，联合信贷的业务覆盖范围从原来的几个国家扩展到20个国家，员工人数达到17万。皮亚佐拉说："我们面前的挑战是如何使这17万人变成一家人。在欧洲，文化差异称得上一笔财富，对我们而言，这可能成为企业的支柱。普罗富莫在人才管理上有着创新的想法，我并不清楚这其中的具体含义，但很显然，他的做法将是与众不同的。"过去，联合信贷在人才培养上的做法包括送员工参加领导力课程或是去商学院学习，聘请咨询公司提供建议等。然而，这些努力收效甚微，因为这些泛泛的做法并未和企业特色发生联系。为了达到预期的效果，普罗富莫需要全新而统一的价值观、社交体系、组织结构和人才培养系统，他发现皮亚佐拉是协助他完成这些的不二人选。

CDR：新游戏，新人才

私募股权的形成带来了深远的意义。2010年，杰克·韦尔奇已经作为顾问董事加盟 Clayton，Dubilier & Rice 公司（简称 CDR）。随后，CDR 又聘请四位知名企业的前任 CEO：宝洁公司的雷富礼、奥尔斯泰特（Allstate）的埃德·里迪（Edd Liddy）、盖普服饰（Gap）的保罗·普利斯勒（Paul Pressler）以及联合利华的文迪·邦加（Vindi Banga）。光是这些名字就足以让 CDR 成为业内巨星。然而 CDR 看中的不仅是他们的名望，而是他们带领公司进入崭新时代的能量。

近半个世纪前，首批投资家开始在股市之外为企业注资以来，私募股权逐渐成为世界金融市场里的重要力量。20 世纪 60 年代，一股负债买断的风潮刮起，精明的金融家自组私募公司低价收购企业，影响日益增大。他们的典型做法是：他们会通过抵押贷款筹得资金买下公有企业；之后，通过优良的现金和税务管理、专业的咨询等做法帮助企业死而复生，几年后再公开拍卖。通过大量的收购和拍卖，财富源源不断地滚滚而来。

私募股权在两个关键时期得到了快速发展：20 世纪 80 年代和 21 世纪初期，主要得益于低息信贷。激进的私募股权投资（PE）公司会背负大笔债务买断某个企业，然后尽可能快速地赚钱抽身，任何不良后果都留给了接手的下家。这些公司中几乎没几家真正懂得经营，他们根本不需要懂。

之后，一切颠覆。2000 年经济回落，许多 PE 公司纷纷“中招”。而这仅仅是个开始，不过是 2008 年金融风暴的一场预热。2007 ~ 2009 年，美国所有 PE 公司的交易总额从最高峰时的 5750 亿美元跌落到 430 亿美元，平均降幅达到 65%。在今天的资本市场上，风险投资公司往往得花上五六年才能找到买家。这一事实意味着：PE 公司必须借助有实际管理经验、懂得管理人才的合伙人为企业创造持续价值。

CDR 通过聘请像韦尔奇、雷富礼、里迪、普利斯勒和班戈这样的知名企业前任总裁，迅速启动了竞争力十足的新游戏。这些大师级人物运用他们的独到眼光对其他管理者言传身教。CDR 此前聘请了比尔 · 康纳狄为旗下的成员企业管理人才。事实上，CDR 以及其他的一些 PE 公司自己本身反而变成了人才吸铁石。这些公司吸引着退休的 CEO 们和二流经理人，也吸引来了许多上市公司的现任高层前来管理成员企业。大卫 · 卡尔霍恩（Dave Calhoun）和弗雷德 · 金德尔（Fred Kindle）便是两位杰出代表。50 岁出头的大卫曾是通用电气副总裁，现在执掌着 AC 尼尔森公司（KKR、卡莱尔、黑石及瑞信国际联合拥有）。同样刚过五旬的弗雷德曾任 ABB 集团 CEO，现在服务于 CDR。

在众多的私募公司中，世界第四大的美国德太资本（TPG）最早认识到人才创造价值的道理，TPG 从一开始就致力于增强成员企业的运营管理。吉姆 · 威廉姆斯（Jim Williams）在 TPG 负责领导力的发展和管理。在加入 TPG 之前，他的职业路径涉猎广泛：全球性人力资源管理咨询公司合益咨询公司经理；著名医疗机构 Kaiser Permanente 战略、HR、IT 和市场总监，并最终成为这家总部位于西雅图、市值 45 亿美元大集团的 CEO。加入 TPG 后，威廉姆斯致力于提升业务。但不久之后，他的合作伙伴提醒他应该关注培养人才。他们告诉他：“你是个挑选人才的好手。在投资决定之后，我们最紧要的事情是决定谁来管理这家成员公司，但我们对此都不在行。由你来负责这个任务将是对你技能最佳也是最大的发挥。”

威廉姆斯现在会分配时间分别负责业务和人才管理。合作伙伴们的话非常正确，他已经成为 TPG 里人才管理方面的负责人，他从一开始就亲身参与每一个相关决定。他说：“公司在人事管理上对我寄予厚望。然而，偶尔会有某个时刻，我会觉得某个成员公司的团队实在太糟糕，根本没办法优化。当然，更多的时候我还是觉得涣散的团队是可以被优化的，我也终究会想出妙招，取得漂亮的结果。当然，当拥有了一流的团队后，我们的目标就是要保持住，和他们加强联系，直到爱上他们。”

LG 电子：招纳全球贤良

一个立志在国际市场上屹立不倒的公司必须首先对自己的人才队伍考量一番。通常，企业依靠精湛的技术会达到一个高峰，然而这不等于企业能顺利地挑战一个更广阔的天地。LG 电子公司（隶属于 LG 集团）CEO 南镛（Yong Nam）探索出一条创新之道，使得外来人才能够与韩国当地管理者通力协作。

您大概再也想不出比固特异和 LG 电子差别更大的两家企业了：一家挣扎于摆脱传统的生产导向型模式；另一家主要生产手机、液晶电视、空调和家电，是如火如荼的电子消费品市场上冉冉升起的新星。然而，基根和南镛却又如此相似：两者都在积极招纳深谙国际市场规则的新鲜血液，努力转变传统的以生产和研发为驱动的模式；二人在培训、扶持和领导跨国人才方面都堪称高手。

LG 电子成立于 20 世纪 50 年代，几十年中，公司逐渐从一家金星品牌旗下的收音机生产商成长为世界电子和通信市场上的大户。（LG 电子现为一家独立公司，最大股东为 LG 集团。）韩国人精益求精的态度使公司在低成本生产、科技快速创新和产品研发方面具备了不小的优势。2007 年，南镛升任公司 CEO。他立刻发现，以往帮助公司取得成功的单一的韩国模式必须走向国际化。

对于公司未来，南镛野心勃勃：不仅是韩国最好的品牌，也要成为世界最好的品牌。为了建立国际知名品牌，创立高效的市场导向型企业结构，使企业不仅赢在当下、更要在未来 10 年甚至 20 年保持辉煌，南镛制定了转型议程，包括：

- 调整绩效管理系统，在关注市场份额的同时，更要注重利润增长和净资产收益率；
- 重组企业结构，致力于发展 LG 电子的强项领域，力争做到第一；
- 力求产品和市场战略符合消费者的最新需求；
- 创建一个全球知名品牌；
- 在产品设计和创新上加大投资；
- 公司结构和 HR 体系国际化。

以上的一些议程称不上新想法，但是公司以前的一些做法确实与这些目标不符。南镛决心让全公司上上下下朝着目标迈进。

他面临的挑战在于既要快速使企业人才国际化，却又不能损害到原有的韩国文化基础。同时，他还要转变公司原有的生产及研发导向型模式，帮助企业高管认清国际消费者和市场情况。他需要的人才必须能够做到：有效制定和执行战略，了解员工并激励员工为企业做出最大的贡献，建立跨文化的团队。

南镛早年曾在美国工作，那里的经验让他印象深刻。他发现 LG 电子的生产理念与当时美国消费者的需求大相径庭，他希望 LG 电子能够充分了解美国当地市场，并雇用当地人才进行地区业务。然而，他意识到这并非易事。他说："我希望当地的分公司能成为这个区域内的最佳雇主。但是当地雇来的员工并没有被很好地激励，原因在于韩国派来的管理层没有与他们打成一片。不少人选择离职，而当地的精英自然也不愿加盟。在这样的情况下，LG 电子不可能成为当地的拳头品牌，企业也不会大步前进。"

为了显示 LG 电子立志成为国际一流品牌的决心，公司从全球各地聘请了一流的管理者。要使他们融入严谨的韩国文化，自然又成了一个不小的挑战。

与"人才比战略更重要"的道理一样，人才管理中的"软件"——价值观和人才制度比人才培养中的组织结构和程序更关键。在接下来的一章中，我们将看到不同的企业是如何在人才管理的道路上"殊途同归"。

第10章

确立正确的价值观与行为模式

正如在书中一贯强调的，要成为一名人才管理大师必须确立正确的价值观与行为模式，从而长久保证公正、严谨和精英管理。企业家们必须明白，他们应当拿出用在企业运营和财务管理上的劲头去发现和发展其他管理者的才能。用考评和奖励的方向培养人才固然有用，但远远不及言传身教的效果。企业领导者要努力认清每一个管理者独特的长处、技能、判断力、人际关系和经验，并通过自身面对不同意见时的行为和开明做出表率。正规的程序必不可少，但每一个致力于成为人才管理大师的企业都应该关注人才管理的“软方面”，这才是制胜的关键所在。

固特异：勇敢改变

从前的固特异一直在高固定成本下持续经营，不断从汽车生产商处承接巨量的订单，利润却十分微薄。现在的固特异提高了运营效率，降低了成本，并营造出以利润增长为方向的全新理念：依靠更新的产品和强大的市场营销吸引新的顾客。创立一个精英团队，在充分理解客户需求的基础上对产品创新，这绝不是个容易的任务。如果一个一个地培养管理人才，根本不足以造成本质的改变；从公司外部大批量引进人才可以造成群体效应。这些人会做出不同以往的决定，带来全新的做法。他们会重新认清轻重缓急，优化资源配置。更重要的是，这些外来精英将会和现有的固特异老将联手，转变企业模式，打破萎靡不振的氛围。

鲍勃 · 基根自创了几种办法，让新的管理团队团结一心。其中之一是，基根用表明确列出他认为企业转变所必需的“七大战略”，这张名为“市场导向型商业模式”的表格不仅描述了未来计划，更道出了固特异在未来发展中所需要的价值观和行为模式。例如，“领导力”被定义为内在和外在才能的结合。“产品分发”不再仅仅是接受订单，而是根据客户的要求建立零售业务，变被动为主动。基根说：“人们往往脱口而出的第一个问题就是‘您是根据什么来排序的？’事实上，根本就不存在什么先后，每一个要素都同等重要——除了领导力这一项必须排在第一位。”

市场导向型商业模式

	旧模式（生产导向型）	新模式（市场导向型）
领导力	• 单一化	• 公司内部人才与外部人才融合 • 绩效导向
产品领导力	• 专注工程集中 • 生产运营驱动	• 根据客户需求创新 • 市场重置 • 出色的新产品

（续）

	旧模式（生产导向型）	新模式（市场导向型）
平衡配置	• 承接订单 • 基于现有生产能力生产	• 扶持经销商 • 根据客户需求主动生产
建立品牌优势 先进的供应链	• 注重产量 • 库存饱满 • 原材料成本过高	• 重视目标细分市场 • 调整原装轮胎制造业务，主动发展高新产品 • 注重利润增长 • 降低生产成本 • 投资新兴市场
更低的资本结构 现金为王	• 新的生产设备 • 获得生产资产 • 建设高成本工厂	• 增强各部门的工作效率 • 将现有设备提升为液压阀系统 • 集中投资高增长市场 • 放弃无战略的业务 • 减少高成本的发展计划，增加低成本计划 • 低成本原材料采购 • 与美国汽车联合会下 VEBA 信托基金及美国钢铁工人联合会签署协议

注：在原有模式下，固特异的目标是在高额固定成本的条件下保持产量增长。公司从汽车制造商那里承接巨量的订单，然后再批量地将产品分发给经销商。改革后的固特异大致保留了原有模式，但大大提升了效率并削减了成本，利润得到提高；通过新产品和市场营销发展新客户，并积极投资新兴市场。为了建立起全新的市场导向型商业模式，必须从公司外部引进大批能够重新认清情况并做出不同于以往决策的人才，而这并非易事。最重要的是，这些人将会成为下属的榜样，在工作中教会下属一种全新的思维，使他们懂得如何才能不当牺牲者，而是成为大赢家。

在市场导向型模式下，固特异成功整合，甚至成功抵挡了金融危机。乔·罗科（Joe Ruocco）2008 年加入固特异，担任 HR 总监。他说："我们一直遵循着新的战略。然而当金融危机到来时，我作为一个新人不禁想，在困难时期战略应该如何转变。令我没想到的是，不仅战略方针一点没变，而且我们做的第一件事就是告诉大家'嘿，我们必须遵循七大战略，无论是在顺境还是逆境中，他们都具有非凡的价值’。”

另一个具有深远意义的新做法是每月一次的管理大会。会议上，全球高层们针对企业上个月的销售业绩、运营情况、任务完成情况等进行核查，并对来年或下个月做出规划。但规划并非生硬的数字任务（例如“下个季度我们的市场份额要提升百分之多少，销售额达到多少亿美元”之类），而是认真分析对任务会产生影响的具体情境，例如市场竞争以及汇率变化等。这些核查教会了新加入的人员许多商业管理中的细节，但其意义不止于此。会议展现了企业高层与一线运营管理者快速运用市场知识迅速做出判断的重要性。此外，这种共同讨论有助于公司内部晋升的管理者与“空降兵”形成高效合作，就像高层与运营管理者共同做出关键决策那样。在公司外部工作的人更加懂得发挥市场的导向作用，创造产品特色，果断决策以及做出必要的改变，这些将帮助固特异重振雄风；公司内部的人员更懂得技术、生产工艺和物流，他们知道如何削减成本。在这种合作下，公司管理者能够更好地根据外部环境的变化做出反应。同时，这种平等的讨论也有助于刚刚加盟的新人与公司的元老彼此之间增加信任，从而创造良好的企业氛围。

从前，固特异的管理模式层级制度分明，底层人员很难获得机会向高层反映情况或是对某种工作方式提出建议。然而，要想如实地掌握业务情况、增强人才的管理能力，就必须在企业里形成公平而信任的气氛。如今，固特异的高层们早已懂得一味地对他人置之不理或无所交谈无异于自断职业生涯。

在改善人才管理的文化过程中，最难的部分在于讲出个人的长处与缺点，不光是讲自己的，也包括他人的。康纳狄说：“不能将优缺点说清楚是人才培训中一个致命的错误。大部分公司都觉得真诚的交流很难实现，你无法让一个人对着另一个人说‘你真的很美，但你也有不少缺点要改正！’如果我能将问题说出来，别人也能以正确的方式理解，那么缺点自然会被改正。”他又补充说，改变应当从高层做起。他回忆说，当年杰克·韦尔奇总是会真诚地对那些直接向他汇报工作的人给予评价。之后，这些人便能更好地向自己的属下给予真诚的建议。如此以往，一级一级往下传。

基根对未来满怀期望：“我们需要的是乐于表达自我意见的人。我们在这方面真的做得很好，因为我们找对了管理人才，他们会主动与员工接近，征求他们的想法，他们绝不会说‘这真是个愚蠢的想法’；他们会说‘谢谢你带来的启发’。这样，员工便会知道被征求意见其实是一件好事儿。当他们想要寻求帮助或者机会时，他们就会大胆说出来。”克莱默补充道：“在真诚交流、互相就业绩畅所欲言方面我们进步了很多。当然，将来我们还要继续进步，特别是在企业中加深这种文化。”

联合信贷银行：统一公司欧洲区的价值观

联合信贷银行的泛欧洲计划离不开团队成员之间的跨国合作。为了适应新的决策和工作方式，员工们必须超越文化背景的障碍。

亚历山德·普罗富莫和里诺·皮亚佐拉深深地懂得制定业绩目标和真正改变人们的思维模式是完全不同的两码事。

普罗富莫和皮亚佐拉决定从改变价值观入手。皮亚佐拉表示：“要想拥有一支团结强大的管理队伍，应当首先建立正确的价值观。加入公司仅一个星期后，我做的第一件事就是阅读了所有网络上关于联合信贷的内容。我读了很多关于公司情况及其使命的报道，将所有内容归为三大类：公司文化、领导力和其他普及性介绍。我找到亚利山德问他‘这就是你对人才标准的真实想法吗’？他非常惊讶，回答我说‘是的，这些的确是我的想法。你有什么看法呢’？”

事实上，普罗富莫除了惊讶，还大大地松了一口气。此前，他担心皮亚佐拉会将通用电气那一套“不够灵活”的人才管理方法套用在联合信贷的工作中。他知道，这种做法在联合信贷的公司文化里行不通。显然，皮亚佐拉也认识到了这点。皮亚佐拉说：“在我看来，联合信贷在人才和绩效管理上的缺陷在于他们将通用电气等其他公司的文化因素生搬硬套。来到联合信贷后，我将借鉴通用电气成功的技巧和做法，然后恰当地加以运用，就像量体裁衣那样。在前 6 个月或 9 个月里，人们会对我说‘嗨，里诺，这里可不是通用电气’。而我总是会告诉他，我所做的一切完全是基于对联合信贷的发展使命和价值观的深刻理解。”

在普罗富莫和皮亚佐拉着手这项工作之前，联合信贷已经开始了企业价值观的建设。近千名员工为联合信贷的“价值观合集”

献计献策。这项工作由公司的几名高层和HR部门发起，很多员工共同探讨在日常工作中如何遵守职业操守，体现公司价值。皮亚佐拉表示："高层们很想了解哪些价值观在员工眼里是非常重要的。但是一旦当他们了解之后，他们会说'我们该拿这些价值观怎么办'？"他和普罗富莫共同研究了员工眼中重要的价值观，认为这些想法可以成为联合信贷全新企业文化的基础。皮亚佐拉说："这些想法可以帮助我们将不同的几个分部银行整合在一起。成为大家统一的理念。"他和普罗富莫向公司管理委员会——集团前15或前20位的管理高层交流了这个想法，在得到管理委员会的支持后，联合信贷于2005年9月发布一份名为《团结篇章》的文件，阐述了公司的价值观及理念。

文件中专门有一部分谈到了利润，这让大多数非欧洲籍的员工感到惊讶。皮亚佐拉说："我们告诉大家，利润是自由的前提。当我第一次读到这个部分时，我觉得这就仿佛在向大家解释人为什么要呼吸。在我之前服务的美国公司里，利润的重要性根本无须提及；但是在欧洲，你就得告诉大家赚钱的必要性。在我读完之后，我发现这些关于盈利价值观的内容十分有趣。当金融危机来袭时，这个共识成了大家的重要动力。和每个公司一样，我们的确受到了金融危机的影响，但员工的职业操守丝毫未变。"

普罗富莫和皮亚佐拉通过从上至下，以谈话等形式向全体银行职员传达了一种精神：这些价值观是我们的根本理念，如果不服从将会带来严重结果。皮亚佐拉说："大家都确信，所有员工将会严肃对待这些理念。”公司甚至还特别成立了“团结篇章日”，每年的这一天里，员工们会暂停工作两三个小时，坐在一起热烈讨论如何在日常工作中体现这些价值理念。近几年，每年 9 月的“团结篇章日”变成了一个隆重的日子。皮亚佐拉说：“在刚过去的‘团结篇章日’里，每个讨论小组都会推举一名优秀代表，公司由下至上层层选举而出。最后，每个部门及分部推选一名冠军。然后，他们会和管理委员会见面，这其中并不涉及奖金，纯粹是一种精神上的荣誉。有些人甚至因此流下眼泪，他们从未想过自己会因为一些看似细小的行为而得到赏识。这个活动是管理委员会发挥领导力的一个绝好的方法。”

除了《团结篇章》，联合信贷还专门成立了“管理人员督察小组”。通过这个机制，员工可以对其领导的不良行为进行举报或投诉。在联合信贷业务涉及的每一个国家都有这样一个机构，根据所在地的业务规模，小组成员有 2 ～ 20 人不等。这个小组最大的不同之处在于，每一名小组成员都是公司刚刚退休的老员工。通过这个做法，优异的老员工在退休之后仍可参与到公司事务中，更重要的是，这能确保每一名小组成员对银行业务都有着相当的了解。就像皮亚佐拉说的：“这些人知道，否定一个贷款决议不是一个机械性的做法，这其中体现出一种判断力。”例如，其中一个小组的成员曾是公司里的审计主管。皮亚佐拉说：“他能把每笔支出和收入理得清清楚楚，他干得非常出色！”

皮亚佐拉来到联合信贷后，第一项任务便是整合高层领导的助理。比起其他银行家，普罗富莫更为重视，但可惜他们不知道如何培养出合格的工作伙伴。他回忆说："这些行政人员的工作方式非常老旧。他们无法帮助领导人用战略的眼光看待问题，也不能给予真诚的反馈和建议。"当皮亚佐拉决定替换这些人时，他们感到自己受到了威胁。最终，皮亚佐拉从公司外聘请了更加合适的人才替换了大部分助理。他还运用通用电气的方法，对这些人员进行职业技能培训，包括市场趋势分析、评估高潜力员工以及填补战略知识空白。

私募公司：改变理念

乔·赖斯（Joe Rice）与其他合伙人一道创立了最早期的私募公司之一 CDR，他相信私募公司在新时期转型中离不开调整价值观。他说："私募公司运营管理能力发展如此缓慢，其中一个原因在于他们都是由金融界人士创立的。要想完善地管理好员工，你必须乐意与他人分享经济形势，与别人一同做决策。但这对于金融界的成功人士来说并不容易。你会忍不住想'这个人真那么有本事吗？'我们公司一直都存在这样的讨论'他做了什么贡献？管理者应该拿得和金融部的一样多吗？'大部分的私募公司隐含着这样的问题。"

赖斯回忆起公司最初的发展，说道："当年我创建 CDR 时，已经在一家金融公司的私募部门工作了 12 年。20 世纪 70 年代初，我终于想清楚：一家公司不能只有金融才俊，因为他们根本不懂得管理。这些人擅长跟数字打交道，能让数字变得越来越漂亮，可一旦公司陷入麻烦，他们除了炒 CEO 的鱿鱼，什么也干不了。这样行不通。我们公司会持续很多年，总有遇到麻烦的时候。等麻烦来了，你就炒了 CEO，然后找个新人来从头开始；可公司这会儿不行，压根就找不来人。从任何方面来看，如果你真想在私募这一行干好，就必须要具备管理能力。”

另一家私募公司 TPG 从一开始就与众不同。自 1992 年以来，这家公司一直将管理看作最重要的方面。吉姆・威廉姆斯说：“当我们在收购某个破产公司或其中的一部分时，如果我们发现其在管理上需要重新整合，我们会把这条写进交易条款里。可以说，我们是这个行业里最早关注管理的公司之一。”TPG 的每一位合伙人都曾经执掌过大型企业，或在知名咨询公司担任高级合伙人或是高级管理者。

TPG 的第一大交易是在 1993 年收购大陆航空公司。大陆航空当时刚刚宣布了第二次破产，债务相当混乱，私募圈里几乎无人看好。威廉姆斯说：“我们做了大量宏观及微观分析，充分了解了大陆航空在行业内的竞争力，决定对其收购。之后，我们彻底改变了该公司原有的管理模式。”他们新聘管理者，此人曾在贝恩资本就职，曾在航空公司担任多年 CEO。几年后，大陆航空起死回生，在行业内的位置迅速提升。2010 年，大陆航空与西北航空合并，合并后，大陆航空总裁升任总公司高层管理者。

威廉姆斯说：“TPG 在当时的环境下应运而生，所以我们的模式从 开始就致力于管理优化和转型。我们很快就认识到人才即使不是唯一，但也是非常重要的杠杆。”CDR 同样凭借其管理优势在行业中自成一格。2001 年，通用电气前 CEO 杰克・韦尔奇作为顾问董事加入 CDR，比尔・康纳狄于 2007 年加入后创建了有别于其他 PE 公司的人事体系。在两位大员的助阵下，CDR 的管理效力大大提升。

下面，我们将向您介绍知名公司在培养人才时的具体“硬件”，包括具体的工具和技术、程序及管理机制。

第11章

制定正确的人才管理流程

想要在日常管理中把人才工作放在优先和中心位置，仅仅依靠伟大的领导者和健全的价值观是不够的。企业需要建立持续而规范的机制来管理人才。正规的流程使得企业能够井然有序地发掘高潜力人才，识别个人特长，帮助员工成长并持续关注员工的发展。任何向人才管理大师目标迈进的企业都应该后退一步，对公司现有的人才培养机制审视一番，确保这些做法能够达到预期目标，包括实现人才管理大师达到的员工亲密感。HR 部门要对这些机制进行修正，但企业 CEO 一定要充分参与和大力支持。

固特异：从不正式走向正式

在担任 CEO 的头几年，鲍勃·基根对人事部门只做了略微改变。对此，他解释说："当时，整个企业正面对巨大的转型，我觉得最好不要又多生出一些变化让大家应接不暇。而且，人事部门非常理解企业文化和员工的情况，在大多数情况下，他们可以准确地评价员工表现的好坏。他们拥有一套非常完善的工作流程。”

在确立新的企业行为和价值观时，基根主要依靠的是非正规流程。他以身作则，亲自教练辅导下属，营造出紧张而又公正的基调。作为一个实干派的领导，基根并没有整天忙于外务，而是亲自制定核心战略，监督运营，关注消费者，他参加公司几乎所有的重要会议。无论公司发展是否达到了预期，他都全力带领大家快速前进；无论是会议上还是闲谈中，他都鼓励员工们理解和遵守战略原则。

2008 年，基根已经准备好带领 HR 让固特异的人才管理更上一层楼。他从物色人选着手，而罗科的名字很快映入他的脑海。基根说道：“基本上，在选择这个岗位人选的时候，我的标准和选择其他管理人选差不多。但同时，我希望这个人能有在世界一流企业从事人事工作的经验。”罗科是通用电气消费者及工业生产部的 HR 副总裁，他似乎就是那个正确的人选。然而，康纳狄说：“基根并没有因此而想当然。”考虑到罗科曾是康纳狄的手下，基根特地与康纳狄通了长达几个小时的电话，详细了解罗科的业务水平以及团队协作能力等。当了解到罗科的专业素养无可挑剔后，基根又讨论起罗科是否能很好地融入固特异的问题。康纳狄说：“基根非常在意罗科的团队协作能力。他希望罗科从进入固特异第一天起就能为公司带来新气象，并能与其他高层管理合作愉快，而不是仅仅做好一个 HR 的本职。基根的事先工作做得如此深入仔细，让我非常钦佩。”康纳狄相信罗科一定能很好地融入固特异的管理团队并与他人互相合作。这一观点随后在基根与罗科的见面中立刻得到证实。基根表示：“很明显，罗科能力出众，而且和我们的团队一定会很有缘分。”

这种所谓的“缘分”很快就显现了。基根介绍说：“罗科加入两个月后，他就和我一起与董事会研究一些岗位的人才储备。我们一起去国外出差，一起和董事会深入地讨论岗位继任，长达几个小时的探讨之后，我们拿出了非常了不起的方案。他的确和我们非常有缘分，他的背景很好，对公司的贡献很大。他向董事会做了精彩的演示报告，他也能够很专业地与我一起评估高层人员的表现。”

在加入固特异的两年里，罗科为公司的人才发展计划增添了关键性的结构和流程。他说道：“从前是单纯的人才储备，现在已经扩展为整个公司范围内的人事考评、人才管理和领导力培养，这和通用电气强大的人才培养模式较为接近。”

罗科和他的同事们为固特异排名前 100 位的管理者量身打造了发展计划，为他们提供更为公正的人才挑选方法，以及自动化的业绩管理工具。例如，经理们现在可以使用电脑软件分析固特异有多么渴望留住某一个员工以及该名员工跳槽所带来的风险指数。这样，高潜力却有可能被挖走的员工就会受到特别关注，从而降低风险。

罗科说：“我们正努力打造一个完整的人才培养体系，其中的重点在于吸引、发展、激励和保留住一批精英人才。”

比尔·康纳狄大方赞扬了罗科对固特异的贡献。他说："罗科保留了固特异在人才培训方面原有的优势，大大完善了这套体系。他协助基根在公司内部组建起一支生气勃勃的精干队伍。他真正地在 HR、CEO、CFO 和部门负责人之间建立起有效合作。他陪同基根和克莱默走遍全世界许多地方，会见和考核固特异在全球各地的人才。他借鉴通用电气和其他一流企业的做法极好地完善了公司全球人才管理体制。他把高管考评变得更加公正，从而让高层们更清楚地认识到公司发展中的改进需求。就像基根说的，罗科已经和董事会建立了良好的关系，成为董事们在高管薪酬、人才管理和制度透明化等方面的好帮手。"

"罗科还大大提升了 HR 们的素质。对于 HR 部门来说，光是招几个厉害的 HR 专员却不更换 HR 总监的话，效果并不会理想。所以一直到世界级的 HR 总监罗科的加入，鲍勃才可以放心地让他管理好 HR 们。还有一点非常重要，罗科和克莱默相处得非常好，就像他和基根那样。我不禁想起最近的一件事儿。一个 CEO 新上任就炒了 HR 总监。常常，HR 总监会讨取 CEO 的欢心，却会得罪其他高层，因为他们只会服从大老板的指令，自然就会失去其他人的信任。"

在基根看来，人才发展过程中的一个重要部分是经验学习——也就是在不同的岗位和挑战中学习。许多人才管理大师都会将人才分配到新的部门和领域中，以此磨炼他们的才能。一旦人才获得机会在不同的工作领域下理解企业的核心战略，他将会迅速成长。例如，一位财务官如果被派到分公司的管理岗位上，他的才能就不仅仅是弄清盈亏，而是要学会如何与人共事以及多方位地考量企业前景。他们会习得新的技能，增强内在实力；他们能够更敏锐地聆听，更迅捷地筛选信息并做出判断。关键在于，他们学会更好地理解他人，认清哪些人值得信任，哪些人要提防；懂得自己的内心，避开工作中的盲点。

琼・克劳德・基恩（Jean Claude Kihn）便是一个例子。基恩是一名化学工程师，在固特异主要从事技术类的工作。但基根认为他是一个可用之才。基根解释说："他在世界各地生活过，但他缺乏商业经验，也没有如我所期待的那样在市场工作中发挥作用。"2003年，基根任命基恩为秘鲁分公司大区经理。基恩不仅从中学到了商业管理之道，而且凭借出色的管理风格受到同事的拥戴。

基根说："这是一个有趣的故事。我原本想让基恩回来担任技术部门的要职，但是拉丁美洲大区高层居然舍不得让他回来，他们想让他管理一个更大的国家分区。但这番美意对基恩来说并不是最佳路径。经过不到两年的锻炼，他足以回到总部成为一名出色的技术部高层。"

阿瑟・德・伯克（Arthur de Bok）2002 年加入固特异，担任欧洲区销售及市场部副总裁。此前，他曾在宝洁市场部工作了 13 年。他为固特异带来了现成的市场营销及产品管理方法。基根对他这样评价："他是一个优秀的将才，具有强大的管理思维，并且人缘很好。无论你把他派到哪个国家，他都能干得出色。短短几年内，他开始掌管全欧洲的消费者业务。又过了几年，他接管整个西欧大区。他之所以能够在短期内快速晋升是因为他具有很好的禀赋，善于建设自己的团队，业绩出众；并且他敢于做出艰难的决策，每一个欧洲区高管几乎每天都会面对艰难的决策。”

当然，里奇·克莱默，现任固特异CEO，也是一位大大的受益者。基根发现了克莱默的领导才能，不断给予他更大的舞台去成长。自从基根接管固特异，克莱默先后担任过六个职位，个人能力快速提升，最终从公司财务副总裁成为CEO。回想起来，这是一条非常理想的职业发展路线。

作为战略领导者，克莱默并没有将注意力停留在财务数据上，他积极地与基根一同分析固特异的未来发展趋势并做出决策。他很快升任财务总裁，负责战略执行。对于一个财务总裁或是业务主管来说，这是一个非常难得的机会，就连很多运营高层都未曾得到这样的机遇。

对CFO来说，成为CEO的最佳路径就是参与到纷繁的管理中。担任首席财务官之后，克莱默被任命负责整个北美大区的轮胎业务。北美大区不仅是固特异最大的销售地区，同时利润非常微薄，克莱默面临着削减成本的挑战。对此他说道：“这个职位对我是个很大的发展，我很清楚公司给了我一个宝贵的机会。但是，我确实对北美的业务早有了解，我了解这里的消费者和财务状况，所以我做得得心应手。”

克莱默和罗科一同视察了许多国家的分公司，他们不仅了解那里的财务状况，也包括人事情况。克莱默说：“如果大区经理带我们出去游玩，我们就会问他谁能替他看管公司。然后我们会问地区经理，他觉得大区经理下一步应该做些什么，如果大区经理离职，你觉得谁是最佳的继任人选。我们努力让每一个人都更加关心人事问题，更好地评价他人。你越是问他会把谁放在重要岗位上，他就越清楚自己在人事上的想法，了解到这种想法到底是强烈的还是微弱的。如果有谁说某个人应该被升职，我们就问他‘如果这个人不是固特异的员工，他交上简历应聘的话，你会雇用他吗？’这样一来，他就会明白如何更好地选择和评估人才。”

在固特异，外派任务是经验学习的重要部分。融入新的文化对执行公司的新战略很重要，包括了解新兴市场消费者的需求。基根和克莱默都有过海外工作的经验。克莱默曾在普华永道法国分公司工作，基根在柯达的十几年间在好几个国家工作过。他们清楚，外派任务不仅考验个人的业务能力，更考验个人在不同文化下与人合作和交流的能力。基根说道：“无论是在英国、西班牙还是新西兰工作期间，我发现各地的人们有着不同的工作方式和思维方式。虽然大体的价值观差不多，但在劳动力和客户情况上却大相径庭。我必须很努力地弄懂应该如何在这里培养人才，了解当地的市场特征。在这样的环境下，你的学习速度会快很多。”

外派还有一个目的：将最好的总部人才安排到国外担任要职。和其他许多在第二次世界大战后走向国际市场的老牌美资企业一样，固特异决心走向阿克伦以外的国外市场。虽然总部高层可以时不时出去视察，但终究无法长期驻扎并充分了解海外文化和市场情况，这对于怀有国际抱负的公司来说不是长久之计。现在，当地的高级执行官个个都对所在地区的文化、语言和特性了如指掌。

固特异人才管理中的一个重要进步就是75%左右的领导者都来自集团内部培养。在基根担任CEO的最初几年里，管理团队中差不多有一半都是从公司外部聘请的。这并不意味着企业的最终目标就是全部从内部选拔，或者设立什么内部人多过外来者的目标。基根说："我们并没有限定数字。我们需要时不时从外部聘请人才，为企业注入新鲜血液。但是否真的有75%或是其他什么数据的管理者从内部提拔，我也无从所知。我只知道，这个数据肯定不是50%，50%的比例暗示着公司正处于巨大的转变中。如果这个行业发生戏剧化的变革，也许我们会那么做。但现在，我们没有这样的计划。"

另一个重大举措便是在基根退休后，克莱默于2010年2月继任CEO及董事长职位。在宣布这个消息时，固特异董事长詹姆斯C. 博兰（James C. Boland）称为"精心计划之下理性判断与人心所盼的完美结合"。帮助固特异打造高层队伍的康纳狄评论道："这是整个公司的一个重大变化，他们已经能够通过自己的体系培养商业领袖。现在，克莱默将会把这个体系带向更高的层次，使之更为系统规范。但我的意思是说，这个系统本身不能丢。CEO可以换人，但这个培养杰出人才的体系必须保留。"

当然，这需要时间，尤其是在这样一个国际公司。克莱默表示："我们大多数的招聘仍将是国际化的。当我们在泰国或是东欧的负责人决定提拔一批员工时，他们该如何甄选？我们怎样才能做出正确的评估，由谁来做？现在，我们还不具备一套完整的体系。这将会是罗科和他的国际团队未来工作的一部分。”

基根将他大约 1/3 的时间贡献给人才和领导人才培养，克莱默甚至打算花更多的时间。他说：“我们有很多优秀的领导，但他们现在已经都处在了高位。如果现在我们要把其中某位换掉，我们就不得不从公司外聘请。我的目标是从底层开始培养，要想实现这样一个人才库，必须从公司最高层一级一级往下实施。如何为每一个产品部门找到最优秀的经理呢？我们必须找到合适的人选，磨炼他们，将他们送上更高的位置。”

基根和克莱默过去 10 年共同走过的旅程显示，有效的人才管理能够改变战略方向和企业文化。克莱默说：“我们具有全球知名的品牌，我们的市场正在以前所未有的速度扩张。在中国、印度和俄罗斯等地，汽车拥有者的数量比任何时候都在更快地增长。这是一个百年行业，在未来一百年仍将繁荣，而我们将成为业内的领军者。”

联合信贷：改变企业文化的体系

在改革的征途中，高管培养计划（EDP）一直伴随着普罗富莫（Profumo）和皮亚佐拉（Piazzolla）前行。联合信贷的 EDP 与通用电气的做法有相似之处：高层领导们召开会议讨论高潜力管理人员的表现，共同商讨人事决定。皮亚佐拉说：“这是管理上一个很大的挑战。我们谁也没经历过如此复杂和庞大的管理任务。我们说‘好吧，我们都得学习。我们现在要做的不再是业绩管理，而是高管培养——我们如何确信自己成为了更好的执行官’。”EDP带来了一种固定的领导力传承和接力的流程。

通常，EDP包括一系列连续五天的会议，每年4月和5月举行，地点定在米兰总部。但是2010年，公司决定扩大举办地点，除了米兰，还包括慕尼黑、维也纳和波罗尼亚的地区总部。分区的各部门负责人以及HR参加了会议，他们向普罗富莫和皮亚佐拉汇报了各自在组织和战略工作中的挑战。然后，大家就人事和管理者队伍的问题进行了广泛讨论。所有的部门领导和与会人员都会填写自我考评表——个人在上一年做了什么、职业抱负、主要长处以及发展需求。每个人都会收到反馈，并有机会给予回复。第一届会议是在2006年，大约400名高级管理者参加；2010年，参会者超过4000人，其中500名高级管理者还会特别进行深入的会谈。

2月和3月，公司上下共进行了94场这样的会议，每场会议的高潮在于高层领导会晤。顶层领导会就公司管理和主要人才进行细致评价，时间达3 ~ 6个小时。皮亚佐拉说：“让我满意的是，这些领导对评价工作非常认真，HR也会尽力协助。”会上，领导者主导谈话和讨论内容，HR负责安排流程、促使大家真诚交流以及相关跟进工作。此外，领导者还会各自推举一名最佳人才。整个讨论部分统称为“人才管理考评”（TMR）。这表明联合信贷正努力为将来打造一个固定的人才管道。皮亚佐拉对此评价说：“这个管道的建设对公司文化非常重要。人们对此广为谈论，相当关注，每一位领导者也觉得培养优秀人才是义不容辞的事情。”

联合信贷的价值观也融入这一过程中。例如，皮亚佐拉说，最早的一次会议便是他向普罗富莫阐述 HR 部门的作用。“这就像是给别人上课。亚历山德知道他可以问我任何问题。整个讨论中，我们有 2/3 的时间都在谈论一个人。他业绩非常好，无论给他什么任务，他都能完成。但他的领导风格却不是亚历山德所提倡的那种。突然，他对我说‘你知道吗，我不觉得这是我们想要的人选’。我们达成共识：不认同企业文化的人不属于这个企业”。他还补充说：“我们初期的这种评估非常有帮助。当你和亚历山德第一次谈论某项业务时，他不过是试探性地提出疑问。然而第二次你再和他开会时，你会惊讶他会有如此之多的问题。”

第一届高管培养计划之后，公司进行了一些人事变动，这是大家没有想到的。皮亚佐拉说：“这让大家都很意外。当亚历山德谈我们是如何需要高素养的、认同企业价值观的人才时，却没人想过该怎么处理那些不合格的管理者。也许我们可以将他派到相对没那么重要的岗位，但他仍然是公司一员。我们过去三四年间所做的一切确实深刻地改变了公司的领导力。”

“现在，每个人都意识到，特别是那些身居高位的人，没有谁的饭碗是一定不会丢的。业绩考核和价值观体系会得出结果，谁都能看得到。”

拥挤的“右上角”

在人才评估会议上，皮亚佐拉介绍了用于评价管理者的九宫格方法。这个方法的考核重点是业绩、价值观和潜力。皮亚佐拉说："这和通用电气的九宫格类似。但有趣的是，我并没有要强制推行这个办法，我从未说过'让我们用九宫格吧'。我们只是想多增加一种人才考核的综合性方法。我让大家自由讨论，最后我们得出了这个结果。只是到了会议最后，我说'通用电气也有九宫格法呢'。虽然这九个矩阵中有些核心内容与通用电气的一样，但却是我们自己的特色。例如，我们对这九个矩阵并没有强制性的排序。"

你要教会管理者很多，才能让他对考评严肃对待。常常管理者们很难做出九宫格法所要求的艰难抉择。皮亚佐拉说："几乎每个人都把自己 90% 的手下放在了右上角。然后我们就会讨论说'我们现在的观念前提是我们面临着一个新的挑战，也许我们自己都不足以放在右上角，怎么可能这么多人都放在那儿呢'？所以前两年，我们主要是对管理者进行培训，教会他们如何进行评估。比如，亚历山德亲自讲一个人从一个矩阵移到另一个，说'看，马里奥根本不属于那里，他应该在这儿'。然后，我们会就此进行讨论。"

通过以身作则和直接对话的方式，皮亚佐拉发现普罗富莫仿佛成了另一个杰克·韦尔奇。他说："我从不谈论韦尔奇，因为我们都应该专注于自己的工作。但我的确要说，如今的亚历山德行为风格和影响力与韦尔奇非常相似。这种榜样的力量会从公司高层一直延续到底层。如果还有哪位管理者不因此改进，你猜怎么着？他再也不会出现在这里。"

联合管理中心：都灵的“克罗顿维尔”

与通用电气一样，联合信贷很大程度上依靠教育培训中心打造企业文化。“联合管理学院”好比联合信贷自己的“克罗顿维尔”。这个超一流水准的管理中心负责为企业大规模培养人才、整合企业文化以及与消费者互动。和克罗顿维尔一样，中心地处总部以外，位于离米兰一个半小时车程的都灵。这样，中心便可完全中立地进行业务和文化培训。联合管理中心其实是个独立的公司组织，由安娜·西米奥尼（Anna Simioni）担任 CEO。西米奥尼 1997 年就加入了联合信贷，11 年中，她曾在欧洲和美国负责战略咨询业务。西米奥尼相信，一个人的学习能力和态度与工作中的成功联系紧密。她说：“在今天的银行业，这个道理更为重要。停止学习，视野就会丢失。为了实现公司的使命，我们需要伟大的领导者，所以我们可以做很多事情来加强大家的学习能力和态度。”

联合管理中心成立于联合信贷并购之后，其宗旨是帮助员工统一文化理念、转变价值观；让来自各种背景的人们——从投资银行、商业银行、资产管理到零售业的人们彼此互相学习。为了实现这个宗旨，联合管理中心采取了“实践中学习”的理念：具体包括解决实际工作中的合作与创新难题，以及模拟商业情景进行案例讨论。这种安排与克罗顿维尔的做法相似：让不同国家和文化背景的人们聚在一起，致力于学习合作与创新，创造一种通用电气的领导模式。在参加人数方面，2009 年，大约 8500 名学员参训，累计达19 000学天。

在环境设置上，联合管理中心的布置更像一个影视工作室，而不是会议间。中心会议区的设计非常现代化，空气畅通、宽敞明亮，并设有巨型荧幕。这里的气氛自由随意，人们可以在集体讨论时畅所欲言。中心还设有特别的房间，例如“能量室”便是为了促使人们交流想法，你可以在任何平面上，甚至是桌子和地板上随便写字涂鸦；“交流室”则设有圆形桌子和厨房，营造出放松的环境，让大家轻松互动。

联合管理中心与众不同的一点是，演讲者在进行展示的时候，其身后会有一位艺术家在一块3.6米长的板上用图画和文字的形式记录。在每一次展示之后，这些图画会被以彩色打印出来，发到每一位参会者手上。这些艺术家都具备一定的商业知识，知道什么是重点。这些图画同时也是一个检验器：任何演讲中不一致的地方都会得以体现，每个人都会看到。

皮亚佐拉说：“从根本上说，培训中没有老师，只有协助者和相关方面的专家，我们希望人们能拥有一个自我学习的环境。我们会提供激励的工具，提高学习的效果。整个培训的效果出奇的好，因为人们都摆脱了日常的生活，进入了一个完全不同的环境，他们在中心重新学习和被塑造。这对我们塑造新文化大有帮助。”

像普罗富莫和皮亚佐拉这样的高层领导也会专门花一些时间在联合管理中心。每个季度，集团前100名高管都会来到中心。在一天半的时间里，他们彼此互动，交流商业和战略问题。

排名前 400 的管理者也会每年聚一次，共处两天。2009 年的交流主题为“银行业，再装弹药”；2010 年 2 月那次会议的主题是“我们这些联合信贷管理人”，大会集中讨论了集团新使命及其对 400 名管理者的意义。大会最后，400 名管理者每人被要求以邮件的形式阐释自己 2010 年将会做出的贡献、预期的挑战和成就。

皮亚佐拉说：“现在，我们还会邀请消费者来到这里，帮助我们重新理解银行业。我们的目的在于倾听他们的期望，找出实现的方法。在了解情况、调查客户满意度和企业名誉的基础上，我们正在以全新的方式和客户交流。所以，中心真地能够帮助企业发展。我们将这里视作企业文化的孵化器。”

“人们在这里学习，他们脸上挂着笑容，他们获得了动力，迫不及待地要投入工作。这里真是一个很棒的熔炉。而且跨文化的交流真是太有意思了！”

“同时，这种培训也为企业注入了坦诚，我们的确看到了改变。坦诚是相对的，需要时间培养。在银行业和意大利企业界，坦诚并非与生俱来，但是人们已经开始看到坦诚的重要性了。联合信贷前进的重要因素包括企业的价值观以及管理者的真诚和开放。亚历山德说到做到。他有非常棒的直觉和一流的团队帮助他改变公司文化，而且他自己也会勤奋地钻研，无论是在业绩还是价值观上，他都极力提倡公开、诚实和负责。”

“联合管理中心本身就是一个公开公正的场所。当人们第一次来到这里，他们并不情愿敞开心扉，但他们很快就会感受到渴望学习、公开和信任的氛围。我们确信，如果没有联合管理中心对员工的价值观和企业文化加以培训的话，联合信贷不会顺利实现转变。”

将人才培养贯彻到底

对联合信贷来说，人才管理工作还处在日渐完善中，毕竟不可能一夜之间就成为像通用电气那种级别的人才管理大师，特别是在银行业。就像皮亚佐拉所说：“银行业在我的印象中一直都是非常官僚和保守的，你根本不需要像其他公司那样做一些事情，振奋一下人心。我刚来到这里时，让我惊讶的一件事就是这里的一切都和薪水有关，所谓的动力和成功都与金钱扯在一起。”

如今，公司与排名前500名的高管形成了亲密互动，很好地了解他们的优势、发展需求和上升潜力。对于其他员工，公司坚持将发展程序贯彻到底。皮亚佐拉回忆说：“在我们的第一届培训中，我们惊讶地发现大多数岗位都没有相应的储备人才。我们让每个部门列出一页后备人才的名单。我们收到了很多，然后我们问道‘对这些人，你都了解吗’？答案常常都是‘不，这名单是HR给的’。这是一种极端。还有一个人太诚实了，所以直接交了一张白纸。他说‘我发现自己根本不认识什么本部门的人才，所以我决定许下这个承诺，明年，我会交一页名单给您，我保证会了解名单上的每一个人’。”

上一年，联合信贷为排名前 500 位的每一位管理者都选择了一位后备继任者，其中 90% 来自公司内部。普罗富莫坦诚地说他还没能找到自己的继任者，“但是我们有一些非常优秀的 30 多岁和 40 岁出头的人才，他们在未来 5 ~ 10 年内将会成为优秀的 CEO”。

许多管理者至今没有弄懂何谓发展需求，这并不是一个能轻易培养起来的思维模式。许多管理者在多年工作中，惯性地认为自己已经做到了最好。对于任何批评，无论出发点多么善意，他们也会视作一种个人攻击。许多人一开始会觉得找不到方向，心里很沮丧。皮亚佐拉说：“这对他们来说是全新的内容，就像航天科学那么难。培训非常重要，你必须把这种道理跟他们说清楚。”

在通用电气，这种人才培养的理念经过一代一代人的努力才被完全接受，但是联合信贷也许能快点儿。皮亚佐拉说：“一旦管理者充分理解了反馈文化的含义，他们会给予支持。如今，很多员工都会主动询问别人的反馈，帮助自己更快地成长。我们推行了这种文化，现在这种管理和人才培养的方法已经在企业扎根，甚至成了一种‘瘾’。经理们现在认识到这和他们自己的文化息息相关，这是他们培养人才的工具，他们可以用得很好。”他还补充道，公司董事会对新的人才培养方式给予支持。“他们不得不改变自己的想法，认识到反馈不是什么坏事。同时，他们也认识到我们对建设未来领导力非常重视。”

“这些就是我们希望做到的。对于通用电气来说，这没什么新奇的，但在银行业绝对是一种创新。”

CDR：向通用电气学习

CDR 比很多同行公司都更早地认识到：私募公司需要能够做出重大决策的管理人才。CDR 现任 CEO 唐·高戈尔（Don Gogel）于 1989 年加入公司，一直负责业务挑选和监管成员企业。在 CDR，主管金融和运营的合伙人会坐在一起，为收购来的成员公司“把脉”。然后，主管运营的合伙人会帮助成员公司的领导者加强企业管理。高戈尔说：“我们会仔细分析成员公司在管理上的欠缺，然后帮助他们解决。”

CDR 也开始了对领导力培养的学习。例如，在 1989 年，公司收购了 IBM 的打印机业务，之后更名为“利盟”(Lexmark)。这笔耗资 16 亿美元的交易是当时私募界最大笔的收购案。当时的利盟内部根本谈不上有任何领导力。IBM 只在为数不多的下属公司里设有培训中心，而利盟不在其中。高戈尔说：“我们需要建立起一家公司，我们需要不同的方法、人才和文化。比如说，公司根本没有薪酬激励制度；IBM 坚持双采购，这与加快生产循环并没什么关系。最关键的还是更宽泛的人才管理。”CDR 为这家公司引入了很多人才，包括一名财务总监和销售总监；考虑到 IBM 从来没有通过零售渠道销售，公司还聘请了懂得零售业务的人才。高戈尔和运营合伙人查克·埃姆斯（Chuck Ames）（古德利奇公司前领导人）甚至还亲自从 IBM 竭力争取了一位产品发展经理，这是利盟急需填补的一个岗位。保罗 · 克兰德（Paul Curlander）曾是 IBM 生产出第一台激光打印机时该项目的工程师，之后升任为 IBM 副总裁。一开始，保罗并不想离开 IBM。高戈尔说：“对保罗来说，没什么是比在 IBM 当副总裁更好的了。而突然冒出来一些古怪的家伙，热切地从纽约给他打来电话，请他去主持产品发展部，还跟他说他肯定会爱上这份工作。”在反复地劝说下，克兰德最终接受了这份邀请。他的努力得到了回报，他现在已经是利盟的 CEO 了。

虽然如此，利盟公司直到 21 世纪初才有了人才管理系统。高戈尔表示：“我们原本的想法是凭借原有的团队维持管理，但是随着业务越来越大，我们不得不再增添几名高管，例如 CFO。但是，公司依然没有强大的人才评价体系。”取而代之的是，公司积极从外部招纳人才。公司与知名高端猎头公司史宾莎（Spencer Stuart）形成了紧密关系，但主要的负责人依然是高戈尔。他本人密切关注着全球各地的优秀 CEO，积极与他们交谈，向他们请教，总想着是否可能让他们将来成为 CDR 的运营合伙人或是咨询顾问。事实上，他这种广识人才的做法也是一种制订继任计划的形式。他说：“这是我们在 20 世纪 90 年代里的一种优势。”他补充道，他现在依然会争取每一个机会多与 CEO 们见面。CDR 通过一种非正式、学徒式的方式培养年轻人。主要负责人和年轻的合伙人会跟随老将学习他们如何进行谈判、审核以及评估，从中发展自己的技能、吸收企业的文化。

高戈尔说，培训和扶持管理团队是一种长期的艺术：“我们的职责是让他们成功。如果他们不成功，那么我们这些老将中的一员就得前往某地亲自管理成员公司。从前，差不多有 1/3 的收购案里，我们这些元老必须前往俄克拉何马州或者达拉斯州的某个成员公司担任 CEO。而在过去的八九年间，情况大有好转，这都得益于更好的人才培养。”

事实上，真正使 CDR 专注于人才的原因在于 2000 ~ 2002 年的经济萧条，CDR 1/3 的成员公司都宣布了破产。高戈尔说：“突然间，游戏走到了另一个层面。成员公司面临着来自海外的更为复杂的情况，包括海外竞争、全球供应链管理以及应对国际市场的变化。我们的运营合伙人不得不进入到成员公司，帮助他们应对困境。”

就在这期间，高戈尔开始聘请经验老到、位高权重的首席执行官们担任运营合伙人，这其中包括 2000 年加入公司的乔治 · 塔姆克（George Tamke）和罗伯特 · 夸尔塔（Roberto Quarta），以及 2006 年加入的查理 · 班克斯（Charlie Banks）和吉姆 · 伯格斯（Jim Berges）。塔姆克和伯格斯都曾是以运营著称的艾默生电气（Emerson Electric）副总裁。夸尔塔曾供职于总部位于英国的航空制造业集团 BBA，先后担任 CEO 和总裁，他现在主管 CDR 的伦敦分部。班克斯曾担任世界最大的暖气和管道分销商沃斯利集团（Wolsley Group）CEO。此外，运营合伙人还包括 ABB 集团前 CEO 弗雷德 · 金德尔（Fred Kindle），以及保险公司奥尔斯泰特集团（Allstate）前著名 CEO 爱德华 · 里迪（Edward Liddy）。这些人每人都担任 CDR 旗下至少一家公司的执行委员会主席一职。

高戈尔经常通过一对一的坦诚对话对这些管理者进行评估。当中有些人一开始觉得反感，毕竟他们都当过很久的 CEO，被人密集提问很不适应。高戈尔说："但我们对每个人都会这样，这是带教工作的一部分。"如今，他也会让这些人每年给自己做个评估。

2001 年，CDR 成功聘请到杰克 · 韦尔奇，公司向前迈进一大步。高戈尔说："我们这么做并不是因为他很有名气，真正吸引我们的是韦尔奇亲自开发出了通用电气强大的思维，这几乎是世界上最先进的企业思维，我们希望能够加以复制。我们邀请他靠的是一句话'做您想做的'。而他最爱做的两件事儿恰恰是做交易和做运营评估。"

韦尔奇迅速成为了 CDR 领导力培养的强大驱动。多年来，CDR 进行运营评估的方式是金融和运营合伙人与成员公司领导坐下来深入交谈，这样的评估每年进行两次。原本的评估侧重于业绩考核，而现在则越来越多地关注于人才考量。韦尔奇将这些管理者带到了一个更高的层次，他将人的因素与商业结果联系在一起，并且将著名的"穷尽一切、最大利益"式的培训方法运用到了一个全新的商业领域中。高戈尔说："一开始，经理人曾经反对过，他们觉得自己够优秀的了。当然，他们确实很优秀。但是之前，我们创造了一种谁都不会批评他人的文化。自从韦尔奇开了第一场会议后，这种文化立即消失。他说'你们都太客气了，来点儿狠的挑战，这才是你们该做的'。然后，他就教他们该如何做到。韦尔奇成了 CDR 的王牌教练，教导高层如何发现事物本质，理清因果关系。然后，经理人们又会将这种风格在各自公司传下去。现在你不会晓得谁会提出尖锐的问题，整个公司都学会了杰克式风格。”

韦尔奇加入 CDR 六年后，高戈尔又请来了康纳狄帮助公司提升人才管理体系。高戈尔对康纳狄的期望是：“我希望 CDR 能成为拥有最优秀 HR 管理和人才的私募公司。”在对所有成员公司进行细致调研后，康纳狄拿出了一份详细的人才评估，这份评估的专业度是公司前所未见的。例如，在进行人才评估之前，康纳狄会亲自听取每家成员公司 CEO 的直接汇报，内容包括公司成就、过失、领导力强弱、发展需求、未来潜力、个人的发展计划和继任者的问题。随后，康纳狄会在一年中对成员公司进行非正式考核，最终得出评估报告。所以说，在今天的 CDR，人才管理工作已经走上了正轨。

提升 CDR 成员公司的人事管理

康纳狄同时也给成员公司的 HR 部门带来了新的活力。他说，“这些公司里有很多优秀的 HR 专员，但他们都待在自己的小天地里，完全与外界隔绝，不同公司的 HR 们彼此都不相识。我觉得如果能把他们聚在一起将会是很好的做法，他们能够互相认识、扩大人际资源、交流经验”。

他组织了一个 CDR 人力资源委员会，每年将各成员公司的 HR 总监聚在一起两次。大多数时候，聚会都是非正式的。聚会由各分公司轮流举行，一般以一个社交晚宴开始。接下来的一天里，大家会彼此交流好的经验和做法。对此康纳狄说："我们以这种形式活动，这样让正式的谈话听上去却不会拘谨。我们首先会交流一下每家公司的情况：当前的走向、公司和 HR 遇到的挑战、人才的缺口和保留、劳工问题、赔偿金、医疗保健等。我们还会交流员工对公司的认可度，彼此交流好的做法。我会把高戈尔对我说过的期望重复给大家。会议之后，每个人都满心鼓舞，他们认识自己绝不是孤立无援的，而是可以尽情地互相学习。"康纳狄还会鼓励这些 HR 参加每半年一次的人力资源研讨大会。该会议级别很高，每次都会有约 300 名公司里的专业人士出席，康纳狄鼓励 HR 通过大会积极拓展自己的人际网络。他告诉他们："我希望 CDR 能在诸位的鼎力相助下，成为私募界拥有最强大 HR 领导力的公司。"

康纳狄还与人力资源咨询专家们共同努力，对所谓的"热力图表"进行了升级。这张图表用颜色代表密码，作用是评价管理者们在各个层面的表现。这张图表会涉及 CEO 及其直接下属的表现。考核重点是财务成果，绿色、黄色和红色分别表示通过、警告和危险。HR 团队将图表的考核范围扩展到包括领导力潜能、人才保留机制以及高层是否具有岗位继任计划等。表格中还新加入了一页，阐述被考核领导者的主要优势、发展需求和未来的重点行动。最后，考核会总结该名领导者在过去一年里所取得的成就。

康纳狄说："这个变化让成员公司的 CEO 和 HR 总监能够在人才考核中想得更周到，例如关于潜力、人才挽留和继任问题。如果你在工作表现和潜能两个方面得到了绿色，在人才保留方面得到了黄色，继任人选方面得红色，那总体上就得敲响警钟，立即改进。如何让黄色变成绿色呢？如果某个高管出现了跳槽的倾向，想去其他地方当 CEO 的话，那么你最好立即对他挽留，同时也要做好继任者的挑选工作。这样的事情处理得越多，人们就自然越能够理解。”

尽管如此，康纳狄还是能快速指出有待提高的方面。例如，如今还是得花上几个月的时间才能敲定 CEO 的后继人选。但是，CDR 已然成为了私募领域内的人才管理大师。毕竟，难道您不渴望得到像杰克 · 韦尔奇、雷富礼、温迪 · 班加和其他人才管理鼻祖的指点吗？

TPG 的人才管理之道

私募公司 TPG 的人才管理方法相对简单些。一方面是由于公司致力于招纳正确的人才，另一方面则是因为公司拥有像吉姆 · 威廉姆斯这样的人才管理高手。吉姆说，“公司一直与猎头公司保持密切合作；除此之外，我们也会非常努力地发展自己的人际网络”。公司详细列出了渴望合作的人员名单。过去七八年里，TPG 积极邀请 CEO、CFO 和 HR 总监参加各类会议，并会请来知名管理人前来进行讲座，包括福特公司的 CEO 艾伦 · 穆拉里（Alan Mullaley）和沃尔玛集团前 CEO 李 · 斯科特（Lee Scott）。会议中，来自 TPG 的参与者们积极地扩展着人际网络。威廉姆斯说：“这是非正式社交的一部分。在学习过程中，他们可以和别人交谈，在会议结束后建立自己的社交网络。如果你给他们足够的时间和机会，这张网络可以无穷扩大。坦白说，这确实称得上是一种独门秘籍。”

威廉姆斯不断从知名公司聘请来经验老到的 HR 帮助公司负责成员企业的人才培养工作，其中包括来自诺华的阿尼什·巴特洛（Anish Batlaw）。巴特洛主管 TPG 旗下在中国和东南亚的成员企业。其中，他协助中国一家汽车经销公司的 CEO 积极招纳物流管理、信息系统以及企业管理等方面的一流人才，让公司管理走上正轨。两年后，该经销公司年营业额增长了 3 倍，企业利润增长了 5 倍，TPG 和中国成员企业实现共赢。

虽然 TPG 的人才培养体系算不上精致周密，但却非常全面。大部分的私募公司每年都会让成员公司的 CEO 回一趟总部，汇报公司现状。在 TPG，威廉姆斯和核心成员们每周都会对旗下大约 60 家成员公司中的六七家进行深入的考察，其中一部分就包括人才考量。此外，威廉姆斯每年中期都会对所有成员企业的人才情况进行考核，并在接下来的一个季度跟进各家的改进情况。

威廉姆斯说：“以前这些工作被更多地视为纸上谈兵，但其实这些考核非常有意义。我会把 60 家公司的老总全部叫到一起说‘这些方面做得还可以，另外一些方面不行’。有些人以为所谓考核就是一份述职报告，但其实我更关注的是人才问题。”

LG 电子公司：创新的人才移植

就像我们在前面所了解到的，如果没有外界新鲜血液的协助，

LG 电子 CEO 南镛将无法达成企业国际化的目标。但寻找一流的国际人才也就意味着将非韩国化的风格植入到一个根深蒂固的本土企业中。

南镛非常创新性地开创了一种办法，让非韩国籍的高管在为公司服务的同时却不造成任何文化上的摩擦。他将这些人任命为高层，直接向他本人汇报。但他并没有立刻给他们分配业务责任，他们最初的任务是形成一个强大的智囊团，向企业的业务经理们传授一流的管理经验，并为世界各地的 LG 电子的员工进行培训。南镛从辉瑞聘请了一名市场部总监；从 IBM 聘请了一名采购总监；从惠普聘请了一名供应链总监；从麦肯锡聘请了一位战略总监；从福特公司聘请了一名 HR 总监，其中没有一位韩国人。

这样的安排使得外籍总监们能够快速将自己的专业经验为 LG 电子增值，同时也能让他们有充足的时间理解 LG 电子和韩国文化，从而树立起自己的威信。南镛认为，如果让新加入的高层立刻担负起管理职责，他们将很难快速获得本地管理团队的支持。而这种缓冲的方式既能让他们扩充 LG 电子的文化内涵，也有助于他们自己建立网络、赢得拥护。如果一切进展顺利，他们最终将挑起管理大梁。

南镛的做法减少了外国高管因为文化差异而无法融入企业的风险。他本人对此解释道："整个公司很容易理解我想得到国际人才支持的这个想法，所以这些高官栽跟头的风险整体比较小。在理论上和现实中，我们鼓励自己的员工向这些精英学习，增强自己的技术和能力，而不是让他们觉得自己被'空降兵'监控了。"

在南镛广纳贤才、实现企业领导力国际化的过程中，他必须解决韩国和美国这样的发达国家之间薪酬差距的问题。他必须按照国际市场的行情为海外高管们支付薪酬，但也知道这可能引起本国员工的非议。事实上，韩国员工很清楚差距确实存在，只是他们依然难以接受这发生在自己的公司里，特别是当“空降兵”们迟迟还无法适应新工作内容的时候。南镛经受住了人们的议论。很快，外国高层们的威力得以显现，反对声音很快平息。

LG 电子的管理队伍大大提升。2010 年，这些高层当中，已经有一位可以回国全面管理当地的 LG 电子分公司，这位名叫詹姆斯·夏德（James Shad）的高管凭借其市场和管理方面的专业技能给企业上下留下了深刻印象。在工作中，他显示出极高的敏锐度，而他的领导风格也深受南镛的赏识，认为他是公司跨文化环境下领导方式的榜样。最终，南镛做出了大胆决策，任命夏德主管 LG 电子最重要的海外市场——美国市场。南镛的举动同时也显示出，所谓的国际人才不一定就非得是外国人。夏德为韩国国籍，在哈佛大学完成学业后加入了著名的麦肯锡咨询公司。2007 年，他加入 LG 电子，担任商业审计部门副总裁一职。2010 年间，他还曾被任命为 LG 电子欧洲大区 CEO。南镛坚持认为，选择精英依然要考虑经验和职位的匹配度，不能随便拉一个精英放到一个风马牛不相及的位置上。

LG 电子多元化的人才背景同时也透露出另一个信息：LG 电子热忱欢迎世界各地的人才精英，且必定会给予他们最大的支持。如今，LG 电子对很多国家的顶尖人才都具有很大的吸引力。在南镛的鼓励和支持下，一些主要的地区负责人相继在欧洲、非洲和北美的一些国家担任该地区 LG 电子的 CEO。这一举动促进了各个市场的快速发展，本地化战略进程也得以加快推进。

南镛以世界一流、而非韩国一流的人事标准为新加入公司的人才提供支持。曾经，当 LG 电子仅是一家靠缩减成本为驱动的企业时，传统韩国式的“命令与控制”的人事管理方法倒也奏效。但如今，这种方法已经阻碍到了激发员工的创造力和创新能力。在这种理念下，一些人才转投他处另寻发展。此外，要想让 LG 电子的事业在全球版图持续发展，人们必须要能够很好地共事。和绝大多数跨国公司一样，LG 电子在走向国际化的过程中形成了矩阵式结构，且各地域、部门和项目之间的合作对公司的快速发展和赢得竞争则显得尤为重要。而要想使得矩阵结构发挥出应有的力量，就不能特别赏识或奖励某一部分，应当以均衡为重。

南镛亲自列出了四项新的领导力标准，他用这些标准挑选和评价管理者。在谈及这些标准时，他清楚地表示，所有管理层都应当努力，争取和他来直接领导一样出色。

能力

管理者的知识范围和成长空间到底应该多宽广？他们能够同时具有宏观和微观的商业洞察力吗？南镛会在对话中向他们提出尖锐的难题，并观察他们能否从宏观和微观两个角度看待问题，以此进行考察。如果对方合格，那就意味着他可以担当更重大的职责。

激情和渴望

他们是自己渴望成功，还是说只是被上层逼着前进，他们对自己的工作和事业充满激情吗？南镛希望管理者能够不断自动给自己提出更高的要求，而不是在他人的鞭策下工作。这样，就可以有更充足的时间探讨战略和未来趋势。一个能不断提高目标的人，往往离成功很近。

动力

他们是否充满动力，是否能够激励他人？领导者有责任帮助他人发挥自我潜力，从一开始就与下属建立联系，不断激励、观察他们。当员工遇到困难时，他们更应该教练辅导而不是指挥员工。

团队精神

他们是否能做到给予别人教练辅导和支持，而不是颐指气使地加以指挥？即使是作为 CEO，南镛也坚持与合伙人和经销商保持合作，帮助他们协调利益上的矛盾。他充分意识到，单纯将自己的想法强加于人、一味将别人压下去是种弊端。他寻求的是能够在团队间、不同领域间和部门间以及在合伙人之间的接触中找出第三种方案、实现共赢的人才。

在任职 CEO 的初期，南镛对 HR 部门进行了一番冷静的研究。时任 IIR 总监的是一位铁腕式的韩国人，但他缺乏国际化管理的经验。南镛清楚地知道，HR 部门必须做出相应改变来适应企业的全球化发展需求，这些改变包括薪酬制度、领导力架构和人才培训模式等方面。他聘请了曾在联合利华工作多年的英国人瑞格·布尔（Reg Bull），他还积极请教刚刚退休的通用电气韩国分公司前 CEO 琼·坎格（Jean Kang）。琼·坎格建议南镛聘请比尔·康纳狄来为公司的人事工作出谋划策。康纳狄接受了邀请。他很快为 LG 电子的高层们组织了一次大会，向他们介绍了企业领导力、文化、人才队伍发展和岗位继任等方面的知识。

当布尔最终因健康问题提出辞职时，南镛请求康纳狄为布尔物色继任者。人选最终锁定了曾在福特汽车公司服务多年的美国人皮特·斯蒂科勒（Peter Stickler）。令人关注的是，当年福特企业扩大规模、走向全球之际，斯蒂科勒时任公司 HR 总监，他成功将人事工作的重点从事务交接转移到领导力架构的转型。康纳狄和南镛一致认为，斯蒂科勒具备充分的专业素养、相关经验、全球视野和社交技巧，一定能将 LG 电子公司的 HR 部门带向一个更高的层次。

南镛让他的 HR 专员根据他的四个标准，设计出一系列正式和非正式的人事考核办法，从而让这些标准在企业扎根。正规的组织发展和人才发展培训活动每年 7 月和 8 月举行。在每次的评估会议中，南镛都亲自花三四个小时考核他直接下属的表现。他也会亲自考核每个下属公司的 CEO、部门总监、大区总经理、分公司总经理等约 250 名高级管理者。整个评估会持续三四个星期，每个重要管理者和人事决定都会被考虑到。

南镛不断提升着 LG 电子公司的行为模式。当他不断地从一个地方到达另一个地方时，他总是会和一群员工亲切交谈，他大方地向员工们报告企业的最新情况和未来前景，以此来亲身示范西方那种更为公开的交流方式。他倾听人们的评论和提问，表现出对他们想法的真诚关注。这种风格和韩国那种传统的由上至下、等级明确的管理大为不同，甚至有人对身为 CEO 的南镛却亲切地询问他人意见这种做法颇为不解，他们觉得南镛一定是在谈话中悄悄给自己打分。为了解决这个敏感的问题，南镛让管理者们以匿名的形式事前提交自己关心的问题。渐渐地，人们习惯了坦诚公开的交流。而在今天，大家已经可以轻松自在地畅所欲言了。这在一个传统的韩国企业里确实是一个很大的突破。

现在，LG 电子一共有六位海外高管掌管着海外业务，包括美国、加拿大、法国、荷兰、瑞典和南非。当然，南镛丝毫没有忽略首尔的本土主战场。总部的信息部总监和 HR 总监都是美国人，市场总监、技术总监、战略总监和供应链总监都不是韩国人。在短短三年内，南镛让一家地道的韩国本土公司扎实地走上了国际化之路。

总结：变化始于高层

如果缺少了一位全心全意并亲身参与其中的 CEO，任何一家公司都难以成为人才管理大师。这样一位 CEO 深深懂得，建立人才体系是公司至关重要的任务和宝贵的财产。我们在书中描述到的九位 CEO 代表都具有以下特质：

- 他们懂得人才就是未来。发展战略可以更换，市场份额充满变化，但一个能够自己培养出世界一流人才的企业一定能对将来的一切应对自如。
- 他们对人才管理的重视度丝毫不亚于对财务管理的重视。
- 他们亲自投身社交活动，以身作则，尽力支持和加强人才发展。他们明确规定提升组织能力是每一位管理者的职责。
- 他们投入大量时间了解、讨论和培养管理人才。他们不放过任何一个偶然或计划好的机会与企业内部的高潜力人才见面，对他们进行观察并给予反馈。
- 他们高度关注继任计划的内容，而不仅仅是结果。他们认真思考和讨论职位需求，慎重考量候选人资质，他们也会谨慎安排自己的继任人。
- 他们非常重视将合适的人才纳入领导者梯队。
- 他们会明确企业文化和价值观，并大力推行；他们还会明示业绩目标以及奖惩方式。
- 他们会营造出真诚的谈话氛围，坚持企业内的公平考核。
- 他们不断提升学习要求和业绩目标。

第四篇

人才管理大师的“工具箱”

THE TALENT MASTERS

《人才管理大师》出版的目的在于为所有企业照亮前方的路，帮助企业建立起强大的人才队伍和制订“当天即到位”的继任计划，从而更好地为广大员工、股东、消费者和企业合伙人谋取利益。我们希望本书能对您有所启发，但最首要的，我们希望它是一本实用的行动指南。第四篇便将前面几章介绍的内容转化为您周一清早便可使用的具体行动。

企业要想成为人才管理大师，必须要有一位富有远见卓识的CEO。这并不是说领导者必须在不断地摸索中开窍，而是说企业领导者必须意识到：他们对于企业未来发展所肩负的责任。正是由于他们的行为、决策和做法，使得企业成为人才管理大师，使得人才这一财富可以像其他资源那样实实在在地被发现、理解和管理。在人才管理中，对话固然重要，但这还不够；及时和规律的关注会传递出更强的信号。把奖励和人才发展联系在一起依然很重要，不要将好的结果和制造出这些结果的管理者们独立开来，也不要用非常抽象的话语和下属交流。您要像谈论数据那样，在与管理者的谈话中展现实际、严密、具体和真诚。

无论是否有CEO的指引，任何级别的管理人员都能够在培养人才的过程中增长自己的技能。在工作中要注重观察，这同时也是在测试您自己对他人才能判断的准确度。用敏锐的洞察力增强您的人才管理水平，将这种明察秋毫般的考量变成您工作的一部分。其中包括：

- 人才管理大师原则
- 您的企业是否具有人才管理大师般的文化
- 人才管理大师行为指南
- 人才识别机制

- 常见问题及答案
- 人才考核准则
- 任何预算都能打造“克罗顿维尔”
- HR 总监变身强悍商业合伙人的六大法则
- 如何确保顺利继任
- “反馈”应该怎样做
- 领导力陷阱
- 人才和领导力开发相关经验

人才管理大师要素

为了快速回顾，以下是本书第 1 章中体现出的精华要点。

（1）一位具有远见卓识的 CEO，他真正将人才发展视为企业的竞争优势。

（2）业绩驱动的精英制度，能够根据工作成果和价值观及行为方式来甄别人才。

（3）清晰定义和阐述价值观，突出企业的信仰和倡导的行为方式。

（4）平等与信任有助于更好地认清人才潜力，重视人才发展需求、加速个人成长。

（5）严格且具有可重复性的人才考核 / 评价体系，与财政和管理考核体系一样重要。

（6）HR 负责人作为业务伙伴和人力发展系统主管，其职权等同于 CFO。

（7）对人才培养持续投资，在日新月异的世界里保持领导力与时俱进。

您的企业是否具有人才管理大师的文化

人才培养机制具体包括何时进行考核评估、谁来参与考核评估、依据什么考核标准等，这些都相对容易复制。一个优秀的 HR 团队能够借鉴最先进的做法，为自己的企业制定考核的程序和标准。难以复制，但又更为关键的是企业在人才培养中体现出的文化。在这一点上，高管们应当竭力探索有助于人才发展的价值观和行为方式，使之成为企业不可分割的一部分。

以下测试核对表能让您知道您的企业是否具有人才管理大师的文化。

是或否

（1）高管们积极参与各个层级职位的招聘和人才培训工作。

（2）在招聘中，首先考核应聘者的行为方式和价值观。

（3）各个等级的管理者都能密切关注自己管理范围内所有新的人才，而不仅仅是他的直接下属。管理者将此视为自己职责的一部分。

（4）管理者会仔细辨别人才的特长之处，并为其提供施展空间。

（5）管理者在人才发展过程中会毫不犹豫地对其严厉指正和及时反馈，竭力帮助他们进步。

（6）管理者会当面质询表现不佳的员工，让他选择是改进表现还是离开。

（7）在对人才的专门考评中会加入运营、预算控制、战略实施等考虑因素，以此认清人才天赋能力，甚至以此为依据决定岗位配置。

（8）高层领导会与低层级的管理者共处，观察他们在工作中的表现，并亲自加以指导。

（9）具有最高潜力的管理者能够被早早赏识和快速升迁，从而不断拓展他的才能。

（10）对管理者的判断应当基于多人和跨部门的观察，并具有实在的“真凭实证”。

（11）对领导力发展项目的关注堪比对财务数据的投入。

（12）管理者有责任培养其他人才，并会因此受到表扬。

人才管理大师行为指南

选拔管理人才

1. 让高层领导参与到管理人才选拔的过程中

种子的质量会直接影响到几年后果实的品质。所以千万别匆忙地就急着随意选拔人才。从初级的校园招聘到企业高层的聘请，贵公司的高层领导们是否都参与了呢？经验老到的他们能够当场看出应聘者的商业素养和天生的领导力才能。在联合利华，高层们非常清楚选择最佳人才的重要性，同时也知道公司将在员工培训方面下多大投资，所以他们总是亲自参与新员工的招聘，为企业挑选最优秀的高潜力人才。当然，让大企业的CEO们亲自投入到初级职位员工的选拔过程并不现实，但他们还是应该对此上心。而且他们应当确保选出一流的人选在人才录用的过程中替他充当“门面”。

2. 在选拔中不要只注重专业和学术背景，首先关注领导潜质

在招聘过程中，绝不要只盯住专业技能，然后指望这些专家

将来能成为顶尖的管理人才。应当注重那些在以往有过管理经验的人选。即使是为了某个高级别的研发职务物色人选，也应当积极寻找那些有志向和潜力走上管理岗位的专家，然后帮助他们成长，就像诺华和安捷伦那样。

3. 在录用前了解应聘者的行为模式和价值观

仔细想想，为了使企业成功，领导者应当具备怎样的行为模式和价值观，然后竭力以此发掘人才。一个精心设计的面试应当能测试出面试者的诸多素质，包括团队协作力、诚实诚信以及个人气质。联合利华开创了一种“群体面试”的形式来筛选人才，通用电气、宝洁等公司则会通过对应聘者学术、体育、社交等方面的竞争力来考查人才是否适合企业文化。

4. 当必须要聘请“外援”时要谦虚，确保“空降兵”融入企业文化

有时，为了改变企业文化（如固特异），获得重要的专业指导（如通用电气的超声波业务）或是提升企业的国际化程度（如 LG 电子），企业必须在一些高层位置上聘请“外援”。这时，您应当在正常招聘要求的基础上，进行事前的观察和考核，确保找到最佳人选。待其加入公司后，公司顶层领导要给予实际的帮助。如在 LG 电子公司，新来的高层们一开始只担任顾问的工作。这样，他们就有充分的时间去了解韩国本土文化；同时也让韩国员工了解他们本人。杰克 · 韦尔奇就曾不遗余力地协助奥马尔 · 伊

什拉克。他让几位高层与伊什拉克一同管理通用电气的超声波业务，让这些人知道伊什拉克是“他的人”。当伊什拉克参加自己在通用电气的第一次考核，等待轮到自己就超声波业务的情况进行汇报演示时，韦尔奇不耐烦地问道：“我的朋友伊什拉克什么时候报告？”当然，他心里很清楚很快就会轮到伊什拉克；但是旁边的人便会立刻明白韦尔奇对伊什拉克的看重，自然会全力支持后者。

5. 坦诚地去发掘具有最高领导才能的人

最大限度地去判断谁是最有可能走上顶层潜力的人才，然后竭力加速他的成长。不断审视最初的判断是否依然正确，千万不要一味地盯住一开始光芒万丈、稍后却悄然失色的人选；留心那些一开始被忽略、领导才能显现得较慢的人才。总结是什么样的素养让这些人才表现优异，而这些素养是否与其未来有关？一定要记住：虽然高潜力人才会创造好的结果，但这些结果本身并不一定就表明其潜力的存在。区分一个过气人才和明日之星的关键在于价值观和已成形的领导风格。

发展人才

1. 致力于人才发展

作为领军人物，您至少应当将 1/4 的时间花在识别人才和发展人才方面，同时也要不断加强自己对人的判断力。韦尔奇、伊梅尔特、雷富礼和基根都表示，他们将30% ~ 40%的时间都花在人事决定上。将您的直接下属分为不同等级，从不同角度对他们进行观察，思考一下他们在哪方面最有发展。在这个过程中，要摒弃个人偏见，一切以事实为依据。比尔·康纳狄、杰克·韦尔奇以及后来加入的杰夫·伊梅尔特总是会不停地谈论人才，随时留意以便发现可塑之才，然后对其加以磨炼。这样，你自己的能力也会增强。在你花费时间和精力帮助人才发挥自我潜能后，人才自然会留下来。在通用电气排名前600的管理者当中，95%的人都不曾辞职，这不得不说是个神奇。通用电气当然也不想失去他们，所以会对他们保持密切的关注，且每年进行两次考评。

2. 挖掘出每个人才的独特之处，就像你研究每个财务数据一样

每个人都有其独一无二的特点和才能。企业应当增强对人才独特性的关注，例如他是否希望内部转岗、组建团队或是分管一个市场。积极地找出一件或两件能让人才快速发展或是倒退的事情，将商业事件与管理者的行为、决定紧密联系在一起，直到找出对人才成长最有利的领域或方面。宝洁认识到黛波·亨瑞塔（Deb Henretta）在理解消费者和建立关系方面的特长，于是给了她一个亚洲区的高管职位。在宝洁亚洲区，天生怀才的管理者都会迅速成长。安捷伦的罗恩·纳希安（Ron Nersesian）从尼尔斯·法什（Niels Fache）身上看到了企业家的执行力和技术专家对细节的专注。法什亲自教导罗恩，让他学会在与国际合作伙伴的谈判中

牢记企业发展战略，并最终帮助他成为一名优秀的总经理。

3. 积极、真诚地给予反馈

对于有内涵的员工和管理者而言，往往一个建议就能促成他们的发展，例如一次意义重大的演讲、一次培训经历或是某个值得信任的人对他的“当头一棒”。领导者们会把握一切机会来更好地理解人才并在恰当的时机给出指导。当阿德里安·狄龙（Adrian Dillon）的老板向他点出当“办公室里最聪明的人”的不利时，他的职业发展立刻呈现出全新的面貌。好的反馈应当是有针对性、建设性和真诚的。联合利华的高管会走访各个国家的分部，与人才会面。他们会把自己的反馈登在“管理培训生通讯录”上，以此帮助年轻人尽快成长。杰克·韦尔奇、杰夫·伊梅尔特和其他通用电气高管都会在正式的培训环节后加上非正式的带教，以此巩固学习成果，加速人才发展。

4. 让人才发展成为每一个管理者的工作内容，并对此负责

领导者应当通过以身作则来示范培养人才的重要性。在通用电气和宝洁，进行商业总结时总是会包含关于人的问题，所以部门管理者必须要对自己的手下一清二楚：谁表现得好，谁还需要多锻炼，谁应当从事一些不同种类的工作或是接触不同的环境？人才发展已经成为了企业基因的一部分。在安捷伦，领导力培养是考核负责人表现的一个重要原因；公司也会给出相关奖励。公司 CEO 每年都会对此进行两次考核。

5. 为额外成长提供学习机会

真正的领导者会不断地增强自己的技能，拓展自己的网络，磨炼自己的特性以及提高自己的判断力。经验是一个伟大的老师，但知识的学习同样重要。学习可以让管理者意识到自己未曾注意的方面。如果你的企业没有“克罗顿维尔”，那就可以去一些当地的大学，或者聘请专家在室内或是网上进行教学。诺华会从外面请来专家帮助管理人才增强自我意识和心理构建。联合信贷有效发挥了“联合管理中心”的作用，帮助集团管理者们扩大视野，紧跟泛欧洲的发展战略。在培训中，对学习内容和提供建议尽量做到细致到位。对于当前面临着国际风云变幻的企业家们来说，持续学习、紧跟变化已成为成功的必备要素。

安排领导力任务

1. 给管理者提供富有成长空间的职位

当你充分了解一个人的才能及其能创造出的能量时，你就会非常清楚什么样的岗位最适合此人。高潜力管理者需要一份充满挑战的工作。认清你对他们的期望值，无论是考验一下他们是否学会了某项本领，抑或是观察他们对人事和商业事务的判断力。事实上，跨国企业领导者最应当具备的能力是体验不同文化。宝洁的德布·亨瑞塔很清楚，世界上的其他地方随时都可能发生无法预测的事件。她的事业轨迹已经遍及好几个国家，所以，对于是否前往亚洲大区，她举棋不定。可当她去到那里，处理了一桩接一桩的危机事件后，她的确获得了超强的冷静处事的能力。一些通用电气高层也会专门前往外国工作，以培养处变不惊的能力。当处理的事情属于个人“舒服地带”以外时，保持冷静和判断的能力便尤为可贵，是领导力中不可缺少的部分。宝洁的梅拉妮·希利曾在世界上多个危险地区工作过，这种经验帮助她快速成长起来，给了她自信的同时更让她懂得如何在不同的环境下取得成功。

2. 从公司大局出发，分派任务

年届四五十岁成为 CEO 的企业家们往往曾在老板手下工作过。仅老板个人是无法成就人才的，具有领导素养的人才必须在公司资源的培养和保护下才能成熟。当给予某人新任务时，考虑一下他的新领导会继续对他提供帮助还是打压。在通用电气，管理者们有时需要等待新的任务，但是其上司会和他保持交流，告诉他公司的计划。伊梅尔特曾一度以为自己将要负责通用电气的器械业务，但是韦尔奇和康纳狄一直在为他物色更适合的职位。他们向伊梅尔特保证，他一直在高层的关注范围内，并且即将就会有大的跨步。此后不久，约翰·特拉尼（John Trani）离开了医药事业部，任斯坦雷工程公司 CEO。而伊梅尔特的耐心终于得到了回报，他接替了约翰的位子。这个事例的关键在于，伊梅尔特相信企业的培养体系和韦尔奇的嘱咐，而这也确实使他收益颇大。

3. 创造性地思考人才的擅长点

要想认清哪一个职位最适合人才的下一步发展需要很大的智

慧。逐步提升的发展路线适合绝大多数的人才，但对于高潜力者来说则会显得有些缓慢，水平移动有时更加有助于这类人才的快速成长。在一个岗位上表现平平者，可能在另一个职位上会大放异彩，这是一个寻找擅长点的问题。安捷伦的尼尔斯·法什一开始是在一个强调维持现状的管理岗位上，那时他的表现差强人意。后来，他的上司将他调到了一个完全不同的岗位上，负责利润增长和并购。同样在安捷伦，阿德里安·狄龙发现人们天生地对长久发展计划的依赖有益于战略执行，但对需要快速行动的工作无助。在诺华，一些管理者的核心价值观和抱负告诉他们自己，现在的职位并不是最适合他们，选个不同的职业路径对其个人和公司都会更好。

4. 建立员工技能和经验数据库

毫无疑问，每家公司都会有一个详细的现金和财务数据库。同样的工具也应当运用到人才管理当中。一个数据库可以收集令人无法想象之多的全世界人才的情况：他们讲什么语言，他们比较倾向于在哪个国家工作，他们的工作表现以及过往经历。这既不能代替判断，也不仅仅只是收集数据，但这可以为人才发展打开思路。迪克·安东尼曾经如此评价宝洁的人才数据库：“当有职位空出来，我们不会错过任何一个候选人。”创立人才数据库的想法是比尔·康纳狄在通用电气担任高级人力资源副总裁之初的新做法之一。现在，无论通用电气想要了解哪个人才，他们几乎可以瞬间得到一个人的全部资料。这些全球员工数据库确保了当一个高级职位开放时，所以符合条件的候选人都会被平等考虑。通用电气还会要求员工及时更新自己的简历，以便能为随时可能的升职做准备。

评估管理者

1. 非正式地进行正式考核

企业管理者会在数据的基础上对业绩情况时刻掌握，并为此骄傲。有些人会将数据记在脑子里，每天随时比较各季度同期的业绩和业务运行状况，你需要对人才也了解到这个程度，并且每年至少进行两次正式考核。你要不停地提问，直到认清谁表现优异，谁遇到了麻烦，谁应当被立刻安排新的任务，能力差距在哪里。你要不断反复这样做，从而加强自己考量人才、了解核心管理层的本领。同时，一定要保持公平和实际的态度。当联合信贷CEO普罗富莫最初开始向管理者做出真诚反馈时，人们一时难以接受。但当大家发现企业业绩更加清晰明了时，人们很快适应了。最有效的反馈往往是非正式而又很及时的。如果你能不断地抓住机会给予员工真诚建议时，就不会有人对你说：“这是我第一次听到这样的问题，我觉得你是在挑刺。”

2. 将业务考核与人员考核方法相联系

将商业结果和管理者的表现联系起来。谁的行为导致了这种结果？记住，商业结果包括财务状况应当被认为是创造出的滞后指标。寻果问因，很快就能找出人事安排上的不妥。通用电气凭借每一个财务预算和考核增进对员工的了解，不仅是他们表现如何，还有他们的想法。决定升迁和奖励的方式也会和人才考评方式相似。在安捷伦，领导力是商业考核中的日常题目。如果不对管理者推进企业发展战略的情况加以考核，那么这个所谓的运营和战略考评就不完整。

3. 评判成果不要只看数字

找出数字背后的原因：是什么达成了这些数据，又是什么造成了阻碍？是否因为某个员工得不到赏识而在工作中马虎，或是某种关键资源突然涨价？对管理者的业绩数据要深入推敲，这样你就能考验出他的价值观：他有没有牺牲品牌价值来提高销量？同时，你也会从中挖掘出优秀的人才。林德尔医药公司注意到苏（Sue）的销售额异常高。经过考核，他们发现，苏的方法是竭力帮助公司客户提高处方履行和财务状况，这是一个非常妙而且又能长期使用的高招。公司觉得苏是一个出众的人才，很快高层们就开始讨论如何帮助她的事业起飞。

4. 领导者们都留下了什么

当一个管理人员离开，看看他留下了什么，从而加深对其的了解。这个团队是变得更强大了，还是说继任者不得不收拾烂摊子？你也可以派一名高级管理人或者由HR派出一名信任的下属去找团队成员了解情况。用这个方法向管理人员给予真诚的反馈，而不是去“找茬”。宝洁会用这个方法了解管理人员的真实情况，并以此为依据提升最优秀的人才。他们会分析一个管理人员在过去 5 ~ 7 年的成败。高潜力管理者在离开一个团队时，往往这个团队都会比该管理者接手时强大。

5. 从失败中找出不适合的人

成功和失败都是相对的，所以要谨慎使用这两个词。当一个管理者在一个岗位上失败了，你要重新整理一下对他才能的考量，然后为其安排一个更适合的岗位。曾经，通用电气对公司研发部负责人马克·利特尔（Mark Little）就是这么做的。利特尔曾是通用电气燃气轮机业务负责人，当一切正常时，他工作得不错。而后，由于外部环境发生剧烈变化和部门内一系列研发方案的失败，公司不得不指派一名更老练的技术主管来挽救局面。利特尔的职业路线突然偏离了轨道。但同时，利特尔具有许多其他方面的优异品质。幸运的是，他成功坚持了下来，最终在通用电气有了一番很好的发展。当一个人才反复在不同的岗位上失败后，你应当重新对他进行一番评价。到实在不得已时，只能解雇他。但必须体面地进行，好让他能在别的地方找到一份好的工作。

识别和留住领导人才

1. 让他们知道自己很适合这里

不要想当然地认为你确认的明日之星知道你对他们的了解，

要告诉他们，他们对企业做出了多大的贡献，以及你从他们身上看到的潜力。他们应当晓得你是如何看待他们的未来的，这会让最高潜力的人才心甘情愿地留下来。金钱只是人们的价值被衡量的一种方法，且如今并没有大笔现钱能供你挥霍。利用话语和在公共场合的表扬是一种强大的代替品，表扬别人工作出色不需要花费一分钱。事实上，所有的人才管理高手都会频繁地、积极地在私下里赞扬下属。

2. 将物质奖励贯穿全年

薪酬考评是与管理人才们坐下来，面对面交谈并对他们进行鼓励的好机会。这时，应当将年终奖和其他各种形式的奖励分开来进行考核，从而可以增加与管理人才交谈的机会。通用电气会分不同机会给排名前 600 位的管理者加薪，一般包括新职务上任时期的加薪、2 月的年终奖以及 9 月的股票认购机会。如果通用电气高管想要特别奖励某人或是要挽留某个人才时，也会在计划之外破例给某人加薪。当然，在年度领导力和组织评估大会上，通用电气高层也会毫不犹豫地对某些人给予计划外奖励。特别是当非正规渠道传出小道消息，说每个组织部门都会有人得到犒赏时，游戏变得更刺激。不过，总而言之，没有人会有一个伤心的年尾。

3. 慎重决定领导者的薪酬

管理者的薪酬制度应当严格规定，但也不能太死板。要知道，追逐薪酬目标往往会导致负面效果，过于死板的薪酬制度也无法代替对人才的正确判断和了解。通用电气使用“难度系数比”作为人才薪酬考核的重要因素——也就是根据行业竞争的难度来相对应地判断人才的业绩表现。这也就是为什么主管低利润、慢增长行业的管理者们反而比掌管行业更炫目、增长更快的领导们拿到了更高的奖金。你要确保自己的考虑公正合理，同时也要给出下一步增长的目标。

4. 注重差异化

人类虽然生来平等，但能力却有所区分。企业应当让这些区分显现出来，然后给予做出最大贡献的个人更多的奖励。该人是否做出了卓越的贡献，同时让团队变得更强大呢？虽然企业大局对他的部门不利，但他是否依然以大局为重呢？区分带来公平，同时也能最好地回答“请再告诉我一遍，为什么我拿到的是这个，而莎朗却是那个”这样的问题。即使人们再抱怨，也不要放弃择优式的公正考核。你的目标在于能够真诚地交流业绩问题，一旦做出了判断，你就要坚持住。

创造差异化

以下是一个在奖励和选拔方面创造差异化的机制。图表上的数据只是一个大概的目标，并不是固定不变的。你可以根据自己企业的情况对这些数据进行调整。

←潜力

↑价值观&业绩	高潜力	中等潜力	顶尖人才
顶尖人才：30%			
高度重视：60%			
低效率者：10%			

常见问题及答案

问：我的公司并不重视领导人才培养，我能自我发展吗？

你必须发展自己。虽然人才管理大师们非常重视对企业人才进行培养，但他们也希望人才能够对自己的成长负责。事实上，不断学习、增强自我能力也是领导力的一种重要体现。你可以注意向老板和同事请教，在工作内外积极寻找增长才干的方法。主动申请项目，来拓宽自己的视野、锻炼能力；找一位导师，帮助你发展走向成功的各种素养；不要依赖于考核标准来决定自己该干什么，许多公司的考核标准会导致能力倒退，而非增长。你可以请教他人或者自己判断应该做什么，然后决定在技能、性格、人际关系和判断力中比较欠缺的是哪一方面，多多地读书、上课、提问，把你现在的工作干得更出色，然后再申请更大的挑战。你要清楚，每个人都必须成长，也都必须为自己的进步负责，CEO也不例外。在这个快速发展和高竞争的社会，老总们也必须不断充电才行。

问：我们是一家小公司，如何能够让年轻的管理人员成长，且不给公司带来任何风险？

你大可以将管理人员放到另外的岗位上，负责其他事务，让他们做更大的决定；或者干脆将他们外派，让他们与公司以外的人共事。例如，一个负责生产的管理者如果能有机会接触到消费者，对他将会大有帮助；聘请顾问团队或者让管理人员参与到公司以外的本行业活动，能让他们开阔眼界。但是管理者一定要经过领导力培训。如果公司没有，那就搞个小范围的，等该管理者从培训中获得成功后，再扩大范围。还有一个好方法就是请高潜力人士担任咨询岗位工作，发挥他们在本领域工作之外的才华，让他们领导公司跨部门的项目，使公司再上一层楼。

一些小规模的私募公司，例如总部位于巴蒂摩尔的 Sterling 私募公司，会招募刚刚毕业的年轻人，让他们加入成员公司参与管理，同时完成一些入门级的工作任务。年轻人们通过观察，积极学习合伙人与成员企业管理者之间互动、提问、将数据与管理联系在一起的本领，这样的经历会加速他们的发展。

问：有什么技巧能发掘出具有企业管理实践经验的 HR？

你应当打破传统招聘的束缚，去寻找那些已经身处管理岗位、同时对人非常具有敏锐度的人才。迪克·安东尼，宝洁公司前 HR 总监，在加入 HR 行列之前负责管理供应链事务；比尔·康纳狄在转岗做人事之前，曾在运营岗位上工作过五年。对那些做过 HR 的人员，可以考虑将他们转到公司的其他岗位上。比如，让他们和财务部的人合作，这会增强 HR 专员的能力，树立可信度；同时，财务部的人也会更多地了解到人事知识，这样就会达成共赢。在通用电气，康纳狄坚持让HR专员在培训期间去别的部门完成一项任务，他比较倾向的是财务审计部门。这样，HR专员就会具备商业合作的经历。

问：一个中层HR如何能够做出成绩？

不少管理者都在认识问题上栽过跟头，为了成为商业领袖的优秀伙伴，你需要不断在处理不同问题的过程中增强自己的判断力。这些情况会不断连续发生。就在你以为自己见过所有可能的情况时，新的问题又会蹦出来，你的判断力就是这样在不断的挑战和测试中变强。对于那些中层的HR来说，他们的一大优点就是可以提供一些问题的解决方案，然后让更富有经验的人去验证。也就是说，当你脑海里有了新的想法，你可以告诉经验更加丰富的HR前辈。你可以问：“你会怎么做？”或者“你怎么看待这个行动计划”？当你倾听这些你所信任的前辈的判断时，你自己的判断力也会不断提高，你的自信也会跟着增加。这是一个成为CEO工作伙伴的绝佳的培训法。

问：我如何能够对一个人的性格和价值观做出合理的判断？

了解一个人最好的方法就是仔细观察。看他是如何在团队中工作、处理棘手问题的时候表现如何。如果你没有机会直接观察，那就向他身边的人进行全方位的打听。可以询问他会如何处理特殊情况，比如说当老板或同事的意见与他的相反时，他会怎么做。他会接受别人的意见呢还是会固执己见为自己的想法辩护。有理不在声高，观察他的行为结果和想法之间的差距。联合利华所举行的三天集训是一个观察人才言行的好机会，集训中如此密集和具体的活动会让每一个人都顾不得戴面具，会完全展露出真实的一面。

人才考核指南

参与者包括：

最高层领导，最好是 CEO，由他负责讨论会；

公司 HR 负责人；

被考核部门的负责人；

该部门的 HR（如有的话）。

如何安排：

地点安排在被考核人所在部门地，而非总部；

时间安排在制定年度战略和预算之前；

安排跟进环节，一般应当在三个月内完成改进，可通过电话执行；

准备好，人员到齐几个小时后再正式开始，不要急，特别是面对新程序的时候。

携带物品包括：

最新的背景资料和粗略考评总结，被考评人员的具体评估、本人照片以及直系一个或两个等级的下属。如果公司有人才数据库的话，这些东西准备起来会很简单。

谈话基调：

为了做到公正，最好的办法就是不停提出问题，并就被考核人的陈述进一步提问。他们很快就会明白你要的是诚实而直接的回答。

谈话内容：

不要一开始就询问具体的个人情况。问一问最近遇到的挑战有哪些，为哪些部门内外的状况担心，在接下来一年或一年半中有哪些具体计划。一个很好的开场问题是：“你们团队中是否具有正确的领导力来执行企业战略？”每问一个问题都要想好下一个。

注意找出业务情况和人员之间的联系。业务情况是否发生了任何变化，是否需要不同能力的管理者？竞争对手是否在人才方面有新的举动——裁员或是大举招聘？这个部门是否完成了组织结构上的改变，为什么变化或为什么没变？这个团队对未来两年的发展是否具有计划，还有哪些缺陷，需要采取哪些行动？

认清楚谁可以在一年后继任现任负责人的位置。

当你在讨论一个人时，尽量挖掘具体的事实和证据，让考核小组明白考核的模式和标准。这个人具体展现出什么才能？她最适合在哪个部门工作，她如何能得到那个岗位？不要将注意力只放在高潜力人员身上。一个在某个岗位上表现一般的人在别的岗位上也许就会发光。

拟一个议事日程，但也不要完全在谈话中拘泥于此。

一个典型的议事日程：

1. 业务领导力

- 业务重点；
- 现行组织结构图，包括姓名、照片、职位和入职时间；
- 现任高管的业绩与价值观比对图；
- 直系下属的继任人选；
- 需要做出的重组和领导力变化。

2. 人才梯队

- 低于 CEO 一个或两个等级的所有直系下属名单；
- 名单所列人员的大致职位排名；
- 参加高管培训或其他发展项目的推举名单；
- 考核新加入员工的培训计划。

3. 成长与文化

- 描述一下你带领团队实现业务目标的方式；
- 评估人才激励和业绩增长方案，特别是新兴市场这样的重要地区；
- 讨论公司重点事项；
- 讨论员工反馈意见调查和外部审计结果。

任何预算都能打造“克罗顿维尔”

人才管理大师都很注重持续的学习。他们强调经验式学习，也会通过精神激励或是室内外的培训项目来增强管理者的价值观。这些学习使得平时埋头于工作的管理者们可以认识到平时忽略的细微之处，接触到最新的技术和理念；同时，他们还有机会和前辈们交流，从而更好地激发出新的想法和思路。

不是每个企业都财大气粗到能够拥有如通用电气的约翰·F·韦尔奇学习中心（也称为克罗顿维尔，位于纽约州的奥赛宁）或是联合信贷位于托里诺的联合管理中心那样的培训设施，但条件有限的企业也不必勉强。以下一些选择也可供参考。

把领导者变成教师

虽然外面有很多可以带来新鲜视野的培训大师，但你的企业内部已经拥有了一些很好的资源：企业内现有的管理队伍。可以制订详细的学习计划，让每位高管轮流培训员工。在宝洁，CEO、副总裁和总经理都会参与到针对总经理级别高管的培训中；在通用电气，高层们同样会和外面的培训师一起为管理层上课；在英特尔，前CEO安迪·格鲁夫（Andy Grove）立下了规矩，所有高管，包括他自己在内，每年至少花一个星期进行员工培训。由企业高管担任培训官，培训的话题可以确保与企业密切联系，而随后的讨论也会开拓员工的视野。的确，这会花费时间，但这种用来建设企业领导力的时间值得花。在这个过程中，高管自己的能力也会得到提升，因为教学能够提高一个人的思考能力。如果培训官们少花点心思制作花哨的PPT或是公关宣传，多用心与学员互动的话，效果会更好。领导们还可以通过网络授课。

教学本地化

大型的、分部众多的企业应当在多个地点设立长期的培训项目，让高潜力人才可以定期与高层们会面。一个设计到位的培训项目应当包括企业在本地排名前20～30位的高管，他们每周一起学习2～3个小时，整个学习周期6个月。每次学习，总部都要派几名高层参加。在这期间，年轻的管理者们能够接触到不同部门和业务主管的视野，而高层们也可借此机会认识后起之秀。有时在培训中也会涉及一些热门的话题或是具体的案例。偶尔也可从外面邀请一位培训师到场。这样费用不会很高，真正想学习的人也会得到很大的启发。这样的活动是人才发展的一种很好的形式，同时也有助于留住人才；因为他们会觉得自己获得了成长的机会。曾经有一位CEO坚持让15～20名高管每季度与他一起谈话，从下午四点一直到晚上十点。谈话内容不设限定。CEO会抛出一些和外界竞争有关的话题，这些话题和公司本身也许并没有很深的联系。管理者们会就此思考，然后互相讨论。这种形式的探讨帮助他们及时了解最新的外部形势。

向同事学习

克罗顿维尔的一大优势在于辅助社交。学员们不仅在各种讨论和操作中向培训师学习，也会彼此取经，他们的视野和对外部情况的了解随之得到扩展。让不同部门的管理者们聚在一起就某个重要话题一起讨论，并不需要很大的花费。这种交流可以安排在公司某个茶歇的时候，或是通过科技的帮助，来个越洋视频会面。一旦社会关系确立了，再远的距离也不会是问题。

和地方大学合作

许多大学都会为企业度身定制培训项目，可以在学校里举行，也可是在公司里面。重要的是让你的管理队伍与当地大学的相关知名教授取得联系。许多 CEO 都会与大学里的教授们组团共同教学，甚至一起做研究、写论文。安迪·格鲁夫和斯坦福的一位教授进行了合作，他们一起写了一篇非常有创新的文章，阐述跨行业纠纷的解决之道。

区分人才，因材施教

如果你愿意对自己企业里的人才好好分个类，你会发现只有很少一部分将来能走上顶层。企业应该能够为最顶尖的人才学习管理课程或是培训项目支付学费，但问题是究竟该选谁去。在通用电气，不是每一个人都去得了克罗顿维尔。你应当为自己最好的人才创造机会，让他们去接受好的培训，而且千万不要把这些机会当成是没能升职的“安慰奖”。

HR 总监变身强悍商业合伙人的六大法则

1. 充分了解企业经营和行业动态

尽量了解对企业造成影响的重要因素，例如财务状况、运营管理等。为了赢得企业高层和 CEO 的尊重，你应当了解他们每天都在面对着怎样的挑战。当你每天处理的人事问题与他们所关心的焦点不谋而合时，他们自然更加看重你。

2. 围绕商业模式建立人才战略

许许多多的 HR 整天沉浸在研究新花样儿，却没想过这些花哨的做法对自己的公司可能根本没有作用。这些活动可能很有趣，但它们一点儿也不会提高业绩，是个完全没有产能价值的形式。比如说，我们曾经看到有家企业制定了一份长达 14 页的业绩评估手册，适用于所有专业人士，这份考核手册也许会在某个 HR 能力大赛上拿奖，但和被考核管理人员的具体情况丝毫不相干。这确实是一份毫无价值的文件，任何使用他的人都只是在浪费时间。我们将考核形式缩短到两页，用商业用语代替了 HR 术语，使它更加实用。

3. 不仅要发现问题，更要解决问题

太多的 HR 觉得自己的职责就是发现问题，然后交给相关负责人去解决。一个优秀的 HR，其真正的责任是为 CEO 分忧解难，而不是平添忧愁。比尔·康纳狄的做法是向 CEO 报告他正在着手处理的事情，这些事情包括很多情况，例如人才挽留、升职、调

整薪酬或是指控错误的做法等。他会清楚地告诉CEO，他会用自己一切的能力解决问题，尽量不用CEO插手。相反，一位CEO这样评价他的HR总监：“我很喜欢我们的HR总监本人，她性格很好，人很风趣。但每次我们开会的时候，我会列一张单子，写上我需要解决的问题，她也会列一张单子。然而，当会议结束时，我不得不带着两张单子回去。”这是HR最大的弊病，他们往往擅长于发现问题，却不懂得如何漂亮地解决。你要争取做一个CEO愿意见到的人，而不是让他每次见到你的时候总是会想：看这个愁眉苦脸的人，一定又是带着一堆解决不了的问题而来。

4. 认真工作，低调行事

人们往往期望HR是公正的化身，在业务需要和个人发展中间努力达成最佳平衡。这时，你本人的工作风格会在很大程度上影响到你工作的被认可度。如果你颐指气使，那么你的威信便会一落千丈。当然，人都会有天生的一些性格缺陷。你要有意识地加以控制，做一个让CEO觉得轻松愉快的人。CEO有忙不完的工作，所以你应当尽量为他减轻负担。即使是在最困难的时候，你必须意识到你只是个普通人，而这时如果能保持冷静，将会对解决问题有用得多。许多管理者都极具热情，也容易情绪化，这时HR要有效提供情感平衡力和冷静力。

5. 独立、自信、勇敢地应对挑战

不要唯命是从。不要以为CEO工资拿得最高，所以他们就永

远不会犯错。比尔·康纳狄之所以能够在 1993 年被任命为通用电气高级人力资源副总裁，正是因为当年通用电气面对着史上最大规模的员工整合，康纳狄所表现出的魄力令韦尔奇大为欣赏。当时，通用电气必须要招聘一大批管理人员，然后对他们加以培训。康纳狄觉得公司应当根据各自的经历对这些人员加以分类。当然，如果对所有人进行统一培训会方便得多，但是康纳狄觉得不妥。他并不知道这种想法是否能被接受，但他还是勇敢地提出了自己的观点，反复与高层对此商议。如果换成别的公司，康纳狄也许早就被炒鱿鱼了，而他自己对此也有所准备。但是在高度提倡公平、勇气和信念的通用电气，这个不幸没有发生。最后，参加培训的人员中不适合留用的被辞退，其他的受到了适当的训练。整个公司对最后结果皆表示了满意。HR 负责人要记住一点，坚持自己的观点既有可能毁掉你的职业，也有可能成就你的事业。而在康纳狄的例子里，他显然得到了收获。

6. 永远不要忘记自己的责任

身为 HR 总监，你必须在企业高层工作伙伴和员工利益维护者两个角色间找到平衡。优秀的 HR 高管不应当被视为是 CEO 的人，那样会失去威信。如果你被认为是 CEO 的爪牙，消息很快就会传遍公司。这种平衡很微妙，一不小心，HR 总监看上去会更像高管圈儿里的一分子，而忽略了为员工服务。CEO 并不需要多一个运营和财务总监，他有大把的人负责这些事，但他们确实需要有人能为他们考量任何决定所带来的人事影响。比尔·康纳狄听过的最美的赞扬来自于通用电气航空业务部前CEO布莱恩·罗伊（Brian Rowe）。那是在1993年，康纳狄即将离开航空业务部，前往总公司任职。在欢送大会上，与他共事三年的罗伊这样评价道：“你是我见过的第一个真正关心员工的HR。”所以，这里为广大HR提供的最后一条建议就是：永远别忘了你的工作是“人事”。

如何确保顺利继任

如果一个公司希望确保岗位发生变化时，新人能顺利继任的话，那么首先必须充分了解他们的行业和管理者。这种彼此之间的了解可以让公司及时知道谁有可能即将离开，谁又是继任的最佳人选。然而，当关乎CEO或是其他关键高层的岗位继任时，整个集团都必须极度谨慎；而拥有CEO人选决定权的董事会，在其他重要岗位的人事任免上也应当享有重要影响力。

选择继任CEO

在全书中，我们强调充分了解人才及与人才保持亲密联系的重要性，这样就能知道人才的长处所在，更好地助其成长；董事会成员在挑选CEO人选时，必须要对候选人充分了解，这是人才管理大师企业常常从内部选拔CEO的重要原因。在这方面，宝洁和固特异都是典型榜样。

因为公司人才众多，人才优点各异，公司在挑选CEO时往往有不止一个人选。这时，董事会和将要离职的CEO就需要对候选人具有相当的了解，然后分析一下CEO最需要什么样的能力，最终锁定某人。

所以，在选择继任者问题上，我们最重要的建议是一定要建立起组织内部的人才队伍和培养系统，然后根据本书中提到的方法培养人才。从你的新近员工中找出最具潜力的人选，然后将他们安排在迥异的不同岗位上，而不是纵向上的持续升迁。当其在不同管理岗位上都能获得成功时，要让董事会对他进行了解，例如通过报告会、晚宴、视察等活动。在泰科电子公司，一个典型的做法是，在每次管理发展和薪酬委员会会议上，都会专门花两个小时与某一个部门的主管们探讨部门的未来组织结构、领导力需求以及主要负责人情况。委员会详细了解了每个部门主管的情况，包括那些具有CEO潜质的人才。有些部门主管还会被邀请参加董事局会议和鸡尾酒会，在酒会当中，几名董事会坐下来与之交谈。这样的活动每年都会重复进行。

在人才管理大师企业里，HR会向董事会报告总体的领导力情况，但他们也会特别介绍某些低于董事会几个级别岗位上的突出个人。这样，董事会成员便会获得一些印象，并在以后的过程中加深对这些人的了解。另外一个好处是，经验丰富的董事会成员能够对如何进一步培养人才给予宝贵的建议，这种对人才的了解使得董事会在突然失去公司CEO时不至于完全束手无策。

如果你的公司里，领导力发展计划还不是特别正规的话，你可以通过以下步骤加强人才培养，选出下一任CEO。

1. 提前 2 ~ 3 年计划

- 协调一个专门的时间，让董事会、CEO 和 HR 总监共同讨论哪些人才具有 CEO 的资质，不要死死盯住那么一两个，也不要只关注现任 CEO 的手下。将这些议程排在工作计划的紧急序列里。让 HR 整理出新员工的详细资料。
- 讨论公司未来将要面对的挑战；辨别下一任 CEO 需要具备什么样的素养，这些素养至少应该包括高度正直、强烈的个性和良好的沟通技巧。
- 研究新市场的要求，缩小候选人范围。不要被公司过去的业绩和情况束缚，CEO、HR 总监和董事会要互相提醒，注意向前看。
- 不断创造机会，让董事们能了解候选人在不同情况下的表现。变更候选人的职位或者专门为其创造一个新的岗位，充分考验他的能力。如今，许多公司都会让候选人在财务的岗位上进行锻炼。
- 如果公司内部的候选人都不具备 CEO 潜质的话，趁还有时间加以锻炼，尽早招纳公司以外的优秀人选。

2. 当 CEO 即将离任

- 让董事会成员们用半天的时间仔细甄别下一任 CEO 的必备品质和能力，这些应当是成为 CEO 不可或缺的必要要素。管理发展和薪酬委员会可以做一些前期工作，但整个董事会要全部参与。

- 将每一个候选人和必备要素进行比对，在大多数的情况下，总会有一个人选优于其他所有人。分析一下该名候选人的潜在弱点，集思广益地想一些补救办法（回想一下通用电气决定任命吉姆·坎贝尔担任电器业务负责人时，他们是怎么做的）。

3. 当公司内部选拔出的人才落选

- 世界变化何其快，即使是公司亲手培养出的人选也有无法胜任的可能性。小规模的企业，或是不具备领导力培训计划的公司只能考虑从外部纳贤。这时，董事会的职责就成了猎头，但是董事会依然是招聘主体，不能将整项事宜都打包给猎头公司。
- 仔细想清楚必备条件，并向招聘方详细解释。让他们在人才的背景资料中注明其能力与公司要求的匹配情况，然后用删除法过滤。
- 安排两三名主要董事对最终的两三名候选人进行面试，这样董事们可以获得观察的机会。记住从多方面了解人才的价值观，董事要注意摒弃个人偏见和肤浅的第一印象。
- 严格地从其他渠道核实候选人情况，尽量提出细节性的问题，充分了解他们的能力和价值观。多了解他们过去的经历，并努力找出结果背后的原因。
- 让全体董事享有充分的时间进行讨论，认清候选人条件，看其是否符合企业要求。

细节产生差别

当企业着手选拔 CEO 人选时，董事会成员必须抛弃根深蒂固的一些成见，以开放的姿态充分理解候选人情况。和其他的人才培养环节一样，选拔继任者也是一种社交过程。关键点与对话的严谨性、全面性，最终找到那个对该职位具有更敏锐、更准确认识的候选人。

用具体的内容对职位进行定义

每一个 CEO 都是一组奇特的考验要求。董事会应当清楚未来几年公司的预定走向——虽然世界变幻万千，但是在挑选人才时还是必须要考虑企业目标。当然，说一句“未来充满变化”是很容易的事情，但身为董事必须要想尽各种可能的情况，然后退后一步想，在这些情况下一个人要想带领企业获得成功应该具备哪些品质。董事们可以通过集体讨论来找出答案，直到最终达成共识，确定 3 ～ 5 个具体的要求。

当杰克·韦尔奇为自己挑选继任者时，他和比尔·康纳狄、查克·奥卡斯蒂一起列出了一份“理想 CEO”的要素表（见下文）。他们很清楚，下一位继任者不可能具备所有的条件，没有人可以做到。但这份表格却体现出一个极高的标准。同样，许多公司在挑选 CEO 时都会列出类似的表格，一般都会包括正直、与人交际和鼓舞他人的能力。

理想 CEO

早在杰克·韦尔奇离退休还有五年时，通用电气的领导们就一起制定了一张名为“理想 CEO”的列表。也许你从来就不会认识一个完美的人选（如果你真的认识，一定要告诉我）。可一旦确立了挑选的依据，那么事情就会变得容易些。

正直 / 价值观	绝对的正直；有构建企业价值观和文化的能力，能够将这种价值观带入日常的人际交往中
经验（宽度、深度、国际经历）	全面而国际性的工作经验；具有执掌不同业务的能力，懂得必要的商业知识，例如财务、市场消费者、技术和高超的管理技巧 有能力提高企业效益
视野	有宽广的视野；能够预见未来的挑战和机会；能够打破传统成见，创新的能力，当一个方案失败，能立刻施行新的方案
领导力	出众的领导力（全方位的）；能够吸引、激励最优秀的人才不断挑战，创造出最佳的业绩；能够有效地安排各种事宜，在进行任何“公关”活动前，懂得记录每一步的结果；在“软创新”之前先进行“硬改革”（例如重组再培训）
敏锐度	对新知识和新观点充满渴望；灵敏的听力；能有效整理各种事实，将直觉快速形成影响力；良好的判断力；坚定的信念；勇敢表达；懂得何时应该沉稳内敛；高效的决策者，将自己的精力花在最大回报率的事情上
气质	善于演讲，气质非凡，富有魅力；领导者风格和性格能快速适应新的环境，获得广泛的拥戴
公平性	坚信公平；具有重大人事和商业决策所需要的平衡力、目标性和智慧
精力 平衡 勇气	有健康的体魄和心智；有超群的忍耐力，能承受压力；对运营情况随时明察秋毫；有挑战高风险的勇气，懂得危机处理，诚实、有威信，能够及时化解危机

这份表格可以包括技能、经验、能力和个人特色。比如说，现在有一家医药公司要挑选出一位 CEO。董事们也许会想：在一个活跃而又受政策影响很大的市场里，公司未来方向在哪？利润增长对股东们当然很重要，但也要考虑到医疗事业的版图正在

发生巨大变化，普通消费者的心声越来越受到关注。一个优秀的CEO应当能够积极地参与到政策制定中，能以消费者为重和领导企业健康转变。也许找到这样一个人选并不容易，但这三个要素缺了任何一个公司都会受到影响。再比如，一个制造型企业正面临着国内市场的日益萎缩，那么新CEO能否带领企业在海外谋得发展就很关键，所以，负责国外市场的经验、与国外政府合作的能力和敢于承担风险这三个要素就是新CEO的必备素质。一个屡次失去外部投资的公司，则急需能够与华尔街重新建立起良好关系的领军人物，那么与投资人和分析师打交道的能力就成为了必备要素。

关键在于，如果你的公司对于下一任CEO的要求看起来和别的公司没有区别的话，那就说明董事会没有发挥好应有的作用。哪怕花费再多的时间，董事们也要从众多条件中挑选出那几条绝对不可缺失的。

了解候选人细节

很多董事都会自以为了解了CEO候选人，如果他们真的进行了仔细的观察，且所有董事都参与其中的话，他们就不会犯这种错误。猎头公司的人可以负责寻找合适的候选人，但是每个董事会成员都应当认真了解这些人选，并在最终决定的时刻给出意见。当董事会成员都各自放下偏见、拧成一股绳时，令人惊讶的事情发生了：从前的固执己见消失了，认识加深了，而根据必备要素删除不合适人才也变成了一件简单的事儿，往往董事们最终都会一致做出同样的决定。

其他高管职位的继任

在其他高管职位的继任问题上，人才管理大师同样给予高度重视。公司会提前几年就开始选拔岗位继任人，且不会只盯住某一个人。

讽刺的是，很多公司恰恰会在 HR 高管的继任上栽跟头。经常能看到许多公司不得不从外面招纳 HR 总监，因为此前一直没有注意培养继任者。这真是令人啼笑皆非的事。同时，对公司内 HR 专员来说也是件可悲的事，他们会觉得自己在这家公司的前途已经到头了，最高的总监职位根本无法达到。在通用电气和宝洁这样的公司里，这样的情况绝不会出现，但能挤上候选人名单的也只是凤毛麟角。

在通用电气，康纳狄一直很清楚，自己要培养三四名 HR 精英，随时升任更高的职位。这也就是为什么会有这么多通用电气出来的 HR 专员能够跳槽到其他公司担任 HR 高管。因为作为 HR，他们在通用电气受到了一流的培训，外面有的是好职位等着他们挑，很多人梦想进入通用电气担任 HR 也有这方面的原因。丹尼斯 · 多纳文（Dennis Donavan）去了世界 500 强之一的雷神公司；赛布鲁斯（Cerberus）和鲍勃 · 科尔曼（Bob Colman）加入了达美航空公司；布莱恩 · 马克莱姆（Brian McNamee）加入了阿目金制药公司；乔伊 · 罗科（Joe Ruocco）加入了固特异；拉斯洛 · 伯克（Laszlo Bock）加入了谷歌；艾琳 · 文利（Eileen Whelley）去了哈特福德保险公司；里诺·皮亚佐拉（Rino Piazzolla）加入了联合信贷；马克·马修（Mark Mathieu）去了斯坦利集团；鲍勃·利亚马斯（Bob Llamas）加入了AC尼尔森等。事实上，通用电气有着非常强大的HR团队。有着几百名HR专员咬着牙努力在通用电气生存下来，他们由衷地以通用电气为骄傲。

杰夫·伊梅尔特和比尔·康纳狄花了很长时间讨论谁来接替康纳狄自己的位置。伊梅尔特的甄选方式类似于CEO挑选方法。二人花了两年的时间，列出了最为关键的要素，并认真地考察每一个候选人，找出他们的优点和与要求之间的差距。整个过程，他们会不断向董事会进行汇报，而董事会成员们也对此非常满意。

他们认识到，人才管理大师企业里对HR的要求有别于一般公司，而继任者的选择也应当体现一贯的标准。他们在核心要素的基础上，要求候选人必须具有前瞻性。在这样的标准下，他们最终从众多优秀的HR中锁定了约翰·林奇（John Lynch）。

通用电气首先做的是思考未来作为公司HR副总监所要面对的环境和情况。在今后，通用电气依然会是一家富有竞争力的大企业；HR还是要一如既往的令人信任、具有远见，成为能带来附加值的商业伙伴。HR们将要继续吸引、发展和留住最好的人才，建设强大的人才队伍，满足商业需求，并让通用电气成为全世界的最佳雇主。HR的创新和业绩一直都与商业表现紧密联系，而HR部门本身也培养出了世界一流的管理人才。

特别的挑战会带动通用电气不断创新，加速企业全球化，在激烈的人才抢占中赢得并留下最好的员工；在经济慢速增长的大环境下妥善处理薪酬发放、继续为员工提供高质量的培训，特别是向最高层人员。

在这种对 HR 工作彻底而深刻的认识下，通用电气列出了对 HR 高管的详细要求：

- 能够取得高层的信任；
- 能与 CEO、CFO 形成好的合作；
- 能够代表通用电气的形象；
- 准确评估人才；
- 能够胜任全球管理；
- 良好的思维、带领实施变化、具有战略能力；
- 解决复杂问题的超强能力；
- 懂得运营；
- 决断果敢；
- 能够管理高级别的 HR 团队。

“反馈”应该怎样做?

我们已经说过，反馈和培训是发展人才中的两个必要手段。而反馈必须是真诚且具体的。这里，我们借用杰克·韦尔奇在看完每一份考核报告后写出的亲笔签名信来示范一下优秀的反馈应该是怎样的。新任通用电气 CEO 伊梅尔特仍然在延续这种做法。

以下是杰克·韦尔奇回复给比尔·康纳狄信件中的部分内容。

亲爱的比尔：

恭喜你有了一个好的开始。你提出的奖金方案反映了你一贯的风格，而这还仅仅是个开头，你“以人为本”的工作方法正是我们所需要的。

比尔，我发现的问题很简单，那就是“人才升级”——但不仅仅只是对你的直接部下。你做得很好，但只是局限在了小范围内，我们还有许许多多的二流“战马”在等待磨炼。不然糟糕的是，他们会用老旧的想法毁了我们。

明年，你最重要的任务是提升全体HR的能力。我很希望看到他们这群人得到成长，虽然他们手上早就有了《成长手册》。

比尔，你是我们团队中优秀的一员，我很高兴你加入这里。

祝好！

杰克

批注：韦尔奇非常清晰无误地提出了自己对康纳狄来年工作的要求。

语气：直接但友好，恰到好处。语言属于日常用语。

暗含内容：“你很被赏识。你必须做出一些调整，虽然可能会面临挑战，但我会在你身后支持你。”

亲爱的比尔：

恭喜你在过去一年取得的成绩——这是我见过的你做得最棒

的一年。非常感谢你的帮助！

比尔，你的挑战依然不变——为更多的岗位培训出更优秀的员工。你在工业部的举措很棒，我们的确在二线岗位上需要很多这样的新型人才。HR在全世界各个分部的表现都很优秀，继续保持。

问题是，下一个比尔·康纳狄在哪里？我们如何能让人才更早地走上更高的职位？你已经尽了150%的努力——请同样要求你下面的人。

再一次祝贺！

祝好！

杰克

批注：将你在工业部的举措扩大实施范围。

语气：同样直接且不做作的语言。

暗含的信息："人才很重要，HR部门高管的继任问题很紧迫；你很受重视。"

领导力陷阱

在过去几十年间，我们经历过无数的人才考评，看到了许多领导的成长，但我们也看到了阻碍人才上升的一些因素。下面是一些最容易犯的错误，各位谨慎小心：

- 无法推动业绩和价值观的发展，表现不够；
- 太过于内向；

- 拒绝变化和新想法；
- 只能发现问题，不能解决问题；
- 赢得了 CEO 的喜爱却没有同事的支持；
- 总是在担心自己的下一步职业发展，而不能专心做好现在的事情；
- 公开选拔——这对每个人都是透明的；
- 太高看了自己，没有幽默感；
- 没有进一步推进体系的勇气；
- 没有选好自己的继任人；
- 停止成长，自负自满；
- 跟不上外界变化的步伐。

人才和领导力管理相关经验

以下总结了我们在人才发展方面的多年经验：

- 公司和个人价值观必须融合；
- 吸引、发展和留住一流人才是一项永远没有终点的任务；
- 企业内部必须要有公正和信任的氛围；
- 把发展需求看成是缺点而不是致命的错误；
- 区分好坏能够促进发展，不分良莠则会导致庸碌；
- 一个业绩导向的文化总是会产生结果的——不是好的就是坏的；

- 伟大的领导者会制订伟大的继任计划；
- 战胜逆境有助于个人发展；
- 大型企业需要的是简单、聚焦和持续的交流；
- 持续学习对成功至为关键；
- 伟大的领导者会在激情和同情当中找到平衡。

全书总结：让游戏升级

我们在书中向广大读者推荐的内容都是基于过去几十年与许多企业、咨询公司和高管的接触中得出的经验。我们给想要成为人才管理大师的领导者的建议很简单，就像一个高尔夫职业选手会给出的简单说法一样：稳定、有节奏、漂亮地挥出第一杆，然后不断继续。现在你已经知道了要做些什么，但你还需要很多的努力才能像专业选手那样挥洒自如。

人才管理大师同时也需要严格而持续地提高自我技能——这里指的是识别、发展和留住能够给你的企业带来竞争优势的人才。首先，这一切都需要忘我的投入。作为一名商业领袖，你的全情参与会推进企业业绩和文化的提升，没有了这点，你和你的企业都会陷入泥潭。不久之前，我们和一个新上任的CEO朋友聊天。他立志让公司成为人才管理大师，而且几个月之后他就有了一个很好的开始。可是他告诉我们，他发现如果他不在现场，一切都会变样，团队的其他领导无法继续维持局面。他说："我想谈的不是什么创新，我只是想让这成为一种制度，企业文化的一部分。

不管这个规定有没有写下来，人们都一样会严格要求自己。”

我们潜在的前提是，人比数字更重要。一切了不起的业绩都始于拥有了合适的员工，做对了事情，正确地推行了企业战略。而真正的人才管理高手明白，只有当领导者互相之间建立了公正、互信，才能真正增强企业的整体能力。没有了这一条，第一杆永远都是软弱无力的。

致　谢

我们有幸能够和世界上一流的企业家们共事以及向他们学习。他们当中许多人都在人才培养方面有过创新的举措，从而延长了企业的寿命；他们都具有非凡的执行力，在日常工作中时时展露出激情，不遗余力地帮助他人发挥潜力；他们的努力确实为企业和整个社会带来了益处。

我们衷心感谢以下各位，谢谢你们无私的分享。安捷伦：比尔·苏利文、罗恩·纳希安、尼尔斯·法什、阿德里安·狄龙、琼·哈洛伦、特雷莎·罗奈、克里斯蒂娜·兰登和埃米·弗洛里斯。私募基金公司CDR：乔·赖斯、唐·高戈尔、汤姆·弗朗哥。通用电气：杰夫·伊梅尔特、马克·利特尔、奥马尔·伊什拉克、吉姆·坎贝尔、加里·谢费尔。固特异：鲍勃·基根、里奇·克莱默、乔·罗科。联合利华：文迪·邦加和尼廷·帕兰杰佩。LG电子公司：南镛和皮特·斯蒂克勒。诺华：丹尼尔·魏思乐博士、乔伊·吉尼斯、金·斯特拉顿、马克·费舍曼博士、索斯藤·西弗特、于尔根·布诺卡茨基－盖格、凯文·卡什曼、凯西·布鲁姆加登、伊丽莎白·弗林。宝洁：A. G. 雷富礼、鲍勃·麦克唐纳、迪克·安东尼、莫希特·纳格拉思、德布·亨瑞塔、梅拉妮·希利、劳拉·马蒂摩尔。德太集团：吉姆·威廉斯。联合信贷银行：亚历山德·普罗富莫、里诺·皮亚佐拉、阿尼斯·巴特洛、安娜·西米奥尼。

在描述通用电气的领导力发展系统时，特别是当讲到提升员工价值观和社交能力时，我们想到了杰克·韦尔奇所做出的卓越贡献。他天生的直觉让他懂得发展人力资源的重要性，并且真正创新了全世界领导力发展的概念。

本书的编辑，约翰·马哈尼（John Mahaney）全程参与了本书的写作。我们很幸运，他一直用他的才华、经验和视野给予我们帮助，没有哪位编辑像他这么专业而投入。

格里·威利甘（Geri Willigan）是将我们团结在一起、不断走向前的核心力量。她亲身参与了本书的设计、调研、写作和编辑，无论遇到何种曲折，她都鼓励我们朝乐观的大方向迈去。衷心感谢她，我们终于跨越了终点线。

我们还想感谢查理·伯克（Charlie Burck），他追求卓越的精神让我们不断从自己和他人的经历中挖掘出更深层次的内容。他制定了主题，对细节和准确性严格要求，并用优美的文笔将生硬的内容活泼地呈现于纸上。

希拉里·欣茨曼（Hillary Hinzmann）和道格·西斯（Doug Sease）在关键部分的编辑上提供了宝贵的帮助。和他们一起工作真是一件愉快的事儿。

最后，我们还要感谢辛西娅·伯尔（Cynthia Burr）和卡罗·戴维斯（Carol Davis）以及查兰的团队，是他们的帮助和努力才使得这本书如此成功。

作者简介

比尔·康纳狄

比尔·康纳狄在通用电气工作了整整40年，2007年退休。可以说，通用电气在全球的极大成功离不开比尔亲自创立并管理了14年的人力资源体系。在1993 ~ 2007年，比尔担任主管通用电气人力资源的高级副总裁一职；在人力资源界是公认的一流专家。他的众多成就中，引人瞩目的一项包括完成了杰克·韦尔奇继任人的甄选，并最终协助韦尔奇与伊梅尔特顺利交接。

比尔·康纳狄的整个职业生涯都是在通用电气度过的。他生于纽约州的宾厄姆顿，毕业于罗得岛的布莱恩大学。他在通用电气接受了3年的管理培训课程，之后参军服役。复员后，他在通用电气的多个部门任过职，包括太空部、铁路事业部和航空工程部。3年后，他被杰克·韦尔奇选中，担任通用电气高级人力资源副总裁，掌管通用电气全球32万名员工。他为韦尔奇服务了8年，又为伊梅尔特服务了6年。

通用电气不仅是世界上规模最大、产业最多元的企业之一，同时也是最受尊敬的企业。在比尔工作期间，通用电气在10年中曾七次被《财富》杂志评选为“全球最受尊敬企业”。此外，在人才培养方面，《财富》杂志将通用电气排在全球第一。2004 年，比尔当选为“年度人力资源人物”，《人力资源总监》杂志以他为封面，大篇幅报道了他是如何完成了“本世纪最艰难的 CEO 候选人甄选”。

在很大程度上，在比尔主持的管理发展和培训项目的协助下，《商业周刊》宣布通用电气拥有“全世界最强大的人才队伍”。该杂志近期的一篇文章赞扬比尔经常掌管“一个辅助性的部门”却总能将其变成“一个重要的商业战略部门”。比尔的前老板杰克·韦尔奇称赞他“非常了得”。杰克解释说：“他赢得了各级别领导者的极大信任。基层员工拥戴他，高层同样尊敬他。”事实上，比尔在离任之际，一直忙于和通用电气全球的劳工联合会进行最后一轮的成功协商。他放心地将自己最重要的工作移交给了自己长期共事的老同事。

比尔还曾担任布莱恩大学信任理事会成员。现在，他在康奈尔大学的高级 HR 研修中心当起了教授，续写自己的辉煌。1996 年，他入选美国国家人力资源委员会，并在 2001 年当选为主席；2007 年 11 月，他又被授予了该委员会最高荣誉“杰出会员”称号。比尔同时也是人力资源政策联盟的成员，并在 2001 ~ 2007 年担任主席。

退休后，比尔成立了自己的咨询公司——康纳狄咨询公司，他的客户包括私募基金公司 CDR、宝洁、戴尔、波音、伟世通、LG 电子、固特异、联合信贷银行和其他一些《财富》100 强企业。

他同时还是一位积极的演讲家，并被称为 HR 方面的世界级领袖。

拉姆·查兰

拉姆·查兰是享誉全球的商业咨询顾问和演讲家。企业高层们纷纷向他请教，请他帮助解决企业里最困难的商业难题。在过去的 35 年里，查兰一直在幕后与各位企业家并肩作战。这其中包括许多世界一流的公司，例如通用电气、伟利松、诺华、杜邦、汤姆森、霍尼韦尔和米德维实伟克公司。他通过写作和培训的方式与许多人分享自己的真知灼见。

查兰博士早年在一家印度的家庭式制鞋作坊工作，他对商业的认识就是从那时开始的，并不断累积。他在印度获得了工程学士学位，之后到澳大利亚工作，再后来去了夏威夷。当他发现自己的商业天赋后，查兰开始在这方面不断挖掘。他在哈佛商学院拿到了 MBA 和博士学位，并且毕业时拿到了荣誉学生称号。取得工商管理博士学位后，他留在哈佛商学院任教。

查兰因其能够为企业提供切实可行的商业策略而闻名于世，他将和每个企业领导人谈话的机会都看作彼此拓展思维的时机。他凭借自己的商业敏锐度、对人的深刻理解和丰富的经验，帮助企业领导们找到立刻就能派上用场的妙招。他在领导力、继任计划、社会化系统等方面尤为擅长。《财富》杂志将他称为企业管理方面的领军人物，《经济学人》则称赞他是解决企业继任问题的高手。查兰同时也向企业董事会如何更好地行使职责提供可行的建议，所以董事会成员、CEO 和人力资源高管经常在关键的人事任命上征求他的意见。

许多人都是通过内部培训项目认识了查兰。他富有激情、充满互动的风格为他赢得了不少奖励。他曾经获得通用电气著名的管理培训中心克罗顿维尔的“鸣钟者奖”以及西北大学凯洛格商学院和沃顿商学院保险专业的最佳教师称号，他是《商业周刊》评选出的“十大企业内训培训大师”之一。

查兰博士在许多著作里阐述了自己的商业观点。查兰的著作销量累计高达200万册，其中包括畅销作品：与拉里·博西迪合著的《执行》[㊀]、与雷富礼合著的《游戏颠覆者》[㊁]《逆转力》。查兰为《财富》杂志写过多篇封面故事，也是《哈佛商业评论》的首席作家。他的文章还曾刊登在《金融时报》《华尔街日报》和《企业家月刊》上。

查兰曾当选美国国家人力资源研究院杰出会员。他还是泰科电子公司、奥斯汀工业集团和印度知名企业Emarr MGF的顾问董事。查兰目前生活在美国得克萨斯州的达拉斯市。

㊀㊁ 此书中文版已由机械工业出版社出版。

拉姆·查兰管理经典

书号	书名	定价
47778	引领转型	49.00
48815	开启转型	49.00
50546	求胜于未知	45.00
52444	客户说：如何真正为客户创造价值	39.00
54367	持续增长:企业持续盈利的10大法宝	45.00
54398	CEO说：人人都应该像企业家一样思考（精装版）	39.00
54400	人才管理大师：卓越领导者先培养人再考虑业绩（精装版）	49.00
54402	卓有成效的领导者：8项核心技能帮你从优秀到卓越（精装版）	49.00
54433	领导梯队：全面打造领导力驱动型公司（原书第2版）（珍藏版）	49.00
54435	高管路径：卓越领导者的成长模式（精装版）	39.00
54495	执行：如何完成任务的学问（珍藏版）	49.00
54506	游戏颠覆者：如何用创新驱动收入和利润增长（精装版）	49.00
59231	高潜：个人加速成长与组织人才培养的大师智慧	49.00